BroadStreet Publishing® Group, LLC
Savage, Minnesota, E.U.A.
BroadStreetPublishing.com

Jesús EN ROJO: *365* meditaciones sobre las palabras de Jesús

Las ediciones en stock o personalizadas de los títulos de BroadStreet Publishing se pueden comprar al por mayor para fines educativos, comerciales, ministeriales, de fondos o promoción de ventas. Para obtener más información, envíe un correo electrónico a: orders@broadstreetpublishing.com.

Diseño de portada e interior del libro por Chris Garborg | garborgdesign.com. Traducción, adaptación del diseño y corrección en español por LM Editorial Services | lmeditorial.com | lydia@lmeditorial.com con la colaboración de Carmen Caraballo (traducción) y produccioneditorial.com (diseño).

Impreso en China / Printed in China
21 22 23 24 25 * 5 4 3 2 1

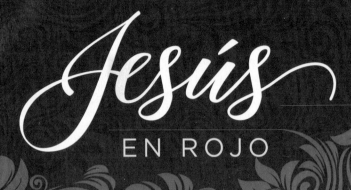

Jesús

EN ROJO

365
meditaciones
sobre las
palabras de Jesús

Ray Comfort

BroadStreet
E S P A Ñ O L

Detrás de las letras rojas

Jesús en rojo es un nombre extraño para un devocionario, pero hay una buena razón para este título. El color rojo nos sobresalta y capta nuestra atención. Dios consideró oportuno dar sangre roja a todas las naciones, y cuando vemos sangre humana, intuitivamente se activa la alarma.

Hemos seguido la señal divina y hemos hecho nuestras señales de PARE en rojo. Las autoridades les quieren decir a los conductores que se aproximan que la señal es más que importante. Le están diciendo: "¡Presten atención o podrían matarse!". Los camiones de bomberos rojos, las salidas de emergencia rojas y los extintores de fuego rojos comunican ese mismo mensaje vital.

Las palabras de Jesús en este devocionario están en rojo. Hablan de nuestra eternidad, de cómo debemos nacer de nuevo, de cómo llegará el día en que todos los que están en sus tumbas oirán su voz, y de cómo sus palabras son espíritu y vida.

Pero tener las palabras de Jesús en rojo no es nada nuevo. Lo único de este devocionario es que la devoción diaria se centra *solamente* en sus palabras. Por ejemplo, Juan 4:32 dice: Pero él les dijo: «Para comer, yo tengo una comida que ustedes no conocen». En lugar del versículo completo, yo simplemente digo: «Yo tengo una comida para comer que ustedes no saben».

En este devocionario, sus palabras están aisladas en rojo y sin comillas, para que puedas centrarte en lo que Él dijo sin restricciones ni distracciones. Mientras que sería imprudente tomar las palabras de cualquier ser humano normal fuera de contexto, Jesús no es un ser humano normal. El enfoque es solo momentáneo. Y como verás, te animo a leerlas en su contexto como parte del ejercicio devocional.

Puedo decir sin vergüenza alguna que soy un amante de los perros. Cuando me encuentro con perros pequeños, casi siempre me bajo. Me agacho. No solo porque los perros pequeños se sienten menos amenazados cuando nos ponemos a su nivel, sino porque sé que a mi propio perro le gusta que me ponga en el suelo y lo mire a los ojos. Me acerco a él y le susurro palabras claves: «Hoy corrimos en la bicicleta y vimos a un gato, ¿verdad? También vimos a un perro, pero no vimos ninguna ardilla». Mientras digo esas palabras claves, puedo ver cómo sus ojos procesan la información. Está recordando el tiempo que pasamos juntos. Es un momento íntimo, y a ambos nos encanta.

En Cristo, Dios se bajó para que pudiéramos estar cara a cara con Él. Los Evangelios contienen las palabras claves de Jesús para que podamos procesarlas y obtener más información sobre Dios y sus caminos, y sobre cómo Él nos ve.

En las Escrituras, vemos por qué Dios descendió: «Lo que sí vemos es que Jesús, que fue hecho un poco menor que los ángeles, está coronado de gloria y de honra, a causa de la muerte que sufrió. Dios, en su bondad, quiso que Jesús experimentara la muerte para el bien de todos» (Hebreos 2:9).

Él descendió para sufrir y morir, y al hacerlo, no solo abrió de par en par la puerta a la vida eterna, sino que también demostró su gran amor por los viles pecadores como nosotros, por lo que sus preciosas palabras adquieren un significado aún mayor.

Cuando los oficiales fueron enviados a arrestarlo, volvieron con las manos vacías diciendo: «¡Nunca antes alguien ha hablado como este hombre!» (Juan 7:46). Ningún ser humano en la historia dijo jamás algo remotamente parecido a las palabras que Jesús habló. Sus palabras son absolutamente alarmantes, y si hay algo en esta corta vida que debe recibir toda nuestra atención, son las palabras de Jesús de Nazaret.

Al leer este devocionario, te sugiero que no solo leas deliberadamente las palabras de Jesús, sino que también consideres cuidadosamente cómo puedes adaptar estas palabras a tu vida cotidiana. Léelas directamente de la Biblia junto con los versículos anteriores y posteriores para que puedas entender mejor por qué dijo lo que dijo en sus poderosas palabras.

¿Tratas de alimentar tu estómago a diario? Por supuesto que no. Simplemente lo haces sin pensar, porque es algo natural cada día de tu vida. Si tienes amigos en casa a la hora de cenar, ¿les darías a comer de tu comida? ¿O solo harías que te vieran comer? Ciertamente los invitarías a cenar contigo. Dios mismo le extiende a la humanidad una invitación universal para que cenen con Él a través de su evangelio:

> «Todos ustedes, los que tienen sed: Vengan a las
> aguas; y ustedes, los que no tienen dinero, vengan y
> compren, y coman. Vengan y compren vino y leche,
> sin que tengan que pagar con dinero».
> (Isaías 55:1)

Se nos ha encomendado ir por todo el mundo y predicar el evangelio a toda criatura. Mientras lees este libro durante todo el año, es mi oración que cada día tengas más hambre de la Palabra de Dios. Y a medida que aumenta tu hambre y tu deseo de adentrarte en su Palabra, oro que te propongas difundir las buenas noticias a los que te rodean. Podemos mirar hacia otro lado, mantenernos ocupados, agachar la cabeza y simplemente tachar nuestros devocionarios de la lista de cosas por hacer. Pero, a medida que lees, estudias, meditas y grabas las palabras de Jesús en tu corazón, oro que no puedas contenerte por hablarles a los que no son salvos. Al igual que un bombero corre hacia un edificio en llamas, es mi oración que quieras correr tras los perdidos y salvarlos de la oscuridad del infierno.

Que este pequeño devocionario sea un gran paso para priorizar la Palabra de Dios en tu vida diaria. Y que el aislamiento de las palabras de Jesús abra aún más los ojos de tu entendimiento y cree un deseo en tu corazón de compartirlas como nunca antes lo habías hecho.

Enero

Un buen muchacho judío

*¿Y por qué me buscaban? ¿Acaso no sabían que es necesario
que me ocupe de los negocios de mi Padre?*
LUCAS 2:49

Estas son las primeras palabras registradas de Jesús y nos muestran
que, como cualquier buen hijo judío, Él quería estar involucrado en
los negocios de su Padre. Pero esto no tenía que ver con la carpin-
tería. Más bien tenía que ver con edificar el reino de Dios.

¿Qué pasaría si cada niño de doce años viviera para hacer la
voluntad del Padre? Muchos a esa edad son pródigos potenciales
que están más interesados en descubrir los placeres del mundo.

Todos debemos ocuparnos de los asuntos de nuestro Padre,
y sus asuntos son alcanzar el mundo con el glorioso evangelio
de Jesucristo.

Que tú y yo seamos como Jesús; y digamos que hoy debemos ocuparnos de los asuntos de nuestro Padre, y buscar y
salvar lo que está perdido. Su voluntad es que los pecadores
crean en su Hijo.

BÚSQUEDA DEL ALMA

¿Qué puedo hacer para recordarme a mí mismo que debo
vivir hoy para el placer del cielo en lugar del mío propio?

Padre, que me ocupe de tus negocios hoy.

La puerta fría y acogedora

«Escrito está: "No sólo de pan vive el hombre"».
LUCAS 4:4

Jesús fue tentado por el diablo en el área de su apetito. Eso es un consuelo porque esa es una batalla constante para la mayoría de nosotros. El diablo nos susurra desde el refrigerador, instándonos a abrir la puerta fría y consentirnos. Quiere que nos olvidemos del autocontrol y nos alimentemos sin ningún temor.

Debemos recordar que Dios solo quiere nuestro bien cuando nos dice que refrenemos a la bestia dentro de nosotros y tiremos de las riendas del apetito. Como hizo Jesús aquí, no luchamos contra carne ni sangre, sino contra los principados y las potestades y la maldad espiritual en las regiones celestes. Nunca debemos olvidar que Satanás vino a matar, hurtar y destruir, y comer en exceso hasta un punto de obesidad, es destructivo. Así que cuando seamos tentados a comer en exceso, necesitamos imitar a Jesús y cerrar la puerta. Bien cerrada.

BÚSQUEDA DEL ALMA

¿Qué medidas voy a tomar para asegurarme de que tengo control de las riendas de mi apetito hoy?

Padre, que nunca se diga de mí que mi dios es mi vientre.

Un pensamiento impactante

«Escrito está: "Al Señor tu Dios adorarás,
y a él sólo servirás"».

LUCAS 4:8

Es impactante pensar que Jesús fue tentado a ser un adorador de Satanás. Pero Él fue tentado y con eso vino una promesa de poder… del padre de las mentiras. Solo dobla tus rodillas. A pesar de que Jesús fue tentado, se mantuvo libre de todo pecado. Resistió la tentación.

Somos tentados a doblar las rodillas ante Satanás cada vez que el pecado nos llama por nuestro nombre. La voluntad de Satanás para nosotros es que nos entreguemos a la carnalidad, ya sea a través de la lujuria, la codicia, los chismes, la amargura, el odio, el egoísmo, la gula, el orgullo, los celos y una serie de otros pecados.

Una vez más Jesús utilizó la Palabra de Dios para resistir al maligno. La Palabra es nuestra autoridad, y dice que Dios es el único que debe ser adorado.

BÚSQUEDA DEL ALMA

¿En qué áreas soy débil y estoy abierto a la tentación? ¿Y qué estoy haciendo para estar preparado para resistir al diablo?

Padre, ayúdame a ser como Jesús hoy, y nunca dar mi principal adoración a nadie ni a nada que no sea más que a ti.

Tentado a saltar

«*También está dicho: "No tentarás al Señor tu Dios"*».
LUCAS 4:12

Satanás tentó a Jesús por tercera vez desafiándolo a saltar desde el pináculo del templo. Incluso citó escrituras del libro de los Salmos para endulzar la tentación.

Qué trágico es cuando alguien obedece los susurros de quien Jesús advirtió que venía a matar y a destruir. En un segundo, puede producirse el acto desgarrador del suicidio cuando tal vez el problema podría haberse resuelto.

Observe la elección de palabras que utilizó Jesús. Dijo: "Al Señor, tu Dios". Nuestro creador es el Dios de todos porque nos hizo a todos. Pero no es nuestro Señor hasta que nos sometamos a su señorío, como lo hizo el incrédulo Tomás cuando cayó de rodillas y clamó: «¡Señor mío, y Dios mío!» (Juan 20:28).

Sea cual sea el caso, si los pensamientos de autodestrucción te atormentan, enfréntate a ellos como lo hizo Jesús. Recuerda que Dios te creó con un propósito; sométete a su señorío, y luego resiste al enemigo de tu alma con la Palabra de Dios. Dios promete que el enemigo huirá de ti.

BÚSQUEDA DEL ALMA

¿Recuerdo algún momento en particular en el que le entregué todo a mi Dios? ¿Cómo cambió mi vida?

Padre, ayúdame a estar siempre vigilante en la lucha contra la maldad espiritual.

¿Cómo no vamos a seguirlo?

¿Qué buscan?
JUAN 1:38

Cuando oímos hablar a Jesús, ¿cómo podemos evitar seguirle? Ningún hombre ha hablado como este hombre, y una vez que entendemos quién es, preguntamos juntamente con Pedro: «Señor, ¿a quién iremos? Tú tienes palabras de vida eterna» (Juan 6:68). Nadie más se atrevió a decir las cosas que dijo Jesús. Él era el Dios preexistente manifestado en forma humana. Era el único camino hacia Dios. Podía perdonar los pecados y resucitar a los muertos. Cuando antes nos enamoraba la fealdad del pecado, ahora nos atrae la belleza del Salvador.

Juan presentó a Jesús ante dos de sus discípulos: «Éste es el Cordero de Dios» (Juan 1:29). Él era el prometido, el Mesías que había venido a sufrir por el pecado del mundo. Miramos hacia atrás y vemos su sufrimiento, y ese amor demostrado nos hace amarlo y buscarlo aún más.

BÚSQUEDA DEL ALMA

¿Cómo mejor puedo mantener mi amor por el Salvador siendo mi "primer amor"?

Padre, mantén la cruz siempre delante mí, porque ahí es donde veo la demostración de tu amor.

Una invitación divina

Vengan y vean.
JUAN 1:39

Jesús les dio una invitación abierta: vengan y vean. Qué honor ver dónde se alojó Jesús. No sabían que, al venir al Salvador, verían mucho más que donde vivía. Verían a Jesús caminando sobre el agua, resucitando a los muertos, sanando a los enfermos, dando la vista a los ciegos y, en el clímax, muriendo en agonía en la cruz.

Pero eso era solo el principio, el primer paso para reconciliar a la humanidad con Dios. Porque pertenecían a Jesús, serían hechos puros de corazón por su sangre y eventualmente verían a Dios.

Esto es todo lo que tenemos que decir al escéptico: "Vengan y vean. Mundo ciego, ven a ver".

BÚSQUEDA DEL ALMA

¿Cómo puedo venir y ver a Jesús cada día? ¿Qué puedo hacer hoy para que eso sea una realidad?

Padre, mantenme viniendo y viendo al Salvador.

El uso de la trompeta

¡Aquí tienen a un verdadero israelita,
en quien no hay engaño!
JUAN 1:47

Jesús conoció a Natanael. Dijo de él que era un israelita, pero era más que un israelita. Jesús utilizó la trompeta de "he aquí" para anunciarlo. Era un israelita de verdad, no solo de palabra. Como judío, Natanael fue criado comiendo, bebiendo y durmiendo la ley de Moisés. Comprendía la verdadera naturaleza del pecado y, al igual que Pablo, que se crio a los pies de Gamaliel (el gran maestro de la ley), sabía que el pecado era "sobremanera pecaminoso" (Romanos 7:13).

Pero Jesús fue más allá al decir que Natanael era sin engaño y sin falsedad, la máxima referencia de carácter. No retorcía la ley como hacían los fariseos, haciendo que perdiera su poder de revelar el pecado. Sus tradiciones se habían convertido en su doctrina, anulando así el propósito y la eficacia de la ley. Natanael no se ajustaba a este modelo. La ley era un tutor o ayo para llevarle a Cristo (Gálatas 3:24).

BÚSQUEDA DEL ALMA

¿Está mi corazón libre de engaños? ¿Son mis motivos siempre puros ante Dios?

Padre, escudriña mi corazón engañoso y muéstrame si camino
en engaño.

Cada pelo individual

Te vi antes de que Felipe te llamara, cuando estabas debajo de la higuera.

JUAN 1:48

Natanael se sorprendió de que Jesús supiera tanto acerca de él. Es una revelación que cambia la vida cuando descubrimos que Dios nos conoce como individuos y que su conocimiento es íntimo. Considera lo que dice Salmos 139:

> Tú sabes cuando me siento o me levanto;
> ¡desde lejos sabes todo lo que pienso!
> Me vigilas cuando camino y cuando descanso;
> ¡estás enterado de todo lo que hago!
> Todavía no tengo las palabras en la lengua,
> ¡y tú, Señor, ya sabes lo que estoy por decir!

Para los que no son salvos, la idea de que Dios ve todos sus movimientos es desconcertante. Pero los que tenemos paz con Dios a través de Jesús, tales pensamientos son reconfortantes y maravillosos, en el más estricto sentido de la palabra.

BÚSQUEDA DEL ALMA

Ora las palabras del salmista con seriedad. ¿Cómo afectarán mi día?

Padre, gracias por consolarme hoy con tus palabras. Tú me conoces bien. Ayúdame a estar consciente de que conoces mis caminos y a vivir en esa realidad.

La mayor revelación

¿Crees sólo porque te dije que te vi debajo de la higuera?
JUAN 1:50

La mayor revelación que puede tener cualquier ser humano es comprender la identidad de Jesús de Nazaret. Él es el Hijo de Dios. Es el Creador manifestado en la carne (1 Timoteo 3:16). Es la fuente de vida en forma humana que vino a destruir el poder de la muerte muriendo a la humanidad.

Cuando Pedro supo quién era Jesús, su respuesta fue: "Tú eres el Cristo, el Hijo del Dios viviente" (Mateo 16:16). Jesús le dijo que era bendecido porque el Padre mismo se lo había revelado. Esta es la revelación sobre la que se edifica la Iglesia. Pedro no es la roca, como algunos creen erróneamente. Jesús dijo: "Y sobre esta roca edificaré mi iglesia" (v. 18).

Cuando nos arrepentimos y confiamos en Jesús como Salvador y Señor, nuestros pecados son perdonados, nuestros pies se asientan sobre la roca y salimos de las tinieblas a la luz, de la muerte a la vida.

BÚSQUEDA DEL ALMA

¿Estoy viviendo mi vida conforme a la verdad de las Escrituras? ¿Tomaré todos los pensamientos y decisiones de hoy en esa luz?

Padre, ayúdame a edificar cada aspecto de mi vida sobre la Roca.

Debajo del árbol

¡Pues cosas mayores que éstas verás!
JUAN 1:50

Natanael creía que Jesús era el Hijo de Dios porque lo vio bajo la higuera. No sabemos lo que estaba pensando bajo ese árbol. Solo Dios y Natanael conocen ese detalle. Tal vez estaba clamando por el Mesías prometido. Tal vez oraba desesperadamente por conocer la verdad sobre la identidad de Jesús. Tal vez estaba cargado con el peso de sus propios pecados.

Cualesquiera fueran sus pensamientos íntimos, cualquier cosa que estuviese haciendo, era conocido por Dios y esa increíble verdad hizo que Natanael reconociera la deidad de Jesús de Nazaret.

Cada uno de nosotros debería tener un testimonio similar. Dios nos conoce personalmente, nos conoce por nuestro nombre, conoce nuestros pensamientos y temores más profundos. Nuestro testimonio puede ser que cuando clamamos al Señor, Él escuchó nuestro clamor, y nos liberó de todos nuestros temores.

BÚSQUEDA DEL ALMA

¿Recuerdo yo el momento en que comprendí la omnisciencia de Dios? ¿Cómo esto cambió mi vida?

Padre, eres asombroso más allá de las palabras.

La única escalera

De cierto, de cierto les digo, que de aquí en adelante
verán el cielo abierto, y a los ángeles de Dios subir
y bajar sobre el Hijo del Hombre.

JUAN 1:51

Cuando Jacob, cansado, recostó su cabeza sobre una piedra y se durmió, vio a los ángeles subir y bajar a los cielos por una escalera (Génesis 28:10-17). Jesús le dijo a Natanael que iba a ver ángeles subiendo y bajando sobre Él. En otras palabras, Jesús es el camino al cielo.

La exclusividad del cristianismo es probablemente tan ofensiva para este mundo como la doctrina del juicio eterno. El evangelio afirma que solo hay un camino al Padre (Juan 14:6). Aunque parezca cuestionable para un incrédulo, es la verdad. "Y en ningún otro hay salvación, porque no se ha dado a la humanidad ningún otro nombre bajo el cielo mediante el cual podamos alcanzar la salvación" (Hechos 4:12). Necesitamos un Salvador que satisfaga las exigencias de la justicia eterna y las demandas de la ley de Dios. Jesús, mediante su sufrimiento y muerte, asumió el castigo por esos crímenes. Solo Él tiene el poder en la tierra para perdonar el pecado.

BÚSQUEDA DEL ALMA

¿Estoy confiando solo en la gracia de Dios hoy? ¿Hay alguna autojustificación en mí?

Padre, Tu Gracia es verdaderamente sorprendente. Ayúdame a meditar en eso hoy.

El símbolo de la vida

¿Qué tienes conmigo, mujer? Mi hora aún no ha llegado.
JUAN 2:4

El vino es simbólico de la sangre, y la sangre simboliza la vida. María estaba simplemente preocupada porque el vino se había acabado. No se refería a que le quitaran la vida a su Hijo al derramar su sangre por el pecado del mundo. Jesús se ocupaba de los asuntos de su Padre y parecía estar hablando en acertijos.

Siempre tuvo la cruz delante de Él. ¿Cómo no iba a hacerlo? Era la razón de su vida aquí en la tierra. Nació para morir, para entrar en el lagar, el horrible bautismo del sufrimiento, y no podía descansar hasta que eso se cumpliera (Lucas 12:50).

Él estaba pensando en otro matrimonio: la cena de las bodas del Cordero, donde Él vendría por su novia virgen sin mancha, la iglesia: "¡Regocijémonos y alegrémonos y démosle gloria! ¡Ha llegado el momento de las bodas del Cordero! Ya su esposa se ha preparado" (Apocalipsis 19:7).

BÚSQUEDA DEL ALMA

¿Medito con frecuencia en la agonía de la cruz como debería? ¿Qué puedo hacer para tener siempre presente la cruz (Gálatas 6:14)?

Padre, abre los ojos de mi entendimiento y ayúdame a estar siempre agradecido por el Calvario.

Haz lo que Él te diga

Llenen de agua estas tinajas.
JUAN 2:7

Hay quienes exaltan a María por encima de su condición de mujer e ignoran la necesidad del nuevo nacimiento. Jesús dijo que toda persona debe nacer de nuevo para entrar en el cielo, y María dijo que se hiciera lo que Jesús dijo (Juan 3:1-5). Aquellos que nunca han confiado solo en Jesús y nacido de nuevo deben, por lo tanto, obedecer tanto a María como a Jesús y nacer de nuevo.

Si bien la salvación es solo por gracia a través de la fe, la puerta de la salvación depende de la obediencia (Hebreos 5:8). Cuando Jesús les dijo a los sirvientes que llenaran las vasijas, ellos obedecieron y las llenaron hasta el borde. Un corazón obediente es la evidencia de que hemos pasado de la muerte a la vida. Si lo amamos, guardaremos sus mandamientos y nos deleitaremos plenamente en hacer su voluntad. Que nuestra obediencia amorosa a Dios llene nuestra copa de salvación hasta el tope, derramándose sobre el mundo.

BÚSQUEDA DEL ALMA

¿Hago todo por Dios con todo mi corazón? ¿Qué puedo hacer para no arrastrar mis pies cuando se trata de la evangelización, el compañerismo, la lectura de la Palabra, las ofrendas o la oración?

Padre, que siempre me deleite en hacer tu voluntad.

El látigo sagrado

*Saquen esto de aquí, y no conviertan
la casa de mi Padre en un mercado.*

JUAN 2:16

Muchos dentro de la iglesia no piensan en los predicadores de la prosperidad (que no hablan de otra cosa que de ganar riquezas) como aquellos que convierten a la iglesia en una casa de mercaderías. Pero lo hacen. Ellos predican la piedad como un medio de ganancia. Hablando de hombres malvados, este versículo dice: "Y las disputas necias de hombres de entendimiento corrupto y privados de la verdad, que hacen de la piedad una fuente de ganancia. De gente así, apártate" 1 Timoteo 6:5).

Estoy seguro de que cuando Jesús llevó un látigo a los compradores y vendedores que habían invadido el templo, el temor de Dios entró en sus corazones. El látigo añadió poder a sus palabras. Los defensores de la enseñanza de la prosperidad necesitan entender el temor de Dios. Tal vez entonces se darían cuenta de que esta doctrina, centrada en el egoísmo y la avaricia, un día será juzgada por el pecado que es. Arrepentimiento es necesario. La verdad debe ser predicada para que este mundo perdido huya de la ira de Dios y venga al Salvador.

BÚSQUEDA DEL ALMA

¿Me atraen los mensajes egocéntricos que no se preocupan por los que no son salvos? ¿Veo el cristianismo simplemente como un medio de ganancia monetaria?

Padre, ayúdame a ser libre del egoísmo, y a mantener mis ojos en las verdaderas riquezas.

Estudia y busca

Destruyan este templo, y en tres días lo levantaré.
JUAN 2:19

Los líderes religiosos utilizaron esta declaración para condenar
a Jesús en ficticio juicio que le hicieron (Mateo 26:57-68). Lo
interpretaron como que Él destruiría su amado templo. Él estaba
hablando, por supuesto, del templo de su cuerpo, y sus palabras proféticas se cumplieron cuando lo crucificaron y tres días
después resucitó. Más tarde dijo: "Nadie me la quita, sino que yo
la doy por mi propia cuenta. Tengo poder para ponerla, y tengo
poder para volver a tomarla. Este mandamiento lo recibí de mi
Padre" (Juan 10:18).

Los líderes religiosos no buscaban la verdad. Buscaban
pruebas para condenar a Jesús y justificarse a sí mismos, como
hacen los orgullosos y santurrones de hoy. Los versículos bíblicos
son a menudo sacados de contexto y ridiculizados en lugar de
ser leídos en su contexto en un esfuerzo por buscar la verdad.
Desgraciadamente, los hombres aman más las tinieblas que la luz.
Se acobardan ante la luz de la verdad porque sus actos son malos,
y la luz de la Palabra de Dios los expone.

BÚSQUEDA DEL ALMA

¿Tomo el tiempo de estudiar la Palabra de Dios y escudriñar
diariamente las Escrituras en un esfuerzo de encontrar la verdad
o simplemente leo la Palabra por un sentido de deber? Hoy me
propongo buscar la verdad.

*Padre, ayúdame a ser como los bereanos que escudriñaban las
Escrituras cada día para ver si estas cosas eran así (Hechos 17:11).*

El nuevo nacimiento

*De cierto, de cierto te digo, que el que no nace de nuevo,
no puede ver el reino de Dios*

JUAN 3:3

Los hombres naturales piensan con naturalidad. No pueden evitar hacerlo. Son ciegos a la verdad espiritual, y hasta que no nazcan de nuevo, no pueden ver el reino de Dios. La ceguera espiritual necesita ser tratada tan gentilmente como trataríamos a alguien que es físicamente ciego. Los incrédulos no pueden ver, por lo que debemos mostrarles paciencia y tratar de darles luz.

En el Sermón de la Montaña, Jesús explicó el verdadero significado de la ley ampliando el significado de los Diez Mandamientos en toda su extensión (Mateo 5-7). Cuando un pecador se ve a sí mismo a la luz de la ley, la necesidad de misericordia se hace evidente y allana el camino hacia la comprensión de la cruz. Nicodemo era un judío humilde y piadoso el cual fue instruido en la ley, por lo que cuando Jesús se presentó como el Salvador sufriente, Nicodemo pudo entender el evangelio. La ley fue un tutor que le llevó a Cristo (Gálatas 3:24).

BÚSQUEDA DEL ALMA

¿Imito a Jesús cuando se trata de compartir las Buenas Nuevas, o estoy influenciado por el método no bíblicos del evangelismo moderno? ¿Cómo puedo reflejar a Jesús en mi manera de testificar?

Padre, enséñame a alcanzar a los perdidos.

Nacimiento natural

*De cierto, de cierto te digo, que el que no nace de agua
y del Espíritu, no puede entrar en el reino de Dios. Lo que
nace de la carne, carne es; y lo que nace del Espíritu, espíritu
es. No te maravilles de que te dije que es necesario que
ustedes nazcan de nuevo.*

JUAN 3:5-7

Algunos dicen que Jesús se refiere al bautismo en agua cuando habla
de nacer del agua, pero está claro que se refiere al nacimiento natural.
Sabemos esto porque Jesús inmediatamente califica la declaración
hablando de nacer de la carne. Un bebé en el vientre materno es
sumergido en agua hasta el momento de nacer.

El bautismo en agua es una expresión externa de un cambio
interno. Los que creen que es necesario para la salvación están
olvidando que cuando el Espíritu Santo fue dado a los gentiles, la
Biblia dice que recibieron el don de la salvación antes de ser bautizados en agua (Hechos 10:44-48). La salvación es solo por gracia
a través de fe, y nada de lo que hagamos puede merecerla. Efesios
2:8-9 dice: "Ciertamente la gracia de Dios los ha salvado por medio
de la fe. Ésta no nació de ustedes, sino que es un don de Dios; ni es
resultado de las obras, para que nadie se vanaglorie".

BÚSQUEDA DEL ALMA

Que nunca me olvide la asombrosa gracia que se me mostró
incluso antes de nacer, y que mi pasión sea compartir esa verdad
con los perdidos.

*Padre, fue tu gracia la que enseñó a mi corazón a temer, y la gracia
alivió mis temores. Que siempre recuerde esa verdad.*

El viento invisible

El viento sopla de donde quiere, y lo puedes oír;
pero no sabes de dónde viene ni a dónde va.
Así es todo aquel nace del Espíritu.

JUAN 3:8

El viento es un misterio. No solo es invisible, sino que es extraño, ya que puede soplar un vendaval en un lugar y, a pocas millas de distancia, puede ser tranquilo y apacible. ¿Qué es lo que hace que se detenga el vendaval y comience la tranquilidad?

El Espíritu de Dios es como el viento. Es invisible y sopla vientos de avivamiento en un lugar, pero no en otro.

Una vez estaba compartiendo el evangelio con dos jóvenes. Uno de ellos escuchaba atentamente cada palabra que decía. El otro estaba sentado al otro lado de la habitación sin mostrar ningún interés. Pero él fue el que más tarde vino al Salvador. Aunque nunca podemos predecir o estar seguros de la salvación de cualquier pecador, podemos estar seguros de una cosa. Si sembramos fielmente la Palabra de Dios, Dios es fiel para cuidarla. Nunca regresa vacía; nuestro trabajo nunca es en vano (1 Corintios 15:58).

BÚSQUEDA DEL ALMA

¿Qué puedo hacer para mantenerme sin desanimarme, sin ser negativo y sin tener miedo cuando se trata de evangelizar?

Padre, por favor, ayúdame a ser como Jesús y a obedecer con gozo su mandato de ir a todo el mundo y predicar el evangelio a toda criatura.

El gran maestro

Tú eres el maestro de Israel, ¿y no sabes esto? De cierto,
de cierto te digo que hablamos de lo que sabemos; y
testificamos de lo que hemos visto. Pero ustedes no reciben
nuestro testimonio. Si les hablé de cosas terrenales y no creen,
¿cómo creerán si les hablo de las celestiales?

JUAN 3:10-12

Nicodemo era un gran maestro en Israel. Era conocedor de la
ley de Dios y, sin embargo, Jesús le preguntó por qué no sabía
sobre la necesidad del nuevo nacimiento. Seguramente estaba
familiarizado con la gran promesa de salvación: "Les daré un
corazón nuevo, y pondré en ustedes un espíritu nuevo; les quitaré
el corazón de piedra que ahora tienen, y les daré un corazón
sensible. Pondré en ustedes mi espíritu, y haré que cumplan mis
estatutos, y que obedezcan y pongan en práctica mis preceptos.
(Ezequiel 36:26-27).

Este era el nuevo pacto: el milagro del nuevo nacimiento. Si
creemos lo que Jesús nos dijo sobre las cosas terrenales, se abrirá
la puerta al conocimiento de las cosas celestiales. La fe es la llave
que abre la puerta.

BÚSQUEDA DEL ALMA

¿Estoy familiarizado con las promesas de Dios? ¿En qué promesa estoy parado hoy?

Padre, viviré para siempre porque Tú eres fiel a tus promesas.
Que nunca te insulte con un "corazón malo de incredulidad"
(Hebreos 3:12).

Carga con un grano de sal

*Nadie subió al cielo, sino el que descendió del cielo,
que es el Hijo del Hombre.*

JUAN 3:13

Cargar con un grano de sal significa tener un sano escepticismo. Es siempre bueno llevar un saco de sal cuando la gente dice que ha estado en el cielo y que han conocido a Dios. Jesús dijo que nadie ha subido al cielo, y la Palabra dice que ningún hombre ha visto a Dios en ningún momento (Juan 1:18). La gente ha visto manifestaciones de Dios a través de arbustos ardientes y ángeles, pero nadie puede verlo en esencia y vivir (Éxodo 33:20).

La razón por la que nadie puede ver a Dios es porque Él es un fuego de ardiente santidad. Si las criaturas pecadoras estuvieran en su presencia, su ira los consumiría. La Biblia lo describe como un fuego consumidor (Hebreos 12:29). Solo los puros de corazón verán a Dios, y eso es lo que somos en Cristo: perfectamente justos y capaces de estar en la presencia de un Dios santo.

BÚSQUEDA DEL ALMA

¿Es mi imagen de Dios bíblica? ¿Puedo decir con el salmista: "Mi cuerpo se estremece por temor a ti, y tengo reverencia por tus juicios" (Salmos 119:120)?

Padre, por favor, dame una revelación de tu santidad para que pueda temerte.

Las serpientes que muerden

Y así como Moisés levantó la serpiente en el desierto, así también es necesario que el Hijo del Hombre sea levantado.

JUAN 3:14

Toda la tragedia de la raza humana, con su muerte y destrucción, dolor y sufrimiento comenzó cuando una serpiente engañó a Eva.

Número 21:4-9 cuenta la historia de otra serpiente. Los hijos de Israel se quejaron amargamente contra Dios y contra Moisés por sus problemas en el desierto. Como respuesta, Dios envió serpientes venenosas y muchos murieron. Cuando el pueblo clamó a Dios por liberación, Dios le dijo a Moisés que pusiera una réplica de una serpiente en un poste. Cuando los que habían sido mordidos la miraban, eran sanados. La ley de Moisés es como esas serpientes que muerden porque no trae otra cosa que la maldición de la muerte. Pero cuando los pecadores arrepentidos miran a Jesús, el cual se convirtió en maldición por nosotros en la cruz, son liberados de la muerte. Por eso debemos llevar a los pecadores a través de la ley moral. Su propósito es traer muerte a sus esfuerzos inútiles para ser salvos (Romanos 7:10) y hacer que miren a Jesús como su único camino a la vida. La ley es un tutor para llevar a la gente a Cristo para que sean justificados por la fe.

BÚSQUEDA DEL ALMA

¿Qué emociones tengo cuando pienso que Jesús se convirtió en maldición por mí? ¿Estoy realmente horrorizado, agradecido, contrito y maravillado?

Padre, no hay palabras para expresar mis sentimientos cuando se trata de la cruz. Ayúdame a ser un instrumento para compartir amorosamente tu amor con los demás.

Cereal y leche

Para que todo aquel que en él cree,
no se pierda, sino que tenga vida eterna.
JUAN 3:15

La fe como de un niño es una piedra de tropiezo para los orgullosos. Se niegan a confiar en Jesús porque la fe en Él implica debilidad en ellos. Significa que tienen que dejar de lado su razonamiento intelectual y confiar en un Dios invisible, lo cual es ofensivo para una persona orgullosa.

Piensa en esto: confiamos a diario en las personas y las cosas. Cuando conducimos un automóvil, confiamos en que las ruedas están bien sujetas, el tanque de la gasolina no tiene fugas, el volante funciona, los neumáticos no se revientan, los semáforos funcionan, el conductor del otro lado de la línea amarilla se mantendrá en su lado y que no está enviando mensajes de texto, bebiendo, drogado o está suicida. Cuando nos sentamos y echamos leche sobre nuestros cereales, confiamos en una silla. Confiamos que la comida que vamos a comer está libre de gérmenes e insectos. Muchas de las cosas en las que confiamos pueden decepcionarnos. Pero la fe en Jesús nunca nos decepcionará.

BÚSQUEDA DEL ALMA

¿Confío en Señor en todos los ámbitos de mi vida? ¿Qué puedo hacer para recordarme a mí mismo que debo buscarlo a Él primero para la toma de cada decisión para poder obtener su sonrisa o el ceño fruncido?

Padre, recuérdame que te busque en todo, incluso en las cosas
pequeñas.

Primero el diagnóstico

*Porque de tal manera amó Dios al mundo, que ha dado
a su Hijo unigénito para que todo aquel que en él cree
no se pierda sino que tenga vida eterna.*

JUAN 3:16

Gracias a los cristianos fanáticos en los eventos deportivos,
Juan 3:16 se ha convertido en el versículo bíblico más famoso.
Se exhibe en los carteles como la esencia del mensaje evangélico.

Hace años, un conocido predicador, Paris Reidhead, declaró:
"No prediquen Juan 3:16 porque Estados Unidos se ha 'endure-
cido con el evangelio'". Esto se debió a que durante muchos años
el evangelismo moderno había presentado un mensaje no bíblico
del evangelio. La gente había fallado en seguir el patrón de las
Escrituras dado por Jesús, Pablo y los apóstoles, que es siempre
predicar a Moisés antes de que prediquemos a Jesús. La ley debe
venir antes que la gracia. Debe haber un diagnóstico de la enfermedad antes de que se dé la cura. La ley da el diagnóstico del
pecado y el evangelio es la cura. Sin la ley de Moisés para traer
conocimiento del pecado, Juan 3:16 es una locura para el mundo
(1 Corintios 1:18). Es dar una cura a un hombre que no sabe que
tiene una enfermedad.

BÚSQUEDA DEL ALMA

¿He presentado la cura del evangelio sin explicar la enfermedad del pecado? ¿Por qué es esta una alternativa atractiva?

*Padre, por favor, dame la sabiduría para presentar el evangelio
bíblicamente.*

Alguien me ama

Porque Dios no envió a su Hijo al mundo para condenar al mundo, sino para que el mundo sea salvo por Él.

JUAN 3:17

Pregunte a las personas cómo saben que Dios las ama y probablemente señalarán la prosperidad. Cuando algo va bien, dicen cosas como: "Alguien allá arriba me ama". Su pensamiento es que toda bendición viene porque merecen el favor divino. Sin embargo, si el amor de Dios se evidencia por la prosperidad, los multimillonarios son mucho más amados por Dios que los desesperadamente pobres.

El cristiano mira la cruz como evidencia del amor de Dios. "En esto consiste el amor: no en que nosotros hayamos amado a Dios, sino en que él nos amó y envió a su Hijo para que fuera ofrecido como sacrificio por el perdón de nuestros pecados" (1 Juan 4:10 NVI). El amor de Dios nunca se gana por lo que Dios ve en nosotros. Se extiende a los pecadores culpables porque Él es la esencia del amor. Yo no hago que el sol brille sobre mí; sus rayos no tienen nada que ver con lo que hago. El sol brilla sobre mí porque eso es lo que el sol hace. Lo mismo ocurre con el amor de Dios, porque "Dios es amor" (vs. 8).

BÚSQUEDA DEL ALMA

¿Me he engañado alguna vez creyendo que mis virtudes me encomiendan a Dios o que mis buenas obras le son agradables sin tener fe en el Salvador? ¿Puedo pensar en algún aspecto de mi vida en el que mis buenas obras hayan sustituido a mi fe?

Padre, gracias por la misericordia de la cruz.

Condenado ya

*El que en él cree, no es condenado; pero el que no cree,
ya ha sido condenado, porque no ha creído en el nombre
del unigénito Hijo de Dios.*

JUAN 3:18

De vez en cuando, alguien dirá que no debemos llevar a un pecador a través de los Diez Mandamientos porque los hace sentir condenados; Jesús no vino a condenar, sino a perdonar.

Sin embargo, la razón por la que los pecadores necesitan el perdón es porque ya están "condenados". La Biblia dice que todos los mentirosos tendrán su parte en el lago de fuego (Apocalipsis 21:8) y que ningún adúltero, fornicario o ladrón heredará el reino de Dios (1 Corintios 6:9-10). La Palabra de Dios dice que, si hemos mirado con lujuria, ya hemos cometido adulterio (Mateo 5:27-28). Los pecadores son hijos de la ira y, cada vez que pecan, están almacenando ira que será revelada en el día del juicio. Una vez que comprendan su peligro, huirán al Salvador, creerán en Él y encontrarán misericordia.

BÚSQUEDA DEL ALMA

¿Preferiría decirle a alguien que Dios le ama o hablarle del pecado? ¿Por qué?

Padre, ayúdame a pensar más en el destino de los pecadores que en mi propio miedo al rechazo.

La verdadera razón

> *Y ésta es la condenación: que la luz vino al mundo,*
> *pero los hombres amaron más las tinieblas que la luz,*
> *porque sus obras eran malas. Porque todo aquel que hace*
> *lo malo, aborrece la luz y no se acerca a la luz, para que*
> *sus obras no sean reprendidas.*
>
> Juan 3:19-20

Esta es la razón por la que los pecadores se alejan del evangelio: No quieren encontrar a Dios por la misma razón que un criminal no quiere toparse con un oficial de policía. No es que no puedan encontrarlo. El hijo pródigo se fue a un país lejano a gastar su dinero en prostitutas (Lucas 15:30). La razón obvia por la que se fue a un país lejano fue para alejarse de su padre, porque sabía que su padre no vería con buenos ojos lo que quería hacer.

El ateísmo es un país lejano. Está tan lejos de Dios como un pecador cree que puede alejarse. Sin embargo, nada ha cambiado desde el principio de la creación, cuando Adán pecó contra Dios y se escondió de su Creador. Eso es lo que hacen los pecadores culpables. Aman las tinieblas y se alejan de la luz porque la luz expone sus malas acciones.

Que la ley de Dios los exponga para que encuentren misericordia antes del día del juicio.

BÚSQUEDA DEL ALMA

¿Siento alguna vez culpa cuando dejo brillar la luz de la Palabra de Dios? Si es así, ¿por qué?

Padre, por favor, revísame ahora mismo. Haz brillar la luz sobre mí y expón cualquier cosa que no debería o debería estar haciendo.

La persecución en la autopista

Pero el que practica la verdad viene a la luz, para que sea evidente que sus obras son hechas en Dios.

Juan 3:21

Si alguna vez has visto una persecución en la autopista, sabrás que la policía no se rinde fácilmente. La ley persigue a los criminales culpables. Y la ley de Dios nunca se rendirá hasta que los pecadores culpables sean llevados a la justicia. Qué cosa tan temible sería ser arrestado por la muerte y presentarse culpable ante el tribunal de un Dios santo que conoce cada pecado secreto del corazón.

En una persecución en la autopista es difícil entender por qué los delincuentes siguen huyendo. No van a escapar ya que un helicóptero los está siguiendo. La lógica dice que deberían dejar de correr, entregarse y arrojarse a la misericordia del juez. También es un misterio por qué los pecadores siguen huyendo de Dios. No se van a escapar. Dios juzgará toda obra, así como toda cosa secreta, sea buena o mala.

Nuestro ruego a los pecadores es que dejen de huir, se entreguen y se arrojen a la misericordia del Juez. La Biblia dice que Dios es rico en misericordia para todos los que le invocan (Salmos 86:5).

BÚSQUEDA DEL ALMA

¿Tengo el amor y la valentía de orar para que hoy Dios orqueste un encuentro con alguien que necesita escuchar el evangelio?

Padre, por favor, dame un encuentro divino hoy y el valor para compartir la verdad.

Ser sabio

Dame de beber.
JUAN 4:7

Es sorprendente que Dios manifestado en la carne, el Creador de todas las cosas, necesitara pedirle a una mujer que le diera de beber. Sin embargo, su necesidad de hablar con ella era más importante que su necesidad de agua en ese momento.

Este es un ejemplo de la forma divina de compartir el evangelio. La Biblia dice que el hombre natural no acepta las cosas del Espíritu de Dios; son una locura para él (1 Corintios 2:14). Por lo tanto, la manera de comunicar las cosas espirituales con un extraño es hablarle primero en el ámbito natural. Puede ser tan simple como un saludo matutino o un "¿Cómo estás?". Se ha establecido un punto de contacto. Entonces, yo suelo dar a la persona una de nuestras monedas de los Diez Mandamientos y le digo: "Es una moneda con los Diez Mandamientos. ¿Crees que hay una vida después de la muerte?". Cuando la gente responde a esa pregunta, se abre la puerta a una conversación espiritual. La conversación acaba de pasar de lo natural a lo espiritual en segundos por el ejemplo del Maestro.

BÚSQUEDA DEL ALMA

¿Practico lo que predico? ¿Me preocupo lo suficiente por los perdidos como para hablar como manda la Biblia? Piensa en varios temas de conversación y preguntas para plantear.

Padre, tu Palabra dice que, si gano almas, soy sabio. Dame la sabiduría y el valor que necesito para entablar una conversación con la gente.

Caballos sedientos

Si conocieras el don de Dios, y quién es el que te dice:
"Dame de beber"; tú le pedirías a él, y él te daría agua viva.

JUAN 4:10

Si este mundo moribundo conociera el don que Dios tiene para ellos, lo pediría. El problema es que la Biblia dice que no hay nadie que busque a Dios (Romanos 3:11). Entonces, ¿cómo ayudamos a los impíos a interesarse por el evangelio?

Se ha dicho que, aunque se puede llevar a un caballo al agua, no se le puede hacer que beba, pero puedes salar su avena. La manera de salar la avena de los perdidos es hacer algo que los haga estar sedientos de justicia. Podemos hacer esto con la ley moral. Como hizo Jesús en el Sermón del monte, podemos aplicar la ley de Dios al corazón. La gente necesita entender que, sin justicia en el día del juicio, el pecador será condenado para siempre. Este es un pensamiento aterrador. La ley despoja al impío de la falsa esperanza. Le muestra que sus buenas obras no serán suficientes en ese día. Una vez que ve sus pecados, comienza a preguntarse: "¿Qué debo hacer para ser justo?". Comienza a tener sed de justicia.

BÚSQUEDA DEL ALMA

¿Qué te hizo tener sed de justicia? ¿Fue porque viste que tu pecado era excesivamente pecaminoso? Incorpora ese elemento de tu experiencia de salvación en tu testimonio.

Padre, dame la luz del entendimiento de mi estado moral sin la sangre del Salvador.

Felicidad duradera

Todo el que beba de esta agua, volverá a tener sed; pero el que beba del agua que yo le daré, no tendrá sed jamás. Más bien, el agua que yo le daré será en él una fuente de agua que fluya para vida eterna.

Juan 4:13-14

El evangelismo contemporáneo suele interpretar la satisfacción que tenemos en Cristo como "felicidad verdadera y duradera". Pero el agua que sacia la sed de un pecador está realmente satisfaciendo la sed de justicia. Sin ella, nos condenaremos.

Cuando llegamos al pie de la cruz, deberíamos gritar: "Dios mío, ten misericordia de mí, porque soy un pecador" (Lucas 18:13). Necesitamos ser limpiados de nuestros pecados. Es en la cruz donde somos justificados, hechos justos a los ojos de un Dios santo.

Sin la justicia estaremos en desacuerdo con la ley y pereceremos justamente en el día de la ira. La felicidad en ese día será irrelevante. Muchas personas malas son felices en sus pecados, disfrutando de los placeres del pecado por una temporada. Pero no son justos en Cristo. La ira de la ley moral permanece sobre nosotros hasta que venimos a Jesucristo donde sus demandas son satisfechas. Nuestro caso es anulado y la sentencia de muerte eliminada.

BÚSQUEDA DEL ALMA

Hoy me decido a caminar con la actitud de "si no fuera por la gracia de Dios, me perdería", y dejar que la empatía me guíe hacia un alma perdida.

Padre, haz que este día cuente para la eternidad.

Él lo ve todo

Ve a llamar a tu marido, y luego vuelve acá.
Haces bien en decir que no tienes marido, porque ya has
tenido cinco maridos, y el que ahora tienes no es tu marido.
Esto que has dicho es verdad.

JUAN 4:16-18

Una de las mayores revelaciones que cualquiera de nosotros
puede tener es que Dios ha contado cada pelo de nuestras
cabezas pecadoras y cada pensamiento en nuestros corazones
humanos. Como cristianos, esto es un maravilloso consuelo.
Pero para los impíos, la omnisciencia de Dios debería hacerlos
temblar porque cada vez que pecan, están acumulando su ira
(Romanos 2:4-6). El salmista describe la omnisciencia divina:

> Señor, tú me has examinado y me conoces;
> tú sabes cuando me siento o me levanto;
> ¡desde lejos sabes todo lo que pienso!
> Me vigilas cuando camino y cuando descanso;
> ¡estás enterado de todo lo que hago!
> Todavía no tengo las palabras en la lengua,
> ¡y tú, Señor, ya sabes lo que estoy por decir!
> (Salmos 139:1-4)

BÚSQUEDA DEL ALMA

Hoy viviré cada momento consciente de tu presencia.

Padre, pon un guarda en mi lengua. Que la virtud de la discreción
me guíe.

Febrero

El poder de creer

Créeme, mujer, que viene la hora cuando ni en este monte ni en Jerusalén adorarán ustedes al Padre. Ustedes adoran lo que no saben; nosotros adoramos lo que sabemos; porque la salvación viene de los judíos. Pero viene la hora, y ya llegó, cuando los verdaderos adoradores adorarán al Padre en espíritu y en verdad; porque también el Padre busca que lo adoren tales adoradores.

Juan 4:21-23

Cuando el apóstol Pablo se levantó y predicó en la Colina de Ares, dijo a sus oyentes que estaban adorando a un Creador que no conocían. Les faltaba entendimiento. Entonces dijo: "Pues al Dios que ustedes adoran sin conocerlo, es el Dios que yo les anuncio" (Hechos 17:23).

A pesar de que a menudo nos referimos al evangelio como un mensaje, en realidad estamos predicando a una persona. Estamos predicando a Cristo y a este crucificado. Estamos magnificando al Salvador para que la gente acuda a Él en busca de misericordia, y cuando lo hacen, su estatus cambia: de ser su enemigo a ser su amigo.

Jesús le pidió a la mujer que le creyera. Aunque los escépticos suelen mirar a los creyentes con desdén, sabemos que creer en algo tiene ramificaciones que cambian la vida. Si creyeras que estás bebiendo veneno, dejarías de hacerlo. Las creencias gobiernan nuestras acciones, y creer en el evangelio cambia nuestro destino eterno.

BÚSQUEDA DEL ALMA

Hoy voy a estar con personas que ignorantemente creen en Dios. Les falta conocimiento. ¿Tengo valor para compartir la verdad en amor como hizo Pablo?

Padre, hoy déjame ver a los pecadores a través de tus ojos.

La fuente de vida

Dios es Espíritu; y es necesario que los que lo adoran,
lo adoren en espíritu y en verdad.

JUAN 4:24

Dios es la fuente de toda vida. Él es Espíritu. Es inmortal y es invisible. Cuando recibimos a Jesucristo a través del poder del Espíritu Santo, no recibimos una religión. Recibimos la fuente invisible de la vida. Somos sellados con la vida del Espíritu Santo, y esa vida de Dios en nosotros conquista la muerte como la luz conquista la oscuridad.

No hay palabras que puedan describir el tesoro que tenemos en vasijas de barro. No hay nada en el universo más precioso que la vida, y eso es lo que tenemos en el Salvador. Cuando dijo que Él era el camino, la verdad y la vida, lo dijo literalmente (Juan 14:6). El apóstol Juan dijo que había encontrado la fuente misma de la vida y que realmente la había contemplado y tocado (1 Juan 1:1). Que tengamos revelación de la preciosa naturaleza de lo que tenemos en Jesús y que nunca dejemos de ser celosos para compartirlo con un mundo moribundo.

BÚSQUEDA DEL ALMA

Hoy meditaré en lo que tengo en Cristo.

Padre, nada en esta tierra es comparable a ti. Que siempre te adore
en espíritu y verdad.

El tesoro más grande

Yo soy, el que habla contigo.
JUAN 4:26

Muchos millones en el pueblo de Dios nacieron, vivieron y murieron sin ver al Mesías Prometido. El Antiguo Testamento señalaba el día en que Dios se manifestaría en la carne. Los ángeles anunciaron su venida con un canto en Belén. El mayor acontecimiento jamás conocido por la humanidad fue cuando nuestro glorioso Creador invadió esta tierra para derrotar a nuestro mayor enemigo.

Jesús vino a destruir el poder de la muerte por ti y por mí. Si el mundo supiera quién es Él y lo que hizo por los pecadores moribundos, lo abrazarían con gusto. Caerían de rodillas y le darían las gracias por la cruz y por vencer a la muerte. Oh, cómo nos faltan las palabras adecuadas para describir esta buena noticia.

El apóstol Pablo llamó al evangelio el "don inefable" (2 Corintios 9:15). Nuestro problema es que los obreros son pocos. Se necesita que hoy le digas al mundo esta noticia indeciblemente buena, que levantes tu voz como una trompeta, que grites desde las azoteas el glorioso evangelio de la vida eterna.

BÚSQUEDA DEL ALMA

Hoy obtendré la victoria sobre el miedo paralizante, así mis temores y ansiedades disminuirán. Tómate unos momentos para declarar tu victoria sobre la ansiedad en el nombre de Jesús.

Padre, aunque soy débil, tú eres poderoso; sostenme con tu mano poderosa.

Prioridad divina

Para comer, yo tengo una comida que ustedes no conocen.
Juan 4:32

Jesús se preocupaba por los que no eran salvos. ¿No es ese el eufemismo de todos los tiempos? Los amó tanto que sufrió una agonía indecible en la cruz para que pudieran tener vida eterna. Fue ese mismo amor el que le hizo hablar a la mujer del pozo. La preocupación por los perdidos debería ser tan natural para un cristiano como el respirar. Nosotros tenemos el amor de Cristo dentro de nosotros (2 Corintios 5:14).

Sabemos que no es la voluntad de Dios de que nadie perezca, por lo que todo ser humano necesita escuchar el evangelio. Si estuvieras en un bote salvavidas y a tu alrededor la gente se estuviera ahogando, ¿te dedicarías a pulir la madera del bote? Por supuesto que no. Te consumiría hacer todo lo posible por salvar vidas.

Los seres humanos están muriendo ante nuestros ojos, y debemos dedicarnos a la evangelización. Nada debe distraernos de esta sobria tarea.

BÚSQUEDA DEL ALMA

¿Estoy ocupado puliendo madera en lugar de salvar vidas? Haz un inventario de tus actividades. ¿Cómo puedes incorporar el evangelio en las cosas que haces?

Padre, que tu prioridad sea siempre mi prioridad.

Nuestra comida

Mi comida es hacer la voluntad del que me envió, y llevar a cabo su obra. ¿Acaso no dicen ustedes: "Aún faltan cuatro meses para el tiempo de la siega"? Pues yo les digo: Alcen los ojos, y miren los campos, porque ya están blancos para la siega.

JUAN 4:34-35

¿Hay algo que te guste tanto hacer que se te olvide comer? Puedo sentirme así cuando estoy editando una película. El proceso es tan creativo e intelectualmente absorbente que el tiempo parece volar a la velocidad de un rayo.

También sé que cuando estoy realmente hambriento, no puedo pensar más que en la comida. Como cristianos no deberíamos poder pensar en nada más que en alimentarnos de la Palabra de Dios con un apetito que nos consuma para hacer su voluntad.

Jesús dijo a sus discípulos que, aunque no era tiempo de la cosecha, debían levantar los ojos y mirar a los campos; estaban listos para ser cosechados.

Cuando la gente se queje de que son pocos los que vienen a Cristo, recuerda que la salvación es del Señor. Él es el que salva a los pecadores y Él dijo que la cosecha está lista.

BÚSQUEDA DEL ALMA

¿Alzo mis ojos y miro los campos y creo que están maduros para la cosecha? Me propongo hacerlo hoy.

Padre, mantendré mis ojos en ti este día y descansaré en tus maravillosas promesas.

Dios hizo crecer el árbol

> *Y el que siega recibe su salario y recoge fruto para vida eterna, para que se alegren por igual el que siembra y el que siega. Porque en este caso es verdad lo que dice el dicho: "Uno es el que siembra, y otro es el que siega". Yo los he enviado a segar lo que ustedes no cultivaron; otros cultivaron, y ustedes se han beneficiado de sus trabajos.*
>
> JUAN 4:36-38

Cuando oramos por alguien para que venga a la fe, debemos entender que somos colaboradores con Dios y con otros que han plantado antes que nosotros. Cuando recogemos un fruto, sabemos que Dios hizo crecer el árbol, aunque otro lo haya plantado y regado.

La ciencia habla a menudo de subirse a los hombros de los que nos han precedido. En otras palabras, ninguna persona puede atribuirse todo el mérito de los descubrimientos científicos porque otros han trabajado antes que ellos y han allanado el camino. Así que siempre debemos recordar que hay un Juan el Bautista que ha soportado el calor del sol del desierto al plantar, regar y cuidar la semilla del evangelio. A veces tenemos el privilegio de cosechar el fruto y ver el cumplimiento de la labor de ellos.

BÚSQUEDA DEL ALMA

¿Voy a plantar la preciosa semilla del evangelio hoy o estoy evitando secretamente esos pensamientos debido a mis temores y a mi falta de fe en Dios?

Padre, sepárame de mis miedos profundizando tu amor en mi corazón.

La inferencia de la fe

Si ustedes no ven señales y prodigios, no creen.
JUAN 4:48

El mundo puede fácilmente identificarse con el incrédulo Tomás. Él quería ver porque creía que el ver le permitiría creer. Sin embargo, creer y no ver es ejercer la confianza, y cuando confiamos plenamente en alguien, le hacemos un gran cumplido.

Si creo en ti y en lo que dices, significa que te considero digno de mi confianza. Jesús dijo que si creemos en Él somos bendecidos, porque le honramos cuando le consideramos digno de nuestra confianza.

Creer es una cuestión de la voluntad humana. Es una elección. Jesús dijo: "No creerán de ninguna manera". El salmista dijo: "Tan soberbio es el impío que no busca a Dios, ni le da lugar en sus pensamientos (Salmos 10:4). En su orgullo, muchos se niegan a confiar en Jesús, para su desgracia, porque la salvación nos llega por gracia a través de la fe, como la de un niño (Efesios 2:8-9).

BÚSQUEDA DEL ALMA

¿Hay momentos en los que pierdo la fe en Dios? ¿Considero alguna vez lo insultante que es eso? ¿Hay algún ser humano a quien le haya perdido la fe? ¿Por qué?

Padre, ayúdame a confiar en ti en los momentos buenos y en los aparentemente malos.

El Salvador sin precedentes

Vuelve a tu casa que tu hijo vive.
JUAN 4:50

Jesús tenía poder sobre la muerte. Sus palabras creativas dieron vida en el génesis de la creación y aquí, cuando le dijo a la muerte que se fuera, esta dobló su rodilla y se fue. Jesús dijo: "Tu hijo vive", y así fue.

Que tonto es pensar que Él era simplemente un gran maestro o líder espiritual. Le habló a la tormenta y esta le obedeció. A su mandato, los átomos que creó se tomaron de las manos y sostuvieron su cuerpo: caminó sobre el agua. Esta fue una hazaña que ningún otro lo ha hecho en la historia (excepto Pedro por un corto tiempo).

Jesús le habló a un árbol y éste se marchitó ante sus palabras. Llamó a Lázaro de la tumba y la parca bajó su hoz y lo soltó.

Pero el mayor de los milagros fue el amor que mostró en la cruz. ¿Qué podría impedirnos caer a sus hermosos pies, adorándole, amándole y venerándole? ¿Por qué habríamos de dudar en obedecer su mandato de ir por todo el mundo y predicar su glorioso evangelio a toda criatura?

BÚSQUEDA DEL ALMA

¿Es Jesús el centro de mis afectos? ¿Puedo dedicar hoy algún tiempo a la adoración y a la oración para ayudarme a centrarme en glorificar a Dios?

Padre, hoy te necesito. Tú eres mi vida.

Bien feo

El Espíritu del Señor está sobre mí. Me ha ungido para
proclamar buenas noticias a los pobres.

LUCAS 4:18

Cuando Jesús dijo que había venido para los pobres, no se refería solo a los pobres monetarios o físicos. También vino por los ricos, como Zaqueo (Lucas 19:1-10).

Lo más importante es que Jesús vino para los pobres de espíritus, aquellos que se dan cuenta de que son moralmente pobres ante un Dios santo, como lo hizo Zaqueo.

Dios utiliza la ley de Moisés como agente para convencernos de nuestra pobreza. La ley revela la santidad de Dios, su justicia perfecta y su norma suprema de moralidad. Los Diez Mandamientos despojan toda falsa piedad. Actúan como un espejo perfectamente limpio que refleja nuestro verdadero estado espiritual. Para una conciencia sensitiva, la imagen puede ser bastante fea. Somos por naturaleza mentirosos, ladrones, blasfemos y adúlteros.

Los Mandamientos nos dan una norma por la que podemos juzgarnos a nosotros mismos y ver nuestra desesperada necesidad de su misericordia. Al hacerlo, somos bendecidos porque al reconocer nuestra pobreza, nos enriquecemos.

BÚSQUEDA DEL ALMA

¿Me di cuenta de mi absoluta pobreza espiritual antes de venir a la cruz? Reserva un tiempo para estudiar los Diez Mandamientos (ver Mateo 5).

Padre, veo que, sin un Salvador, estaría irremediablemente perdido en el pecado. Gracias por rescatarme de mi pobreza espiritual.

La virtud del arrepentimiento

Me ha enviado a sanar a los quebrantados de corazón.
LUCAS 4:18 (RVR1960)

Este versículo no se refiere necesariamente a tener el corazón roto por las circunstancias trágicas de la vida. Muchas madres tienen el corazón roto por la pérdida de un hijo. No hay nada "bendito" en tal tragedia. Jesús habla más bien de la bendición de tener el corazón roto por nuestra condición pecaminosa, es decir, de tener un dolor por nuestros pecados que nos lleven al arrepentimiento (2 Corintios 7:10).

Al dirigirse a los pecadores, Santiago dice: "¡Conviertan su risa en llanto, y su alegría en tristeza!" (Santiago 4:9). Este es un dolor piadoso que obra el arrepentimiento, y el arrepentimiento nos lleva a la vida eterna, que solo está en la persona de Jesucristo. Es la sanidad para aquellos que tienen el corazón roto por el pecado. Es la ley moral que nos muestra la gravedad de nuestro pecado; nos ayuda a entender el costo de nuestra redención. Y es ver la cruz en su terrible realidad lo que nos rompe el corazón y trae lágrimas a nuestros ojos secos.

BÚSQUEDA DEL ALMA

¿He derramado alguna vez alguna lágrima por el precio de la cruz? Si no es así, ¿por qué?

Padre, ayúdame a horrorizarme por el costo de nuestra redención y a quebrantarme por tu amor.

Prisión oscura

El Espíritu del Señor está sobre mí…
a proclamar libertad a los cautivos.
LUCAS 4:18

Cuando Jesús habló de la libertad de los cautivos, no estaba hablando de criminales que estaban en prisión y que serían liberados cuando escucharan el evangelio. Más bien, estaba hablando de aquellos que están cautivos por Satanás para hacer su voluntad. La Biblia dice: "Y el siervo del Señor no debe ser contencioso, sino amable para con todos, apto para enseñar, sufrido; que corrija con mansedumbre a los que se oponen, por si acaso Dios les concede arrepentirse para que conozcan la verdad y escapen del lazo del diablo, en el cual se hallan cautivos y sujetos a su voluntad" (2 Timoteo 2:24-26).

Al igual que Pedro cuando estaba en la cárcel, nosotros también somos prisioneros, cautivos de las cadenas del pecado y de la muerte. Pero cuando la luz brilló en la oscura prisión de Pedro, sus cadenas cayeron y las puertas se abrieron (Hechos 12:5-10).

Los que escapan de la prisión del pecado son los que son bendecidos por el evangelio. Cuando venimos al Salvador, nuestras cadenas se caen. Somos liberados del poder del pecado y de la muerte.

BÚSQUEDA DEL ALMA

¿Me preocupo por llevar esa misma liberación a este mundo destinado al infierno? ¿Pienso compartir el evangelio hoy? Si no, ¿por qué no?

Padre, por favor úsame para alcanzar a los perdidos. Libérame de las cadenas del miedo y del orgullo.

Otra ceguera

…a dar vista a los ciegos, a poner en libertad a los oprimidos.
Lucas 4:18

Cuando Jesús habló de que los ciegos recibían la vista, no solo se refería a que los ciegos físicos recibían la vista física cuando escuchaban el evangelio. El Salvador abrió los ojos de muchos ciegos. Pero hay otro tipo de ceguera que aflige a toda la descendencia de Adán.

Este versículo está hablando de aquellos que son espiritualmente ciegos, cuyo entendimiento está oscurecido por el dios de este mundo a causa de su incredulidad.

En el momento en que venimos a Cristo, los ojos de nuestro entendimiento se abren y de repente vemos en el reino espiritual. El evangelio ya no es una locura para nosotros, sino el poder de Dios para salvación. Pasamos del reino de las tinieblas a la luz gloriosa y con el excomerciante de esclavos, John Newton, podemos decir: "Antes era ciego, pero ahora veo". Cuando Jesús abre nuestros ojos espirituales, nada parece igual.

BÚSQUEDA DEL ALMA

¿He nacido realmente de nuevo? ¿Se han iluminado los ojos de mi entendimiento?

Padre, que pueda ver tu influencia en todo lo que miro hoy.

Su gentil mano

El Espíritu del Señor está sobre mí...
a poner en libertad a los oprimidos.

LUCAS 4:18

Cuando Jesús habló de poner en libertad a los abatidos, se refería al trato amable de Dios con los abatidos por este mundo. Hablando proféticamente de su mensaje, el siguiente versículo dice: "No acabará de romper la caña quebrada" (Isaías 42:3 NVI). En otras palabras, Él no vino con un mensaje de condenación e ira, sino con un mensaje apacible de amor y perdón.

Vemos esto claramente ilustrado con la mujer sorprendida en el acto de adulterio en Juan 8:1-11. Ella estaba esperando ser apedreada. La ley, con su ira justificada, pedía su muerte, pero Jesús respondió con tierna misericordia. En lugar de tomar piedras, la tomó suavemente de la mano y la levantó. Ella vino a Él cansada y cargada bajo el peso de la ley, y en Él encontró descanso: "El Señor levanta a los caídos y sostiene a los agobiados" (Salmos 145:14).

La mujer condenada pudo ser bendecida, porque Jesús iba de camino hacia la cruz para redimir a los pecadores condenados de la maldición de la ley.

BÚSQUEDA DEL ALMA

¿Aprecio la ternura del evangelio? ¿De qué manera puedo mostrar hoy la misericordia de Jesús a los demás?

Padre, gracias por tu ternura y tu misericordia eterna.

Descansar del trabajo

Y a proclamar el año de la buena voluntad del Señor.

LUCAS 4:19

Isaías 61:2 dice que el propósito del ministerio del Mesías venidero sería: "Proclamar el año de la buena voluntad del Señor, y el día de la venganza de nuestro Dios, a consolar a todos los que están tristes".

Las grandes religiones del mundo se esfuerzan en vano por encontrar la aceptación de Dios. Están trabajando para su salvación. Sin embargo, tenemos buenas noticias para ellos. Todo el trabajo ya ha sido hecho. La cruz es una obra terminada.

Efesios 1:6 dice: "para alabanza de la gloria de su gracia, con la cual nos hizo aceptos en el Amado". Jesús compró la paz con Dios a través de su sufrimiento y muerte en la cruz.

Ahora somos aceptables para el Padre, porque Jesús tomó sobre sí la ira de Dios por nuestros pecados. El Espíritu del Señor estaba sobre Él, porque Dios lo había ungido para predicar el evangelio, y la aceptación de Dios significa que ¡podemos vivir para siempre!

Que el Espíritu del mismo Señor esté sobre nosotros para predicar el mismo maravilloso evangelio, para llevar esta maravillosa buena noticia a los perdidos y moribundos.

BÚSQUEDA DEL ALMA

¿Tiemblo ante la santidad de Dios y el contraste de la pecaminosidad de la humanidad? ¿Me motiva esa revelación?

Padre, que pueda decir para siempre con el apóstol Pablo: "¡Gracias a Dios por el inefable don!".

La luz del mundo

Hoy se ha cumplido esta Escritura delante de ustedes.
Lucas 4:21

Si alguna vez hubo un comentario presuntuoso, fue este: Jesús aplicó las Sagradas Escrituras a sí mismo. No era más que un simple hombre cuyo padre era conocido por la mayoría en la sinagoga de Nazaret, probablemente como un común carpintero. Y, sin embargo, Jesús afirmó ser el prometido, el Mesías, el bendito de Dios.

Sin embargo, si la gente hubiera creído en las Sagradas Escrituras, habrían sabido que Jesús realmente cumplía la profecía por su nacimiento virginal y por su vida impecablemente sin pecado. En lugar de ello, les repugnaron sus palabras llenas de gracia y trataron de matarlo por lo que percibían como una blasfemia. A lo suyo vino, y los suyos no le recibieron. (Juan 1:11-13 RVR1960). Qué tragedia tan terrible. ¿Cómo pudieron ser tan ciegos?

Es imperativo que estudiemos y creamos la Palabra, así como que conozcamos los tiempos en que vivimos. La Biblia es una lámpara para nuestros pies y una luz para nuestro camino (Salmos 119:105). Sin esa luz, tropezaremos como lo hicieron los líderes religiosos.

BÚSQUEDA DEL ALMA

¿Me esfuerzo por ser como Apolos, poderoso en el conocimiento de las Escrituras (Hechos 18:24)? ¿Cómo puedo hacer espacio en mi agenda diaria para dedicar tiempo al estudio de la Biblia?

Padre, ayúdame a ser disciplinado para empapar mi alma diariamente en tu Palabra.

El manto especial

*Sin duda ustedes me recordarán el refrán que dice:
"Médico, cúrate a ti mismo", y también "Haz aquí en tu
tierra todo lo que hemos oído que hiciste en Cafarnaún".
Y añadió: "De cierto les digo que ningún profeta es bien
recibido en su propia tierra".*

LUCAS 4:23-24

Nuestros familiares más cercanos son probablemente nuestros
mayores críticos. Nos conocen de cerca y han visto nuestros
defectos y debilidades. Jesús, sin embargo, no tenía pecado de
cerca y personalmente, así que cualquier crítica hacia Él era completamente infundada. Era moralmente perfecto en pensamiento,
palabra y obra. Todo lo que hizo agradó al Padre.

En Génesis 37, vemos cómo aquellos que conocían mejor
a José lo odiaban por el favoritismo de su padre. Sus hermanos
estaban verdes de envidia por su túnica de muchos colores.

Aquellos que conocen a Jesús como se revela en la Palabra de
Dios, saben que el Padre amó al Hijo, lo vistió con una cota de
perfecta justicia, y un día lo exaltaría a la diestra de Dios.

BÚSQUEDA DEL ALMA

¿Soy culpable de los celos? ¿Cómo reacciono cuando se elogia
a los demás?

Padre, ayúdame a alegrarme siempre de la exaltación de los demás.

El departamento del tiempo

A decir verdad, en los días de Elías, cuando durante tres años y medio el cielo se cerró y hubo mucha hambre en toda la tierra, había muchas viudas en Israel.

LUCAS 4:25

La naturaleza es la ventana a través de la cual vemos la obra de Dios. Cada gota de lluvia ha sido formada por su mano. Incluso cuando hay una sobreabundancia, debemos estar agradecidos porque el agua da vida a todos los seres vivientes de la tierra.

En un mundo cada vez más impío, se ignora la gran verdad bíblica de que Dios es quien da y retiene la lluvia. La ciencia intenta explicar la fluctuación de los patrones climatológicos como algo determinado por las acciones del hombre. Pero es solo Dios quien hace que la lluvia caiga sobre justos e injustos.

Cuando hay una temporada de sequía y los cielos retienen la lluvia, esto ocurre solo con el permiso de Dios. Ni una sola gota cae sin su consentimiento. Tales pensamientos son extraños para los impíos, pero nunca deberían estar lejos de nuestras mentes.

BÚSQUEDA DEL ALMA

¿Soy consciente de la presencia de Dios en todos los aspectos de la vida? Al final del día, tómate un momento para agradecer a Dios la belleza y la variedad de la naturaleza.

Padre, que siempre vea tu genio y la gracia de tu mano en toda la naturaleza.

Recordando a la viuda

*Pero Elías no fue enviado a ninguna de ellas,
sino a una viuda en Sarepta de Sidón*

Lucas 4:26

Dios ama a los afligidos y angustiados. Envió al profeta Elías hasta Sidón para hablar con una sola viuda. Jesús ejemplificó el mismo cuidado por los oprimidos y abandonados. Se le acusó de ser amigo de los pecadores y de los parias, de recaudadores de impuestos y de los leprosos. Los pobres lo escucharon con gusto. Tocó a los leprosos impuros y perdonó a los que fueron sorprendidos en actos de pecado.

Aquí la Biblia hace una mención especial a una viuda, al igual que en otros pasajes. Nuestros corazones deben ir hacia ellas en su dolor; necesitan nuestro cuidado.

Que Dios nos ayude a empatizar con la viuda en su dolor al intentar seguir adelante tras la pérdida de su amado esposo. Y que estemos siempre dispuestos a consolarla y ayudarla en su aflicción.

BÚSQUEDA DEL ALMA

¿Soy culpable de descuidar a las viudas? Acércate a alguien que conozcas que sea viuda. Llámala por teléfono; envíale una tarjeta por correo para hacerle saber que no ha sido olvidada.

Padre, ayúdame a ser un creyente empático, dispuesto a ayudar a los que sufren.

Un lavado sin sentido

Y en los días del profeta Eliseo había también muchos leprosos en Israel, pero ninguno de ellos fue limpiado sino Namán el sirio.

LUCAS 4:27

Vemos el evangelio tan claramente ilustrado a través de la maravillosa historia de Naamán. Era exitoso y orgulloso, pero estaba afligido por la horrible enfermedad de la lepra. Su única esperanza de limpieza vendría a través de la fe, la humildad y la obediencia. Se le dijo que se lavara en un río y quedaría limpio de su enfermedad. Eso no tenía sentido. No estaba sucio; ¡tenía una lepra incurable! Pero cuando se humilló y se bañó en el río Jordán, quedó completamente limpio de su enfermedad (2 Reyes 5:1-14).

Antes de ser limpiados por el río de la misericordia, estábamos indefensos, afligidos por la enfermedad terminal del pecado. Cuando nos humillamos y obedecimos al evangelio, fuimos salvados por la gracia mediante la fe. Dios lavó la suciedad y nos concedió la vida eterna.

BÚSQUEDA DEL ALMA

¿Todavía anhelo secretamente los antiguos placeres del pecado? Si es así, identifica esas áreas, confiésalas y abandónalas ante el Señor. No dejes que el diablo tenga una oportunidad.

Padre, ayúdame a temerte y, al hacerlo, a alejarme de la suciedad leprosa del pecado.

El nuevo reino

¡Cállate, y sal de ese hombre!
LUCAS 4:35

Ser cristiano significa someterse a Dios y resistir al diablo hasta que huya de nosotros (Santiago 4:7). Le decimos al enemigo que calle. Dejamos su reino de las tinieblas cuando fuimos trasladados al reino de la luz, y ya no somos hijos de la ira sino hijos de Dios. No damos lugar al diablo ni escuchamos sus susurros.

El pecado ya no es nuestro amo. Una vez corrimos para hacer la voluntad del enemigo, aunque nuestra paga fuera la muerte (Romanos 6:23).

Nuestro viejo amo vino a matar, robar y destruir, y lo vemos haciendo eso diariamente en este mundo que sirve al pecado a través de la adicción a las drogas, el suicidio, el alcoholismo, el asesinato y mil y unas atrocidades más en esta vida.

Resistimos la fuente del mal, nos mantenemos firmes en la fe y decimos con Jesús: "Aléjate de mí vista, Satanás" (Mateo 16:23).

BÚSQUEDA DEL ALMA

¿Escucho alguna vez las mentiras desalentadoras del enemigo? Pídele a Dios la capacidad de discernir entre la voz de Dios, las mentiras del enemigo y tu propia conversación.

Padre, que solo tenga oído para tu voz.

El propósito de la encarnación

También es necesario que yo anuncie en otras ciudades las buenas noticias del reino de Dios, porque para esto he sido enviado.

LUCAS 4:43

Jesús tenía una agenda clara del Padre. "Para esto se ha manifestado el Hijo de Dios, para deshacer las obras del diablo" (1 Juan 3:8). Dios se manifestó en la carne para destruir el poder de la muerte, para que todos los que confían solo en Él puedan decir: "¿Dónde está, oh muerte, tu aguijón?" (1 Corintios 15:55).

Tenemos la misma agenda. Debemos predicar el evangelio a los que están desamparados y sin esperanza ya que están sentados en la sombra de la muerte.

Que Dios nos ayude a contar nuestros días para que podamos cumplir la misión que Dios ha puesto ante nosotros. Debemos ocuparnos de buscar y salvar a los perdidos. Esto es urgente porque llegará el momento en que la puerta de la gracia se cerrará y los que sigan sirviendo al pecado serán condenados en un lugar terrible llamado infierno. Tal pensamiento debería sacudirnos hasta lo más profundo de nuestras almas. Debemos predicar el reino de Dios.

BÚSQUEDA DEL ALMA

¿Tengo la misma agenda que el Salvador? ¿Saben mis compañeros de trabajo que soy cristiano? ¿De qué manera puedo hacer brillar mi luz hoy?

Padre, ayúdame a morir a mí mismo y a vivir para alcanzar a los pecadores para el reino.

Ningún otro nombre

Si ustedes no ven señales y prodigios, no creen.
JUAN 4:48

La prosperidad tiende a fomentar la complacencia. Sin embargo, cuando llegan las pruebas, cuando tenemos graves necesidades económicas o cuando la fría mano de la muerte se acerca a un ser querido, tendemos a orar con desesperación. El lugar más seguro para estar es de rodillas durante las dificultades, pero ese es también el lugar más seguro para estar cuando todo está bien.

En tiempos de prueba, tendemos a reordenar las prioridades de la vida. Nada más le importaba al noble desesperado cuyo hijo estaba cerca de la muerte. Se apresuró a ver a Jesús y le imploró que sanara a su hijo antes de que fuera demasiado tarde.

Acudimos a un dentista cuando nos duele una muela, a un fontanero cuando hay una gotera, a un médico cuando estamos enfermos, pero solo podemos ir a Jesús cuando queremos vencer a la muerte. No hay nadie más que puede ayudar. La muerte no pudo retener al Hijo de Dios y tampoco puede retener a los que Él retiene. No hay salvación en ningún otro. No hay otro camino, no hay otra verdad, y no hay otra vida fuera de Jesucristo.

BÚSQUEDA DEL ALMA

¿Podría explicar adecuadamente la exclusividad del cristianismo a un escéptico? Si no es así, busca hoy algún material útil para comenzar tu estudio.

Padre, ayúdame a estudiar cómo responder a las preguntas difíciles para que siempre esté preparado para dar una respuesta a los que preguntan (1 Pedro 3:15).

Remar y echar

Lleva la barca hacia la parte honda del lago,
y echen allí sus redes para pescar
Lucas 5:4

Los discípulos habían lavado sus redes después de trabajar toda la noche sin pescar un solo pez. Sin embargo, Jesús les dijo que remaran mar adentro y echaran de nuevo las redes. Pedro, aunque escéptico, echó obedientemente las redes por fe.

Estamos llamados a ser pescadores de hombres, pero Jesús sabe que es una tarea imposible sin Él (Juan 15:5). Ahora no es el momento de procrastinar. Estamos en una carrera contra el tiempo porque la gente está muriendo diariamente sin Cristo. Pero no podemos trabajar en la oscuridad sin el Señor; será una pérdida infructuosa de tiempo valioso y esfuerzo.

Debemos ser colaboradores de Dios (1 Corintios 3:9). Y por eso debemos orar siempre mientras avanzamos, implorando que Él vaya con nosotros, y luego predicar la Palabra según el modelo que Dios nos ha dado.

BÚSQUEDA DEL ALMA

¿Ha habido momentos en los que he intentado hacer las cosas con mis propias fuerzas? ¿Qué lecciones he aprendido?

Padre, nunca permitas que pierda mi tiempo por no incluirte en mis labores.

De ahora en adelante

No temas, que desde ahora serás pescador de hombres.
LUCAS 5:10

Al hablar de evangelización, las primeras palabras que dijo Jesús fueron: "No temas". Probablemente se refería a la abrumadora reverencia que sintió Pedro ante la magnitud del milagro que acababa de presenciar. Cuando pensamos en quién es realmente Jesús, ¿cómo podemos evitar temblar? La encarnación es impresionante a muchos niveles. Jesús tenía incluso el control de un banco de peces en el océano.

Cuando se trata de evangelizar, la mayoría de nosotros estamos paralizados por el miedo. Tenemos miedo de ser rechazados; tenemos miedo de no saber qué decir. Sin embargo, si nos preocupamos por la humanidad y por el lugar donde pasará la eternidad, y si creemos en un infierno muy real, diremos con los discípulos: "Porque nosotros no podemos dejar de hablar lo que hemos visto y oído" (Hechos 4:20). Que la evangelización se convierta en nuestra prioridad. ¡Comencemos a atrapar a los hombres ahora!

BÚSQUEDA DEL ALMA

¿Me preocupa más mi propio bienestar que el hecho de que los pecadores culpables acaben en el infierno? ¿Necesito arrepentirme de mi falta de preocupación?

Padre, ayúdame a ser un pescador de hombres de ahora en adelante.

Lleno de lepra

Quiero. Ya has quedado limpio.
Lucas 5:13

Sabemos por la Palabra de Dios que el pecado es como la lepra. Al hablar de nuestra actitud hacia el pecador y sus pecados, la Biblia dice: "A otros, arrebátenlos del fuego y pónganlos a salvo; y a otros más, ténganles compasión, pero ¡cuidado!, desechen aun la ropa que su cuerpo haya contaminado" (Judas 1:23). Las manchas son una referencia a las manchas de la lepra. En Lucas 5, se nos dice que este hombre estaba lleno de lepra al igual que nosotros estamos llenos de pecado, impuros a los ojos de un Dios santo. Pero gracias a la cruz, Dios puede extender su mano y decir: "Sé limpio", y nuestro pecado se aleja inmediatamente como el oriente del occidente (Salmos 103:12). El pecado se aleja de nosotros y nosotros nos alejamos del pecado.

La promesa de salvación es universal. El que quiera puede venir. Dios no quiere que nadie perezca. Por eso, cuando cualquier pecador invoca el nombre del Señor, puede estar seguro de que Dios quiere realmente limpiarlo. Jesús dijo: "Todo lo que el Padre me da vendrá a mí; y al que a mí viene no lo echo fuera" (Juan 6:37).

BÚSQUEDA DEL ALMA

¿Envidio a los pecadores porque pueden disfrutar de los placeres del pecado? ¿Queda algo de maldad en mi corazón?

Padre, ayúdame a odiar todo pecado, no solo por lo que hace, sino por lo que es.

Un testimonio para ellos

Solo ve y preséntate ante el sacerdote,
y ofrece por tu purificación lo que ordenó Moisés,
para que les sirva de testimonio.

LUCAS 5:14

La obediencia y la dependencia de su Palabra es la prueba de que hemos sido salvados por la gracia de Dios. Dios dice que debe ser establecido para siempre para aquellos que lo aman.

Aquellos que nombran el nombre de Cristo, pero no se apartan de la iniquidad, no tienen la seguridad de haber pasado por el nuevo nacimiento. Dios nos da un nuevo corazón con un nuevo conjunto de deseos. Una indicación de que hemos experimentado la salvación es que caminamos en sus estatutos. Amamos las cosas que Dios ama y odiamos las cosas que Dios odia (Santiago 4:4).

Jesús dijo que los que guardan sus mandamientos son los que le aman: "El que tiene mis mandamientos, y los obedece, ese es el que me ama, y el que me ama, será amado por mi Padre, y yo lo amaré, y me manifestaré a él" (Juan 14:21). Debe ser evidente para el mundo que hemos sido limpiados del pecado. Nuestro comportamiento es nuestro testimonio.

BÚSQUEDA DEL ALMA

¿Es mi corazón rápido para obedecer la Palabra de Dios? ¿Es mi testimonio evidente para el mundo? Tómate un momento para evaluar tus palabras y acciones.

Padre, ayúdame a ser un testimonio de tu limpieza.

Ambos eran imposibles

Buen hombre, tus pecados te son perdonados.
Lucas 5:20

Cuando Jesús dijo que tenía poder en la tierra para perdonar los pecados, los fariseos creyeron que había blasfemado, un pecado castigado con la muerte.

La respuesta que les dio Jesús fue interesante. Preguntó qué era más fácil: ¿sanar milagrosamente a un hombre de una terrible enfermedad o perdonar milagrosamente los pecados? Ambas cosas eran imposibles para el hombre, pero no para Dios. Si Jesús podía sanar milagrosamente al hombre paralítico, entonces sin duda tenía el poder de perdonar todos sus pecados. Así que la sanidad del hombre, tanto física como espiritual, era una evidencia de que Jesús era de Dios, el Mesías prometido.

Si Dios puede transformarnos de la noche a la mañana a través del evangelio, dándonos un nuevo corazón con nuevos deseos a través del nuevo nacimiento, es evidente que con Él nada es imposible.

Jesús dijo: "Tus pecados te son perdonados". Cuando venimos al Salvador, nuestros pecados son inmediata y milagrosamente perdonados.

BÚSQUEDA DEL ALMA

¿Niego el poder de Dios en mi vida al considerar que algunas cosas son imposibles? ¿Y me alegro de que mis pecados hayan sido perdonados? Declara hoy a tu propia alma que nada es imposible para Dios.

Padre, gracias que mis pecados son cosas del pasado. Han desaparecido. Han sido olvidados por ti.

La gran decepción

Buen hombre, tus pecados te son perdonados.
LUCAS 5:20

Los hombres de esta historia mostraron su amor por su amigo enfermo y sin esperanza arrastrándolo al tejado y bajándolo por una abertura para que Jesús pudiera tocarlo. Sus amigos lo bajaron.

La Biblia nos dice que Jesús vio su fe. Su confianza en Él era evidente por sus acciones. La fe sin obras es muerta (Santiago 2:14).

También vemos en este pasaje que, aunque este hombre estaba enfermo, Jesús se ocupó primero de su pecado. "Buen hombre, tus pecados te son perdonados", le dijo. Jesús nos anima a traer todos nuestros problemas a su trono de gracia. Sin embargo, debemos acudir a Él principalmente no para ser sanados, ni para ser bendecidos ni para recibir nada más que el perdón de nuestros pecados. Es a causa de nuestro pecado que debemos primeramente buscar el reino de Dios y su justicia, y todas las demás cosas nos serán añadidas.

Su justicia y nuestra falta de ella debe ser la principal preocupación.

BÚSQUEDA DEL ALMA

¿Soy culpable de pedirle a Dios que haga cosas por mí en lugar de buscar su justicia?

Padre, que mi amor no se limite solo a los que me aman.

Marzo

Fe sin límites

¿Por qué cavilan en su corazón?
Lucas 5:22

Jesús percibió que sus oyentes estaban razonando en sus corazones. Algo no les cuadraba a sus discípulos.

El hombre es una criatura que razona. Dios nos creó con la capacidad de razonar sobre la vida y entender las verdades espirituales, lo cual nos separa de los animales. Nos hacemos preguntas: ¿Por qué estamos aquí? ¿Cuál es el propósito de nuestra existencia? ¿Qué había en el principio? ¿Estamos solos en el universo? ¿Hay vida después de la muerte? ¿Existe la justicia absoluta?

Sin embargo, a veces nuestro razonamiento puede obstaculizar nuestra fe. No es verosímil pensar que un hombre pueda caminar sobre el agua, resucitar a los muertos o alimentar a cinco mil personas con cinco panes y dos peces.

Fue Charles Spurgeon quien dijo con razón que donde la fe puede nadar, la razón solo puede remar. La razón tiene límites. La fe no tiene límites.

BÚSQUEDA DEL ALMA

Mi esfuerzo por tratar de entender las cosas, ¿obstaculiza a veces mi fe en Dios?

Padre, ayúdame a confiar siempre en ti con todo mi corazón y no apoyarme en mi propio entendimiento.

Recoger dinero

¡Sígueme!
LUCAS 5:27

Tal vez Mateo había oído de Jesús o quizás se preguntaba de los rumores que circulaban acerca de los muchos milagros que Él había hecho. Pero las palabras que le cautivaron ese día de los labios del Salvador fueron "Sígueme". No había ninguna explicación y no había condiciones. Fue simplemente una llamada a seguirlo. Este es el llamado de todo cristiano. Debemos seguir al Buen Pastor, porque Él ha prometido llevarnos a los verdes pastos de la vida eterna. La voz convincente del Hijo de Dios atrajo a Mateo irresistiblemente. Lo dejó todo para seguir al Salvador.

La vida está en Jesús. ¿Cómo podemos contentarnos con pasar nuestra vida persiguiendo cosas materiales? Por desgracia, eso es lo que muchos en el mundo prefieren hacer. Son ricos en este mundo y destituidos ante Dios.

Millones de personas han escuchado su voz y han abandonado la búsqueda de riquezas. Confiando en Cristo, tanto en su presente como en su futuro, ninguno quedará decepcionado.

BÚSQUEDA DEL ALMA

¿Estoy alguna vez tentado a dejar que la búsqueda del beneficio personal monopolice mi tiempo y mi atención?

Padre, ayúdame a seguirte de cerca hoy.

Solo los enfermos

*Los que están sanos no necesitan de un médico,
sino los enfermos. Yo no he venido a llamar al
arrepentimiento a los justos, sino a los pecadores.*
LUCAS 5:31-32

Las personas sanas no necesitan un médico. Solo los enfermos lo necesitan. Un hombre pecador, que sufre la enfermedad terminal del pecado, debería clamar a Dios por ayuda. Solo Él es el Gran Médico que tiene la cura de la muerte en su mano.

Llamar al mensaje que predicamos "buenas noticias" es quedarse muy corto. Quizás nuestra lengua carece de adjetivos adecuados. Lo más cercano que podemos conseguir es la frase bíblica "el don inefable". La vida eterna ofrecida en el evangelio es un regalo gratuito, pero el arrepentimiento es un requisito previo. Estamos llamados al arrepentimiento. Nunca dejes de usar esa palabra en tu llamamiento a este mundo pecador. Hay algunos que creen erróneamente que podemos servir a Dios y pecar, pero debemos abandonar el pecado en la cruz de Cristo.

Nuestro mensaje evangelizador consiste en convencer a las personas de que son enfermos terminales y necesitan desesperadamente una cura. Sin ella, se dirigen a un infierno muy real. Que Dios nos ayude a ser fieles a esta tarea.

BÚSQUEDA DEL ALMA

¿Estoy profundamente preocupado hoy en día por este mundo terminal dirigido al infierno? Pide al Señor que te dé su corazón por los perdidos.

Padre, por favor dame tu mismo sentir por aquellos que no son salvos.

Nuestra elección

Pues para que ustedes sepan que el Hijo del Hombre tiene autoridad en la tierra para perdonar pecados, éste le dice al paralítico: "Levántate, toma tu camilla, y vete a tu casa".

Lucas 5:24

Mientras Dios extiende su mano y nos ofrece a cada uno de nosotros la vida eterna (a quien quiera venir), Él no ignora nuestra voluntad. Si los pecadores no quieren la vida eterna, no tienen que aceptarla. Si prefieren el infierno al cielo, es su elección. Si dicen tontamente que prefieren el sufrimiento eterno que el placer para siempre, lo tendrán. Por muy absurdo que parezca, la gente realmente dice que prefiere el infierno al cielo.

El enfermo de esta historia había estado en esa condición durante mucho tiempo. ¿Por qué iba a querer seguir así? Pero Jesús le preguntó de todos modos. Jesús le dijo que se levantara, que recogiera su cama y que caminara. Ya no necesitaba una cama de enfermo.

Es hora de que dejemos de languidecer en nuestros lechos de comodidad, dejemos nuestra complacencia a un lado y nos dediquemos a compartir las buenas noticias de Cristo. La vida secular es insatisfactoria para el verdadero creyente; es inútil, como persiguiendo el viento. Tenemos una gran vocación, y este mundo moribundo está esperando.

BÚSQUEDA DEL ALMA

¿He tenido la revelación de que los placeres de este mundo son vanos? ¿Puedes identificar alguna área de tu vida en la que estés "persiguiendo el viento"?

Padre, abre hoy mis ojos al contraste entre la futilidad de este mundo y la realidad de lo que tengo en Cristo.

Dios está trabajando

Hasta ahora mi Padre trabaja, y yo también trabajo.
JUAN 5:17

Parece un poco extraño que el Dios omnipotente esté trabajando.
Sin embargo, ciertamente que trabaja. Considera la vida de José.
Dios estaba obrando sus propósitos a lo largo de la vida de José,
aun cuando sus hermanos celosos lo vendieron como esclavo
y cuando la esposa lujuriosa de Potifar lo mandó a la cárcel
acusándolo de ser un depravador sexual. Dios estaba obrando sus
propósitos internamente cuando el mayordomo, el panadero y
el faraón tuvieron sus extraños sueños. Como resultado, José fue
exaltado a la posición más alta de la tierra.

Si amas a Dios, nunca pienses que las cosas que te suceden
no tienen un propósito. Toma un momento para grabar este gran
consuelo en tu memoria: "Ahora bien, sabemos que Dios dispone
todas las cosas para el bien de los que lo aman, es decir, de los que
él ha llamado de acuerdo a su propósito" (Romanos 8:28).

BÚSQUEDA DEL ALMA

Si estoy totalmente convencido de que Dios está trabajando
todas las cosas para mi bien, ¿cómo afectará este conocimiento
a mi día?

Padre, hoy creo que estás trabajando a mi favor porque me amas.

Pensamientos abrumadores

De cierto, de cierto les digo: El Hijo no puede hacer nada por sí mismo, sino lo que ve que el Padre hace; porque todo lo que el Padre hace, eso mismo lo hace el Hijo. Y es que el Padre ama al Hijo, y le muestra todo lo que él hace; y mayores obras que éstas le mostrará, para el asombro de ustedes.

JUAN 5:19-20

Aunque son personas distintas, el Padre no puede separarse del Hijo. Dios estaba en Cristo reconciliando al mundo consigo mismo (2 Corintios 5:19). Cuando aquel pequeño bebé yacía en el pesebre en Belén, era el Dios Todopoderoso manifestado en la carne. "Y la Palabra se hizo carne y habitó entre nosotros" (Juan 1:14).

Jesús era la imagen expresa del Dios invisible. Esta es la enseñanza fundamental del cristianismo y la razón por la que es ridículo comparar a Jesús con los grandes hombres de la historia. No hay comparación. Es como comparar el sol del mediodía con una linterna muerta.

BÚSQUEDA DEL ALMA

¿Pienso mucho en el hecho de que Jesús es realmente Dios en la carne? Pídele a Dios una revelación de la encarnación del Dios Todopoderoso.

Padre, abre mis ojos a la sorprendente encarnación. ¡Te preparaste un cuerpo humano para ti! Tales pensamientos son verdaderamente abrumadores.

Esos huesos secos

*Porque así como el Padre levanta a los muertos, y les da vida,
así también el Hijo da vida a los que él quiere. Pues el Padre
no juzga a nadie, sino que todo el juicio se lo ha dado al Hijo,
para que todos honren al Hijo tal y como honran al Padre.
El que no honra al Hijo, no honra al Padre que lo envió.*

JUAN 5:21-23

Dios resucitó a los muertos varias veces en el Antiguo Testamento, incluyendo el enorme ejército de huesos secos de Ezequiel (Ezequiel 37:1-14). Antes de venir a Cristo, no éramos más que huesos secos. Nosotros estábamos muertos en nuestros delitos y pecados hasta que escuchamos la Palabra del Señor y vinimos a Jesús. No se nos dio una religión en Cristo, sino el perdón de nuestros pecados y la vida eterna.

Cada pecador se presentará ante Jesucristo como Señor y dará cuenta de cada palabra ociosa hablada, cada acto hecho en la oscuridad, cada pecado sexual secreto y cada acto homicida. Nada ni nadie escapará a la ira de su ley, excepto aquellos que se refugien a la sombra de la cruz.

BÚSQUEDA DEL ALMA

¿He llegado a dominar mi conocimiento de la Biblia? ¿Estoy familiarizado con todas las historias de las Escrituras? Si no es así, ¿cómo puedo dedicar unos minutos más al día a ese propósito?

Padre, dame hambre para aprender de tu Palabra y descubrir las perlas de la verdad.

El predicador

De cierto, de cierto les digo: El que oye mi palabra, y cree al que me envió, tiene vida eterna; y no será condenado, sino que ha pasado de muerte a vida.

JUAN 5:24

El que oye, pero ¿cómo oirán sin un predicador (Romanos 10:14)?

¿Está tu corazón cargado por los perdidos? Si eres una nueva criatura en Cristo, eres un nuevo predicador para Cristo. ¿Alguna vez clamas en oración por aquellos que todavía están en sus pecados y en un momento de tiempo podrían ser arrebatados por la muerte y condenados en el infierno? Estos no son pensamientos agradables, pero son pensamientos que todo cristiano debería tener.

Dios confía en ti para que seas su embajador. Él te está llamando a compartir la verdad del evangelio para que aquellos que escuchen su Palabra y crean en Él tengan vida eterna. En el momento en que nos arrepentimos y confiamos solo en Jesús, pasaremos de la muerte a la vida.

Que Dios nos abra los ojos a la importante y sobria tarea que ha puesto ante nosotros.

BÚSQUEDA DEL ALMA

¿Me veo a mí mismo como predicador o dejo eso a los profesionales? Pide a Dios que te muestre que ser un embajador de Cristo es simplemente compartir lo que sabes.

Padre, por favor usa mis palabras hoy para llevar el mensaje de vida eterna a algún pecador moribundo.

Placeres legítimos

> *De cierto, de cierto les digo: La hora viene, y ya llegó, cuando los muertos oirán la voz del Hijo de Dios; y los que la oigan vivirán. Porque así como el Padre tiene vida en sí mismo, así también le ha dado al Hijo el tener vida en sí mismo; y también le dio autoridad de hacer juicio, por cuanto es el Hijo del Hombre.*
>
> JUAN 5:25-27

Este pasaje comienza con las palabras: "De cierto, de cierto les digo". Hay pocas cosas en la vida de las que podemos estar realmente seguros, pero esta es una. La hora vendrá cuando cada persona muerta oirá la voz de Jesucristo. Nosotros ya la hemos oído y hemos confiado en su misericordia, pero hay multitudes que la oirán y estarán bajo su juicio. Estos que escuchen su voz ahora, vivirán. Aquellos que la escuchen entonces, serán condenados. No hay palabras para expresar el terror de tal día. ¿Cómo podemos perder nuestro precioso tiempo persiguiendo nuestros propios placeres cuando sabemos lo que viene a este mundo?

Muchos de nuestros placeres son legítimos y buenos. Conversar con amigos y familiares alrededor de una piscina es un placer maravilloso. Pero no mientras un niño se ahoga en la piscina.

Que Dios nos ayude a ordenar nuestras prioridades.

BÚSQUEDA DEL ALMA

¿Hay un sentido de urgencia en mi corazón? ¿Veo el día de hoy como un día para emplearlo en mí mismo o como una posible ocasión para alcanzar a alguien que está perdido? Mantén los ojos abiertos hoy y busca una oportunidad divina.

Padre, profundiza mi amor por ti y por los perdidos.

No te dejes impresionar

No se asombren de esto: Vendrá el tiempo cuando todos los que están en los sepulcros oirán su voz; y los que hicieron lo bueno, saldrán a resurrección de vida; pero los que hicieron lo malo, a resurrección de condenación.

JUAN 5:28-29

No te maravilles. No te dejes impresionar. Resucitar a todo ser humano de entre los muertos no es un acto maravilloso para Dios. No hace falta nada más que un suave susurro de su voz. La muerte debe obedecer su Palabra y doblar la rodilla. Esta es la misma Palabra que habló a los astros del cielo para que vinieran a existencia y dio forma a cada átomo complejo en el universo. Nada es imposible para Él, así que no te maravilles de esto.

Aquellos que han hecho el bien, sus obras les seguirán a la eternidad. Serán recompensados por Dios. Y aquellos que han hecho el mal, les seguirán sus obras malas, que serán la prueba de su culpabilidad. Todo asesino que pensó que se salió con la suya, estará ante su Creador y se enfrentará a la justicia perfecta. No podemos sino alegrarnos y temblar a la misma vez ante estos pensamientos tan sobrios. Nos alegramos de que se haga justicia y tememos por aquellos sobre los que caerá la justicia eterna.

BÚSQUEDA DEL ALMA

¿He pensado en un átomo y he considerado las complejidades de cada uno? Se necesitan trillones de ellos para formar una roca o una mano humana. Ahora, piensa en su Creador.

Padre, quita las vendas de mi mente.

Indefenso sin Él

Yo no puedo hacer nada por mí mismo. Yo juzgo según lo que oigo; y mi juicio es justo, porque no busco hacer mi voluntad, sino hacer la voluntad del que me envió.

JUAN 5:30

Si Jesús no podía hacer nada sin la ayuda del Padre, ¿cuánto más necesitamos nosotros su ayuda? ¿Alguna vez has puesto todo tu tiempo y energías en algo que pensabas que era bueno y correcto, pero te olvidaste de consultar al Señor? Puede que haya resultado en "nada". Es por eso que necesitamos orar acerca de todo: nuestros matrimonios, nuestros trabajos, nuestras tareas diarias y, especialmente, nuestros esfuerzos evangelísticos. La oración es el oxígeno de la vida cristiana. Respiramos la oración; oramos sin cesar. La oración da vida a los muertos, nos da energía para el día y nos resucita después de que los males del día nos atacan.

El multimillonario que ignora a su Creador no es nada, no logra nada y muere sin nada. El tiempo convertirá su imperio en polvo. Pero nosotros sabemos mejor. Sabemos que lo que se hace en Cristo es eterno y por eso oramos tanto por las cosas pequeñas como por los asuntos que nos parecen grandes. Sin Él no podemos hacer nada.

BÚSQUEDA DEL ALMA

Que hoy vea la semilla del evangelio como algo pequeño que puede convertirse en algo masivo, porque Dios es parte de ella.

Padre, que hoy se logre algo eterno porque tú me estás guiando.

La luz brillante

Si yo doy testimonio acerca de mí mismo, mi testimonio no es verdadero; Pero el que da testimonio acerca de mí es otro, y yo sé que el testimonio que de mí da es verdadero.

JUAN 5:31-32

Cuando Jesús habló de sí mismo, Dios dio testimonio de la verdad de sus palabras: estaban corroboradas por su Padre y estaban llenas de poder.

Cuando compartimos la verdad del evangelio a este mundo, nuestras palabras también están respaldadas por el poder de Dios. El evangelio es un mensaje sobrenatural que lleva consigo la capacidad innata de transformar a los pecadores culpables en nuevas criaturas en Cristo.

Nunca debemos cansarnos de nuestra labor. Cuando una nación está plagada con los pecados del aborto, la blasfemia, el adulterio, la pornografía, la fornicación, la homosexualidad, la violencia, la corrupción, y mil otros males, sabemos que el evangelio es la única esperanza de salvación. En un mundo lleno de tinieblas y mentiras, el evangelio es un sol brillante de la verdad absoluta. El testimonio de Dios es verdadero. Sana en esta vida y libera de la ira en la próxima.

BÚSQUEDA DEL ALMA

¿Podría presentar el evangelio bíblico en menos de un minuto? Si no es así, necesito practicar lo que predico para poder compartir con la gente que me dediquen un minuto de su tiempo.

Padre, ayúdame a conocer a fondo tu precioso evangelio.

El faro

Ustedes enviaron mensajeros a Juan, y él dio testimonio de
la verdad. Yo no recibo el testimonio de ningún hombre, sino
que digo esto para que ustedes sean salvos. Juan era una
antorcha que ardía y alumbraba, y por algún tiempo ustedes
quisieron regocijarse en su luz.

JUAN 5:33-35

No hubo nadie como Juan el Bautista. Era una luz ardiente de
humildad y consagración. Fue apartado de este mundo para ser
un faro en la tormenta para iluminar a Aquel que vendría. Jesús
dio testimonio de su carácter piadoso, diciendo que no había
nadie nacido de mujer más grande que él (Lucas 7:28).

Una de las mayores virtudes de Juan era que caminaba en
el temor del Señor. Reprendía a los que venían a escucharle. Se
enfrentó a los líderes religiosos. Reprendió a Herodes y terminó
perdiendo la vida por su postura a favor de la justicia. En el
desierto de este mundo, que seamos como Juan, buscando solo
la sonrisa de Dios, aunque signifique recibir el ceño fruncido de
este mundo malvado.

BÚSQUEDA DEL ALMA

¿Tengo atributos divinos? ¿Estoy apartado de este mundo,
pero al mismo tiempo brillo como un faro para Jesús?

Padre, deja que la luz de tu amor brille hoy a través de mí.

Esperanza viva

Pero yo cuento con un testimonio mayor que el de Juan, y son las obras que el Padre me dio para que las llevara a cabo. Las obras mismas que yo hago son las que dan testimonio de mí, y de que el Padre me ha enviado.

JUAN 5:36

Aunque Juan era una luz ardiente y brillante, como la luna, su luz era un mero reflejo. Jesús de Nazaret fue el brillante sol del mediodía que realizó milagros para demostrarle a Israel que Él era el Mesías. Habló a las tormentas, resucitó a los muertos, sanó a los enfermos, abrió los ojos de los ciegos, destapó los oídos de los sordos y multiplicó los panes y los peces. Juan no hizo ninguna de estas cosas.

Este mismo Jesús hace milagros hoy. Él da la vista a los pecadores ciegos, abre los oídos que son sordos a su Palabra, calma las tormentas en nuestras vidas, y multiplica el Pan de Vida para alimentar nuestras almas hambrientas.

¿Cómo puede vivir este mundo sin Jesús? ¿Cómo la gente puede hacerle frente a las temibles tormentas de la vida? ¿Cómo pueden vivir sabiendo que la muerte es una sombra que sigue cada uno de sus pasos? Debemos tenderles la mano. ¿Cómo no vamos a gritar desde los tejados que Jesús nos da una esperanza viva de vida eterna?

BÚSQUEDA DEL ALMA

Hoy voy a contar mis bendiciones. Las nombraré una por una, empezando por la cruz.

Padre, a menudo te pido algo. Hoy te doy la ofrenda voluntaria de mi alabanza.

El temor del Señor

También el Padre, que me envió, ha dado testimonio de mí.
Ustedes nunca han oído su voz, ni han visto su aspecto.

JUAN 5:37

Los líderes religiosos eran tumbas blanqueadas. Eran impresionantes por fuera, pero sus corazones estaban llenos de pecado (Mateo 23:27). Vivían para la alabanza de los hombres y no para la alabanza del Dios que supuestamente representaban. Jesús dijo que, con toda su rica tradición, sus largas oraciones y su profesada piedad, nunca habían escuchado a Dios. Jamás.

Este versículo revela su grave error. Nunca habían "visto su apariencia". Esto no es una referencia a la vista física, porque ningún hombre ha visto a Dios jamás. Él estaba diciendo claramente que la imagen que ellos tenían de Dios era errónea. El dios al que ellos servían no requería la verdad en el interior: no debía ser temido porque no existía. La idolatría es la raíz de la mayoría de los pecados porque, aunque reconoce a Dios, carece del temor del Señor. El temor del Señor hace que los hombres se aparten del mal, pero los que no le temen mantienen el mal en sus corazones.

BÚSQUEDA DEL ALMA

¿Es mi imagen de Dios bíblica? Si realmente temiera al Señor, ¿qué cambiaría en mi vida?

Padre, permíteme temerte como lo hizo Jesús. La Palabra dice que Él fue escuchado por su temor reverente (Hebreos 5:7).

Fe simple

Ni tienen su palabra permanentemente en ustedes,
porque a quien él envió ustedes no le creen.
JUAN 5:38

Cuando nacemos de nuevo, entra Cristo, la esperanza de gloria. Él es el Verbo que dio vida al principio. Se hizo carne como nosotros, y por medio del Espíritu Santo, el Verbo habita en nosotros. El que tiene al Hijo tiene la vida, y estamos sellados por Él para la eternidad.

El mundo desestima la fe: cree que es para los débiles. En cierto sentido es cierto, pero a través de la fe, los débiles se hacen fuertes. Fue la fe la que le dio a David el valor para derrotar a Goliat. Fue la fe la que hizo fuerte a Daniel frente a los leones hambrientos. Sin la fe, ambos hombres habrían sido débiles y temerosos.

La fe es como un paracaídas que desafía la gravedad. Soy débil ante su atracción, pero la fe me hace fuerte y me lleva a través de ella. Me libra de mis miedos. A través de la simple fe en Jesús, soy librado de la muerte.

BÚSQUEDA DEL ALMA

¿Cuáles son mis mayores debilidades? ¿Cómo voy a enfrentarme a ellas?

Padre, confío en ti para que me protejas del enemigo que anda como un león rugiente.

El árbol oculto

Ustedes escudriñan las Escrituras, porque les parece que en ellas tienen la vida eterna; ¡y son ellas las que dan testimonio de mí! Pero ustedes no quieren venir a mí para que tengan vida.

JUAN 5:39-40

Escudriñar las Escrituras sin un corazón humilde y buscador de la verdad es como leerlas en la oscuridad. La humildad de corazón capta el oído de Dios. Es a los humildes a quienes Él dice: "Yo pongo la mirada en los pobres y humildes de espíritu, y en los que tiemblan al escuchar mi palabra" (Isaías 66:2).

Los orgullosos líderes religiosos confiaban en su vana piedad para salvarse. Sin embargo, con todos los adornos religiosos y el conocimiento de cabeza hueca, se perdieron al Mesías. Se perdieron de ver a Aquel que fue herido por nuestras transgresiones, molido por nuestros pecados (Isaías 53:5).

Porque buscaban un león, no vieron al Cordero. El árbol de la cruz estaba oculto por el bosque de sus obras religiosas que los hinchaban de orgullo. Querían un rey conquistador, no un siervo sufriente, por lo que no vieron ni creyeron el testimonio de la Sagrada Escritura. En lugar de acusarle de blasfemia y de tramar su muerte, habrían doblado sus rodillas con humildad.

BÚSQUEDA DEL ALMA

¿Busco las Escrituras con una mente abierta o llevo mis propias opiniones y presuposiciones a la experiencia?

Padre, no permitas que dé por sentada la luz que proviene de tu Palabra. Es una lámpara a mis pies y es la luz que ilumina mi camino (Salmos 119:105).

Honrar la verdad

Yo no recibo gloria de parte de los hombres. Pero yo los conozco a ustedes, y sé que el amor de Dios no habita en ustedes. Yo he venido en nombre de mi Padre, y ustedes no me reciben; pero si otro viniera en su propio nombre, a ése sí lo recibirían.

JUAN 5:41-43

Jesús pronuncia cuatro palabras muy penetrantes: "Pero yo los conozco". Jesús conocía sus pecados más oscuros. Sabía de su hipocresía y sus motivos para honrar al hombre.

Los impíos abrazarán cualquier cosa menos la verdad de la Palabra de Dios. Citarán los llamados evangelios de Tomás y Judas y otros escritos espirituales, y creerán sin duda en los libros de historia escritos por hombres falibles e incluso malvados. Sin embargo, estos mismos hombres son religiosamente escépticos de cada palabra de la Biblia.

Luchan con uñas y dientes en todo momento, colando el diminuto mosquito y tragándose un camello de dos jorobas cargado (Mateo 23:24). No les importa el honor que viene del cielo. Sus vidas no honran a Dios y, por ende, sirven al diablo.

Tampoco tenían el amor de Dios dentro de ellos.

Aquellos que aman a Dios y quieren honrarlo siempre abrazarán su Palabra.

BÚSQUEDA DEL ALMA

¿Creo yo, sin duda alguna, en los escritos históricos de los hombres, pero dudo de las promesas de Dios? Hoy me propongo cambiar eso.

Padre, hoy reafirmo y estimo la verdad de cada promesa en tu Palabra.

El honor de los hombres

¿Y cómo pueden ustedes creer, si se honran los unos de los otros, pero no buscan la honra que viene del Dios único?
Juan 5:44

Buscar el honor que proviene del prójimo no se limita al ámbito de lo religioso. Pensemos en el mundo del deporte. Aunque nos gustaría pensar que los atletas aman su deporte, muchos juegan solo para ser alabados. Viven para el rugido del público, los aplausos, las palmaditas en la espalda, los elogios de los hombres o la atención de los medios de comunicación, principalmente por el honor que viene del mundo.

Lo mismo ocurre en el mundo de la moda. Si no hubiera nadie alrededor para observar cómo nos vestimos o cómo luce nuestro cabello, no gastaríamos el tiempo tratando de impresionar.

Aunque no es pecado querer tener un aspecto respetable o disfrutar de un héroe deportivo, nunca debemos dejar que la alabanza del mundo supere nuestro deseo de buscar el honor que viene de Dios.

BÚSQUEDA DEL ALMA

¿Dicta la moda lo que me pongo? ¿Consume mi tiempo y mi dinero, o tengo mi propia opinión cuando se trata de mi apariencia? Evalúa tus prioridades en este ámbito.

Padre, aparta mi corazón de las cosas inútiles de la vida.

Diez cañones

No piensen que yo voy a acusarlos delante del Padre. Hay alguien que sí los acusa, y es Moisés, en quien ustedes tienen puesta su esperanza. Si ustedes le creyeran a Moisés, me creerían a mí, porque él escribió acerca de mí. Pero si no creen a sus escritos, ¿cómo van a creer a mis palabras?

JUAN 5:45-47

El evangelio solo tendrá sentido cuando la ley moral le preceda. Es la ley de Moisés la que incrimina al pecador. Los mandamientos retumban las acusaciones de mentira, robo, lujuria, odio, blasfemia, asesinato, adulterio y una multitud de pecados que ofenden a nuestro santo Creador.

La ley apuntó a Israel con diez cañones cargados, pero el pueblo no se alarmó. Se perdieron todo el propósito de la ley. Si hubieran creído en las palabras de Moisés, habrían recibido las palabras de Jesús, se habrían arrepentido de sus pecados y habrían confiado en el Salvador. La ley nos hace conscientes de nuestro pecado y nos lleva al Salvador.

Utiliza la ley de Moisés de las páginas de Deuteronomio y deja que los diez cañones se suelten para hacer su trabajo en una generación malvada. Millones de personas perdidas se engañan pensando que todo está bien entre el cielo y la tierra.

BÚSQUEDA DEL ALMA

¿Cómo puedo utilizar la ley de Moisés en mi testimonio?

Padre, hazme como Jesús. Dame su amor y su audacia intransigente para confrontar a los pecadores con su pecado.

Acusaciones del mundo

¿Acaso ustedes pueden hacer que ayunen los invitados a una boda, mientras el novio está con ellos? Llegará el día en que el novio ya no estará con ellos. Entonces sí, ese día, ayunarán.

LUCAS 5:34-35

Los fariseos estaban preocupados porque los seguidores de Jesús no ayunaban. Su preocupación era evidente. Ellos tocaban una trompeta cuando ayunaban para que todos supieran lo espirituales que eran, pero los discípulos no tocaban ninguna trompeta.

La Biblia hace una pregunta retórica: "¿Quién acusará a los escogidos de Dios?" (Romanos 8:33).

La respuesta es obvia: nadie. Debido a la libertad que tenemos en Cristo, nadie puede acusarnos de nada, ni dictar nuestras acciones. Todo lo que hacemos es entre Dios y nosotros. Mira nuestra libertad: "¿Tú tienes fe? Tenla para contigo delante de Dios. Dichoso aquel, a quien su conciencia no lo acusa por lo que hace" (Romanos 14:22).

Nunca dejes que las palabras de un mundo acusador te roben la alegría. Tenemos un solo Señor, y en última instancia solo somos responsables ante Él.

BÚSQUEDA DEL ALMA

¿Tengo alguna vez una actitud malsana de juicio hacia otros cristianos?

Padre, ayúdame hoy a tener gracia hacia mis hermanos y hacia los que no son salvos.

Sentido común

¿Ni siquiera han leído lo que hizo David, cuando él y sus acompañantes tuvieron hambre? Pues entró en la casa de Dios y tomó los panes de la proposición, que sólo a los sacerdotes les es permitido comer. Y comió David, y los compartió con sus acompañantes.

Lucas 6:3-4

Existe tal cosa como el espíritu de la ley. Algunas leyes son duras e implacables, y no tienen en cuenta las circunstancias atenuantes. Por ello, un juez ejercerá su discreción y utilizará el espíritu de la ley, a menudo considerado como simple sentido común.

Eso es lo que hacía Jesús frente a los hipócritas religiosos que señalaban con el dedo acusador a sus discípulos. David tenía hambre y Dios le permitió alimentarse.

El espíritu de la ley eclipsó su letra.

La ley perfecta pedía con razón nuestra muerte y condenación, pero la bondad del Creador de la ley nos ofreció el Pan de Vida. Gracias a Dios por el espíritu de la ley.

BÚSQUEDA DEL ALMA

¿Aprecio plenamente la misericordia de la cruz? Hoy me tomaré un tiempo para alabar a Dios por el sacrificio que hizo por mí.

Padre, que siempre recuerde que, aunque no había circunstancias atenuantes, tú hiciste un camino para escapar de la muerte.

Levántate en medio

Levántate, y ponte en medio.
LUCAS 6:8

Este hombre tenía una mano seca, pero Jesús no se ocupó inmediatamente de esa necesidad. Jesús le dijo que se levantara y se pusiera de pie en medio y luego que extendiera su mano. Jesús estaba deliberadamente dejando claro que estaba sanando al hombre en el día de reposo.

Gran parte del Cuerpo de Cristo tiene la mano seca cuando se trata de alcanzar a los perdidos. El alcance no es una prioridad. La mayor parte de la iglesia contemporánea está atrapada en el ajetreo de sus negocios. Una iglesia que descuida el evangelismo no es para nada saludable. Está terriblemente enferma.

Si queremos ser curados de esta aflicción, debemos ponernos en medio de los impíos y alcanzarlos con el evangelio. No es suficiente que nos sentemos en la iglesia y esperemos que de alguna manera encuentren el camino. Debemos ir a ellos como se nos ha ordenado, en el poder del Espíritu Santo (Marcos 16:15).

BÚSQUEDA DEL ALMA

¿Me gusta hacer la voluntad de Dios? ¿Cómo puedo superar mi miedo a alcanzar a los demás?

Padre, ayúdame a deleitarme en la pesada tarea de la evangelización. Sana mi mano marchita.

Bienaventurados los pobres

Bienaventurados ustedes los pobres,
porque el reino de Dios les pertenece.
Lucas 6:20

Si bien es cierto que los pobres físicamente escucharon a Jesús con gusto, lo que vemos enumerado en las bienaventuranzas son las virtudes de los piadosos. Son los pobres de espíritu los que reconocen que necesitan la gracia y la misericordia de Dios. Los que son justos a sus propios ojos no ven la necesidad de arrepentirse y confiar en el Salvador.

Los pobres de espíritu son bendecidos, porque necesitan desesperadamente el perdón. Ven que son inmorales y tienen un corazón depravado ante Dios. Cuando estamos moralmente al final de nuestra cuerda, Dios interviene con una nueva cuerda de esperanza.

Es la ley moral la que nos despoja del engaño de la autosuficiencia. Por eso debemos aplicar los Diez Mandamientos a la conciencia de los perdidos, como hizo Jesús (Marcos 10:17-22). Los mandamientos, por la gracia de Dios, abrirán los ojos de su entendimiento y les mostrarán su necesidad del Salvador. Y en su pobreza, se volverán ricos y bendecidos.

BÚSQUEDA DEL ALMA

¿Comprendo la pobreza de mi estado espiritual sin el Señor?

Padre, gracias por las riquezas espirituales que tengo en Cristo.

Hambre espiritual

Bienaventurados ustedes los que ahora tienen hambre,
porque serán saciados.

LUCAS 6:21

No hay nada de bendición en los terribles dolores del hambre de comida física, pero hay bendición cuando tenemos hambre de justicia. En el momento en que venimos a Jesús, por la fe somos hechos justos a los ojos de Dios. La ley es satisfecha con la cruz, y el pecador es redimido. La boca acusadora de Moisés es detenida por la sangre sin pecado de Jesús. No hay estado más bendito en la tierra que ser limpiado de todo pecado.

Es la ley moral la que nos hace desear una posición correcta con Dios. Es cuando entendemos que la lujuria es adulterio a los ojos de Dios y que el odio es asesinato, que vemos la necesidad de la justicia que viene por la fe. Charles Spurgeon dijo:

> Pero ningún hombre llega a tener hambre y sed de justicia si no ha pasado primero por las tres etapas preliminares: se ha convencido de la pobreza de su alma, ha llorado por el pecado y se ha hecho humilde a los ojos de Dios.[1]

BÚSQUEDA DEL ALMA

¿De qué manera la ley de Dios me ha mostrado que el pecado es sumamente pecaminoso?

Padre, ayúdame a tener siempre sed de justicia.

El estado de contrición

Bienaventurados ustedes los que ahora lloran, porque reirán.
LUCAS 6:21

Sucedió en cuestión de segundos, pero nunca lo olvidaré. Me acerqué a dos hombres de unos veinte años y les pregunté: "¿Quieren hacer una entrevista para YouTube?". El hombre de mi izquierda se enfadó inmediatamente y dijo: "¡Fuera de aquí!". Luego, con un enfado cada vez mayor, exigió: "¡Vete, lárgate de aquí!". Le dije: "¿Puedo hacerte un regalo?". A lo que el otro hombre dijo: "Claro". Le entregué una tarjeta. "Es una tarjeta de regalo de Subway... para la cena de esta noche. Aquí tienes una para tu amigo".

Fue entonces cuando oí un sonido extraño: un gemido procedente del hombre enfadado. Con voz desgarradora, murmuró: "¡Lo siento mucho!". Mientras me daba la vuelta para irme, le contesté: "Todo está bien".

En esos pocos segundos, vislumbré el poder del amor para aplacar la ira y provocar la contrición.

Eso es lo que ocurre cuando un pecador ve realmente el amor de Dios demostrado en el Calvario: "Pero Dios muestra su amor por nosotros en que, cuando aún éramos pecadores, Cristo murió por nosotros" (Romanos 5:8). Por eso pasamos por la ardua tarea de abrir los mandamientos: para mostrar la gloriosa cruz.

BÚSQUEDA DEL ALMA

¿Qué hace que derrame lágrimas de contrición?

Padre, a la luz del amor de la cruz, ayúdame a tener un espíritu quebrantado y un corazón contrito.

Recuerda saltar

Dichosos ustedes cuando los odien, cuando los discriminen, los insulten y los desprestigien por causa del Hijo del hombre. Alégrense en aquel día y salten de gozo, pues miren que les espera una gran recompensa en el cielo. Dense cuenta de que los antepasados de esta gente trataron así a los profetas.

LUCAS 6:22-23 NVI

Si alguna vez te odian por pertenecer a Jesús o si la gente te excluye de su compañía o te mira como si fueras malo, asegúrate de obedecer la Palabra y regocijarte. Es natural deprimirse cuando esto sucede, pero se nos dice que nos regocijemos de todos modos.

Entonces Jesús dijo que hiciéramos otra cosa: "saltar de gozo" cuando somos perseguidos por nuestra fe. Así que vete a algún lugar privado y salta físicamente. Te hará reír y, al mismo tiempo, te demostrarás a ti mismo que estás preparado para obedecer lo que dijo Jesús, aunque te sientas ridículo. Eso te levantará el ánimo.

BÚSQUEDA DEL ALMA

¿Cuál es mi respuesta a la persecución? ¿Depresión o alegría?

Padre, ayúdame a regocijarme y saltar de alegría cuando me persiguen, porque te pertenezco.

El deseo de ser rico

Pero ¡ay de ustedes los ricos!,
porque ya han recibido su consuelo!
Lucas 6:24

Las riquezas tienden a hacer que los seres humanos vivan independientes de Dios. Sin embargo, aunque el dinero puede comprarnos comodidades en esta vida, se para en seco ante la lujosa lápida.

Jesús contó la historia de un hombre que era tan rico y exitoso que decidió construir instalaciones más grandes en las que pensaba guardar todos sus bienes. Pero como era rico en este mundo y pobre para con Dios, Jesús le llamó necio (Lucas 12:20).

"Los que quieren enriquecerse caen en la trampa de la tentación, y en muchas codicias necias y nocivas, que hunden a los hombres en la destrucción y la perdición" (1 Timoteo 6:9).

La Biblia advierte que los que quieren ser ricos experimentan muchos dolores (1 Timoteo 6:10). No siempre son los ricos los que desean más dinero. Los pobres pueden ser consumidos por la codicia y volverse descontentos.

Nuestro único consuelo debe ser nuestra piedad. La Escritura nos dice que la piedad con contentamiento es una gran ganancia (1 Timoteo 6:6-10).

BÚSQUEDA DEL ALMA

¿Estoy contento con Dios como mi principal fuente de alegría? ¿A quién más recurro en tiempos de necesidad?

Padre, que siempre seas mi fuerte consuelo.

Hambre espiritual

¡Ay de ustedes, los que ahora están satisfechos!,
porque habrán de pasar hambre!
LUCAS 6:25

Obviamente, Jesús no está hablando de aquellos que han comido una gran comida y están agradeciendo a Dios por ello. Probablemente está hablando de los que se entregan imprudentemente a los placeres pecaminosos de este mundo, como el hombre rico que hizo un gran banquete e ignoró la voluntad de Dios (Lucas 16:19).

En la historia de Lázaro y el hombre rico, el pecado del hombre rico no era que fuera físicamente rico, sino que no era rico para con Dios. Era egoísta y autoindulgente. Se vestía y alimentaba lujosamente y no se preocupaba por su prójimo, que se moría de hambre a su puerta. Qué imagen de la iglesia contemporánea rica y sobrealimentada que no se preocupa por los que no son salvos.

Que nunca seamos así con los perdidos.

BÚSQUEDA DEL ALMA

¿Me preocupan los que están sentados en la sombra de la muerte fuera de la iglesia? ¿A quién puedo llegar hoy que está hambriento de la verdad?

Padre, ayúdame a amar a mi prójimo como a mí mismo y a preocuparme profundamente por su salvación.

La alegría de la risa

> *¡Ay de ustedes, los que ahora ríen!,*
> *porque habrán de llorar y lamentarse.*
>
> Lucas 6:25

¡Qué bueno es reírse! Es un tónico refrescante para el alma, a veces triste y cansada. Está claro que Jesús no estaba condenando la alegría de la risa. La Biblia dice que un corazón alegre hace tanto bien como una medicina (Proverbios 17:22). Pero más bien se refería a los que obtienen placer, alegría y risa de los placeres pecaminosos de este mundo. Quizás Jesús también se refería a los que se ríen cínicamente de los que son de Dios.

La Biblia dice que Moisés eligió sufrir la aflicción con el pueblo de Dios antes que disfrutar de los placeres del pecado por una temporada (Hebreos 11:25).

Los que aman las cosas que ofenden a Dios y disfrutan de los placeres del pecado llorarán y se lamentarán en el día del juicio, cuando Dios imparta una justicia perfecta y terrible, y su ira caiga.

Que tomemos nuestra cruz cada día y nos neguemos a esos atractivos placeres, y en su lugar lo miremos a Él como nuestra fuente de alegría.

BÚSQUEDA DEL ALMA

¿Soy como la mujer de Lot (Génesis 19:26)? ¿Qué deseo secretamente del mundo pecador?

Padre, ayúdame hoy a ver tu omnipresencia invisible.

La sonrisa de un hombre

¡Ay de ustedes, cuando todos los alaben!, porque lo mismo hacían con los falsos profetas los antepasados de esta gente.
Lucas 6:26

La Biblia dice que todos los que viven piadosamente en Cristo Jesús sufrirán persecución (2 Timoteo 3:12). Si no estamos siendo perseguidos de alguna manera, es probablemente porque no estamos viviendo audazmente nuestra fe en Cristo Jesús. Algo está mal cuando los delincuentes no tienen miedo de la policía. Rara vez los que violan la ley hablan bien de sus oficiales.

Tampoco debemos esperar que el mundo nos admire si defendemos la justicia.

Los predicadores que buscan la sonrisa de los hombres tendrán que lidiar con el ceño fruncido de Dios. No le temen, y por eso predican mensajes que hacen cosquillas a los oídos, descuidando su sobria responsabilidad.

Cuando predicamos el pecado, la justicia y el juicio, a menudo ofenderemos a un mundo amante del pecado, pero no nos atrevamos a diluir la medicina: perderá sus propiedades curativas.

Debemos predicar fielmente la verdad en amor. Que Dios nos ayude a estar motivados por su temor y no por el temor al hombre.

BÚSQUEDA DEL ALMA

¿Alguna vez he sido perseguido por mi fe? Si no es así, ¿por qué no?

Padre, ayúdame a temerte y a tener el valor de hablar con valentía.

Abril

Ama a los enemigos

A ustedes, los que me escuchan, les digo: Amen a sus enemigos, hagan bien a quienes los odian.

Lucas 6:27

Jesús dijo: "A ustedes que me escuchan, les digo". No todo el mundo puede escuchar este dicho, porque no es fácil amar a tus enemigos, ni viene de forma natural. En cambio, la ira, el miedo, el resentimiento, incluso el odio hacia nuestros enemigos surge casi instintivamente.

El simple hecho es que no podemos amar a nuestros enemigos sin un don sobrenatural de amor que nos da el Espíritu Santo. Este es el mismo amor que vemos desplegado en la cruz cuando Jesús oró en nombre de los que lo crucificaron: "Padre, perdónalos, porque no saben lo que hacen" (Lucas 23:34).

Ora por los que te odian porque le perteneces a Jesús. Cómprales regalos. No les des ninguna razón para odiarte. Cada vez que alguien muestra ofensa hacia el evangelio y rechaza incluso una conversación, digo: "¿Puedo darte un regalo?". Entonces les doy una tarjeta de regalo de cinco dólares. Casi sin excepción, veo que el resentimiento desaparece inmediatamente. Lleva algunos contigo.

Somos capaces de amar a nuestros enemigos, porque el amor de Cristo nos constriñe.

BÚSQUEDA DEL ALMA

¿Soy una persona egoísta o amorosa? ¿Qué puedo hacer para demostrar mi amor?

Padre, por favor, lléname de tu amor hoy y dame la oportunidad de compartir ese amor con los perdidos.

Muestra visible

*Bendigan a los que los maldicen
y oren por los que los maltratan.*
Lucas 6:28

Bendecir a las personas que nos maldicen no es un comportamiento humano natural. No es fácil.

Bendecir a las personas significa algo más que desearles la bendición de Dios. También puede significar comprarle un regalo a alguien que rencorosamente nos utiliza. A veces, un pequeño y atento regalo puede significar mucho más para un incrédulo que un sermón elocuente. Una vez envié en secreto una tarjeta de regalo de parte de Sue y mía a un ateo de alto perfil que públicamente me atacó como ningún otro. Le tocó tanto el corazón que pasó diez emotivos minutos hablando de ello en un video a sus cientos de miles de suscriptores (ver "Crazy Bible" YouTube).

Un regalo es una muestra visible de amor genuino, lo que resulta ser la fuerza más poderosa del universo. El amor llevó a Jesús a la cruz, y es lo que nos obligará a llevar esa cruz y a seguir sus pasos.

BÚSQUEDA DEL ALMA

¿Oro por las personas a las que no les agrado? ¿Por quién puedo orar hoy?

Padre, ayúdame a mostrar las virtudes de tu naturaleza divina.

Deja que Dios se encargue

> *Si alguno te golpea en una mejilla,*
> *preséntale también la otra. Si alguien te quita*
> *la capa, deja que se lleve también la túnica.*
>
> Lucas 6:29

Algunos consideran que estas palabras de Jesús promueven la pasividad o incluso el pacifismo. Pero, en realidad, el cristiano no debe luchar, sino debe permitir que Dios luche por él. La Biblia dice que Jesús, cuando fue perseguido, no tomó represalias: "Cuando lo maldecían, él no respondía con maldición; cuando sufría, no amenazaba, sino que remitía su causa al que juzga con justicia" (1 Pedro 2:23).

Si alguien nos hace daño, no nos tomamos la justicia por nuestra mano. Más bien nos encomendamos a Dios en la oración, y Él será nuestra defensa y administrará la justicia si lo considera oportuno.

En cambio, tenemos que mostrar amor a los que nos odian y bondad a los que nos roban con la esperanza de que la persona se reconcilie con Dios antes del día de la ira. Es imprescindible confiar plenamente en Dios.

BÚSQUEDA DEL ALMA

¿Lo llevo todo a Dios en oración? ¿Qué tengo que soltar y dejar que Dios lo maneje?

Padre, por favor ayúdame a confiar en ti en todo lo que ocurra hoy.

Da a todos

*A todo el que te pida, dale; y a quien se lleve lo que es tuyo,
no le pidas que te lo devuelva.*

LUCAS 6:30

Aquí está la verdadera prueba de nuestro amor a Dios y a nuestros semejantes: "A todo el que te pida, dale". No hay manera de evitar este pasaje. ¿Significa esto que tienes que dar dinero cada vez que alguien te lo pida? No, Jesús no dijo lo que hay que dar; tampoco dijo cuánto hay que dar. Pero debemos dar según lo que se necesite.

Jesús está hablando aquí de una actitud que debemos tener hacia quienes no son salvos. Debemos ser amables y generosos por el evangelio, pero sea lo sea que demos, debemos asegurarnos de que dirija a la gente hacia el evangelio. Una palabra amable sobre el Salvador o un folleto del evangelio debe acompañar el regalo.

Me siento mal si le doy a alguien que me pide, pero no le doy un tratado del evangelio o algo que lo dirija a Dios. Es como dar una palmadita en la espalda a un pecador que va de camino al infierno.

BÚSQUEDA DEL ALMA

¿Estoy listo para dar a todos los que me piden? ¿Cuándo fue la última vez que di de buena gana y con gozo?

Padre, ayúdame a tener una mano generosa con las cosas que poseo temporalmente.

La regla de oro

Traten a los demás como ustedes quieran ser tratados.
Lucas 6:31

A menudo pienso que la Regla de Oro es un consejo maravilloso para los conductores, especialmente en una autopista. No habría rabia en la carretera, habría menos accidentes y mucho menos estrés si todo el mundo tratara a los demás en la carretera como le gustaría ser tratado.

El mundo piensa que la Regla de Oro es simplemente una buena sugerencia, pero es mucho más que eso. Es la esencia de la ley moral. El que ama a su prójimo como a sí mismo, trata a su prójimo como le gustaría que le trataran a él. No le miente, ni le roba, ni comete adulterio con su mujer, ni codicia sus bienes, ni le odia. "El amor no hace daño a nadie. De modo que el amor es el cumplimiento de la ley" (Romanos 13:10).

Era la regla de oro del buen samaritano. Lo sabemos porque curó las heridas de un desconocido (Lucas 10:25-37).

Así que este *buen consejo* en verdad nos muestra cuán lejos estamos de la norma perfecta de la ley de Dios, y nos revela que necesitamos al Salvador.

BÚSQUEDA DEL ALMA

¿Sonreiría Dios en señal de aprobación por mi forma de comportarme?

Padre, ayúdame hoy a tratar a los demás como me gustaría que me trataran a mí.

Ama...pase lo que pase

Porque si ustedes aman sólo a quienes los aman, ¿qué mérito tienen? ¡Hasta los pecadores aman a quienes los aman!

LUCAS 6:32

La naturaleza humana es desesperadamente egoísta. Cuando nos preguntan por qué amamos a alguien, probablemente responderemos que es porque nos aman. Nos resulta fácil amar cuando nos aman. Pero amar cuando nos odian es divino. Es sobrenatural.

Podemos ver esto en la trágica y horrible muerte de Esteban. Él acusó a los líderes religiosos de no guardar la ley moral, y ellos perdieron completamente el control. Lo arrastraron fuera de la ciudad y lo asesinaron. Mientras este hombre amoroso e inocente era apedreado hasta la muerte, gritó: "Señor, no les tomes en cuenta este pecado" (Hechos 7:60).

Pocos han puesto su amor a prueba de una manera tan extrema. Pero todos nosotros, con la ayuda de Dios, podemos exhibir el amor de Dios a los demás de alguna manera hoy.

BÚSQUEDA DEL ALMA

¿Seré considerado por los demás como una persona cariñosa? ¿Cuál es una manera en la que puedo mostrar amor a alguien hoy?

Padre, por favor, dame una oportunidad hoy para mostrar amor piadoso a los demás.

Derechos personales

Si prestan algo a aquellos de quienes ustedes esperan recibir algo, ¿qué mérito tienen? ¡Hasta los pecadores se prestan unos a otros para recibir otro tanto! Ustedes deben amar a sus enemigos, hacer el bien y dar prestado, sin esperar nada a cambio. Grande será entonces el galardón que recibirán, y serán hijos del Altísimo. Porque él es benigno con los ingratos y con los malvados.

Lucas 6:34-35

Este mundo no es nuestro hogar, ni sus caminos son nuestros caminos. Cuando acudimos al Salvador, renunciamos a nuestros derechos al decir: "pero que no se haga mi voluntad, sino la tuya (Lucas 22:42). Los caminos de Dios se han convertido en nuestros caminos, lo que se demuestra en la forma en que tratamos a nuestros enemigos.

Jesús declara que los cristianos deben amar a sus enemigos, hacerles el bien y prestarles sin esperar nada a cambio. Nuestros derechos personales no tienen cabida. Pero al obedecer las palabras de Jesús, estamos imitando y glorificando a nuestro Padre celestial, a la vez que tenemos el consuelo de que Él siempre cuidará de nosotros.

BÚSQUEDA DEL ALMA

¿Muestro mi amor a los que me odian, sin esperar nada a cambio?

Padre, ayúdame a mostrar mi amor de forma práctica a aquellos que puede que me odien.

El poder de la misericordia

Por lo tanto, sean compasivos,
como también su Padre es compasivo.
LUCAS 6:36

Fíjate en la primera frase de este versículo: "Por lo tanto". En otras palabras, como los versículos anteriores hablan de renunciar a los derechos personales y de amar a los enemigos, debemos ser misericordiosos.

Es razonablemente fácil para nosotros mostrar misericordia si recordamos que Dios nos ha mostrado misericordia a través de la cruz. Si hemos visto nuestra propia pecaminosidad, no tenemos derecho a señalar con el dedo acusador a ningún otro ser humano con una actitud de "más santo que tú". Nosotros mismos somos culpables.

También debemos mostrar misericordia a los demás porque, al hacerlo, nos protegemos del resentimiento autodestructivo, la amargura, la ira y el odio. La misericordia es una protección y es beneficiosa para todos los implicados.

BÚSQUEDA DEL ALMA

¿Soy alguna vez condescendiente con los que son diferentes a mí en su aspecto o en su forma de hablar?

Padre, ayúdame a mostrar misericordia con los demás como tú lo haces.

No juzgues

No juzguen, y no serán juzgados. No condenen, y no serán condenados. Perdonen, y serán perdonados.

LUCAS 6:37

Este es quizás el versículo más mal citado de toda la Biblia. A menudo se utiliza contra los cristianos que hablan de los pecados del mundo. En otras palabras, si hacemos un juicio moral sobre los pecados de alguien, Dios nos juzgará por ello. Esto no es cierto.

En el contexto, este versículo está dirigido a los cristianos. Está diciendo que no debemos juzgarnos unos a otros sobre lo que debemos comer o qué día debemos mantener sagrado. Estas cosas son entre el creyente y Dios, como dice en Romanos 14.

En Juan 7:24 (RVR1960), Jesús dijo que cuando juzguemos debemos usar "justo juicio". En otras palabras, somos libres de hacer juicios morales sobre el bien y el mal. Podemos decir que el asesinato y la violación están mal, así como mentir, robar, etc.

Mientras tanto, cuando hablamos de los pecados de este mundo, debemos hacerlo con un espíritu de amor y mansedumbre, advirtiéndole a todo hombre que puede ser hecho perfecto en Cristo Jesús.

BÚSQUEDA DEL ALMA

¿Soy siempre cariñoso y amable cuando comparto el evangelio?

Padre, ayúdame a redarguir, reprender, exhortar "con toda paciencia y doctrina" (2 Timoteo 4:2).

Un corazón bondadoso

Den, y se les dará una medida buena, incluso apretada, remecida y desbordante. Porque con la misma medida con que ustedes midan, serán medidos.

Lucas 6:38

La mayoría de nosotros somos tentados a amar el dinero. Tendemos a ser egoístas y preferimos recibir que dar. El dinero no es pecaminoso en sí mismo, pero puede reemplazar fácilmente a Dios en nuestras vidas si confiamos en él como nuestra fuente principal de todo lo que necesitamos. Dios quiere que busquemos en Él la paz, la seguridad y el gozo.

La mejor manera de manejar nuestra actitud hacia el dinero es tenerlo con la mano extendida, con la disposición de dar cuando surja una necesidad, o simplemente para bendecir a alguien. Vivir con la mano abierta nos impedirá amar el dinero y nos asegura que Dios es nuestra fuente de paz y gozo y el proveedor de nuestras necesidades.

Si damos con un corazón generoso, Dios promete cuidar de nosotros porque ama especialmente al dador alegre (2 Corintios 9:6–7).

BÚSQUEDA DEL ALMA

¿Alguna vez he tenido la tentación de amar el dinero? ¿Cuándo fue la última vez que di generosamente a alguien necesitado?

Padre, ayúdame a dar como tú das.

Aprender del Salvador

El discípulo no es superior a su maestro, pero el que complete su aprendizaje será como su maestro.

LUCAS 6:40

No hay muchos estudiantes que sepan más que sus profesores. Si lo hicieran, los profesores deberían estar sentados a los pies de los alumnos. El trabajo del profesor es transferir sus conocimientos a sus alumnos, y cuando los alumnos estén completamente formados, serán como su profesor.

Debemos esforzarnos por amar como Él amó, perdonar como Él perdonó, y predicar el evangelio como Él lo hizo a este mundo moribundo. Que este mundo ciego vea a Jesús en nosotros.

Nuestro objetivo en la vida debe ser la semejanza con Cristo. Sabemos que estamos creciendo en Cristo cuando exhibimos las virtudes del Salvador en nuestro propio carácter. Nos sentamos a sus pies y aprendemos de Él alimentándonos de su Palabra: "Lleven mi yugo sobre ustedes, y aprendan de mí, que soy manso y humilde de corazón, y hallarán descanso para su alma" (Mateo 11:29).

BÚSQUEDA DEL ALMA

¿Obedezco el mandato de aprender de Jesús? ¿Cómo voy a hacerlo hoy?

Padre, que las virtudes de tu naturaleza divina sean evidentes en mi vida.

La viga

*¿Por qué miras la paja que está en el ojo de tu hermano,
y no miras la viga que está en tu propio ojo?*

Lucas 6:41

Las caricaturas tienden a hacernos reír. Las orejas, la nariz, la
barbilla, la frente o los ojos exagerados pueden ser divertidísimos.
Este versículo es una caricatura verbal, y esta vez el humor nos
dice algo importante.

Si tenemos algo en nuestro ojo espiritual, no es fácil vernos a
nosotros mismos o a los demás con claridad. En consecuencia,
tendemos a ser duros en nuestro juicio de los demás y mostrar
una abundancia de gracia para nosotros mismos.

La hipocresía significa autoengañarse. Nos ciega a nuestros
propios pecados. Tenemos que escudriñar nuestro corazón con
regularidad para detectar el sutil pecado del orgullo, que nos
eleva continuamente por encima de los demás.

La ley moral vuelve a actuar. Revela nuestros pecados, nos
humilla y detiene la boca de la autojustificación que se apresura
a juzgar a los demás.

BÚSQUEDA DEL ALMA

¿Estoy lleno de gracia y misericordia cuando miro los
pecados de los demás? ¿Tengo tendencia a justificar mis propios
defectos mientras juzgo a los demás?

Padre, ayúdame a juzgarme siempre con la verdad.

Tinajas negras

¿Cómo puedes decirle a tu hermano: "Hermano, déjame sacarte la paja que tienes en tu ojo", si no ves la viga que tienes en tu propio ojo? ¡Hipócrita! Saca primero la viga de tu propio ojo, y entonces podrás ver bien para sacar la paja que está en el ojo de tu hermano.

LUCAS 6:42

Si vemos un problema con un hermano o hermana en Cristo, debemos manejarlo con mucha oración, con gentileza y en un espíritu de amor. Esto es porque Romanos 14:4 dice que debemos evitar juzgar a nuestros hermanos: "¿Quién eres tú, para juzgar al criado ajeno? Si éste se mantiene firme o cae, es un asunto de su propio amo. Pero se mantendrá firme, porque el Señor es poderoso para mantenerlo así".

Si se trata de una cuestión moral y nos sentimos obligados a decir algo, Gálatas 6:1 nos exhorta a cómo debemos abordar la situación: "Hermanos, si alguno es sorprendido en alguna falta, ustedes, que son espirituales, restáurenlo con espíritu de mansedumbre. Piensa en ti mismo, no sea que también tú seas tentado".

Somos vasijas muy sucias y buscar manchas en las tinajas negras no debería ser nuestro negocio.

BÚSQUEDA DEL ALMA

¿Camino siempre con un espíritu de amor y mansedumbre? ¿Hay alguien en mi vida a quien siento que debo confrontar sobre un asunto moral?

Padre, ayúdame a mantener mis ojos en ti y en los perdidos.

Charla en el vestidor

*El hombre bueno, saca lo bueno del buen tesoro de su
corazón. El hombre malo, saca lo malo del mal tesoro de su
corazón; porque de la abundancia del corazón habla la boca.*

Lucas 6:45

Nada enfurece más a un mundo pecador que un cristiano que
dice que no hay gente buena. Pero cuando la Biblia habla del bien
en el contexto de la moralidad, significa la perfección moral, en
pensamiento, en palabra y en obra. Y solo Dios es así de bueno.

Si queremos saber lo que hay en el corazón del hombre,
basta con escuchar lo que sale de su boca. El solo hecho de
escuchar las conversaciones de los vestidores demuestra que la
Escritura es cierta cuando dice: "No hay quien haga lo bueno,
¡no hay ni siquiera uno! Su garganta es un sepulcro abierto, y
con su lengua engañan. ¡En sus labios hay veneno de serpientes!" (Romanos 3:12-13).

La Biblia nos dice que la ley de Dios es perfecta y buena.
Por eso la necesitamos para que nos muestre nuestro verdadero
estado ante nuestro Creador. Nos da una vara de medir moralmente perfecta, y eso es bueno.

BÚSQUEDA DEL ALMA

Que nunca pierda de vista hacia dónde me dirigiría sin el
Salvador.

Padre, no tengo palabras para agradecerte lo que hiciste en la cruz.

La voluntad de Dios y la nuestra

¿Por qué me llaman ustedes "Señor, Señor",
y no hacen lo que les mando hacer?
Lucas 6:46

Se ha dicho de Judas Iscariote que nunca llamó a Jesús "Señor". Simplemente se refirió a Él como un maestro. Juan 12:6 también dice que Judas robó de la bolsa de la colecta. Se había confiado en él como tesorero de los discípulos, sin embargo, robó despiadadamente el dinero de sus ahorros. Era un ladrón y un hipócrita.

Cuando nos convertimos a Cristo, la voluntad de Dios se convierte en la nuestra. Llamamos a Jesús "Señor", no solo porque es el Señor de la creación, sino porque es el Señor de nuestras vidas, y somos responsables ante Él de cada pensamiento, palabra y obra.

Sin embargo, hay muchos que profesan la piedad, pero lo niegan con sus obras. Ellos formarán parte de esa gran multitud que clamará a Jesús en el día del juicio: "Señor, Señor", y escucharán las aterradoras palabras: "Nunca los conocí. ¡Apártense de mí, obreros de la maldad!" (Mateo 7:21-23).

Tales pensamientos deberían poner el temor de Dios en cada uno de nosotros, que es el principio de la sabiduría.

BÚSQUEDA DEL ALMA

¿Es Jesús el Señor de todo en mi vida? ¿A qué áreas debo rendirme?

Padre, hoy te entrego todo a ti.

Edificio inteligente

Les voy a decir como quién es el que viene a mí, y oye mis palabras y las pone en práctica: Es como quien, al construir una casa, cava hondo y pone los cimientos sobre la roca. En caso de una inundación, si el río golpea con ímpetu la casa, no logra sacudirla porque está asentada sobre la roca.

Lucas 6:47-48

Hay tres pasos para ser un edificador sabio. Debemos venir a Jesús, escuchar sus palabras, y hacerlas. La puerta de la salvación depende de la obediencia. Somos salvos por gracia a través de la fe solamente, y el fruto de nuestra salvación será la obediencia, porque ahora tenemos el deseo de caminar en sus estatutos. Este es el mensaje del nuevo pacto.

Los que han nacido de nuevo se deleitan en hacer la voluntad de Dios. Es preeminente. Buscan primero el reino de Dios y su justicia (Mateo 6:33); construyen sus vidas sobre la sólida roca de las enseñanzas de Jesucristo (Mateo 7:24). Y cuando llega la máxima tormenta, se mantienen firmes en Cristo.

BÚSQUEDA DEL ALMA

¿Obedezco la Palabra de Dios, o hay algunas áreas de desobediencia secreta?

Padre, quiero deleitarme en hacer tu voluntad. Ayúdame a ser siempre obediente.

Cuidado con lo imprevisto

*Pero el que oye mis palabras y no las pone en práctica,
es como quien construye su casa sobre el suelo y no le pone
cimientos. Si el río golpea con ímpetu la casa, la derrumba
y la deja completamente en ruinas.*

LUCAS 6:49

Muchos se acercan a Jesús en llamados al altar emocionales y manipuladores. Oyen, pero no obedecen. Podemos estar tentados a pensar que estos versículos de advertencia están hablando a los incrédulos endurecidos. Pero están dirigidos a aquellos que escuchan los dichos de Jesús, pero no tienen un corazón obediente.

Tiene sentido construir una casa sobre la tierra porque ésta es inconmovible. Sin embargo, en este caso, el agua golpeó violentamente la casa y se derrumbó.

La tribulación nos llega a menudo de forma imprevista y revela nuestra vulnerabilidad, a pesar de nuestros esfuerzos por fortificarnos contra las tormentas inesperadas. Por eso debemos construir nuestra vida siempre y solo sobre la roca sólida de Jesucristo y sus maravillosas enseñanzas.

BÚSQUEDA DEL ALMA

¿He construido realmente mi vida sobre las enseñanzas de Jesús? ¿Cómo lo estoy haciendo en la práctica hoy?

Padre, revélame cualquier motivo oculto o autoengaño de pecados secretos en mí.

La fe agrada a Dios

Quiero decirles que ni siquiera en Israel he hallado tanta fe.
Lucas 7:9

Es una sensación agradable saber que se puede confiar en nosotros. Que alguien tenga fe en nosotros nos hace sentir bien. Pero en este versículo vemos algo sorprendente. La fe sencilla de este hombre hizo que Jesús se regocijara.

Jesús se maravilló de la fe que este hombre tenía en Él. Imagínate. El Dios Todopoderoso manifestado en forma humana se maravillaba de la fe de este simple hombre.

La Biblia dice que sin fe es imposible agradar a Dios (Hebreos 11:6). La inferencia es que podemos agradar a Dios con nuestra fe... y eso es lo que vemos que ocurre en este pasaje de la Escritura. Cada vez que hacemos una oración creyendo, estamos ejerciendo la fe. Cada vez que compartimos el evangelio con una persona que no es salva, estamos confiando en Dios para que nuestras palabras cobren vida y el pecador sea receptivo. Dios ha dejado la maravillosa puerta abierta para que la atravesemos, si queremos.

BÚSQUEDA DEL ALMA

¿De qué manera puedo ejercitar hoy la fe en Dios?

Padre, que nunca te insulte con mi incredulidad.

No reaccionamos como este mundo

No llores.

LUCAS 7:13

¿Puede haber una imagen más triste que la de una mujer que ha perdido a su marido y a su único hijo? El dolor de esta madre era real y profundo.

Cuando alguien está de duelo, es bastante insensible decirle que no llore. Esta mujer tenía motivos para llorar. El duelo es natural ante la muerte; las lágrimas pueden ayudar a liberar el dolor. Sin embargo, Jesús dijo: "No llores".

Sabemos por qué. Jesús planeó liberar a este joven de la muerte y la viuda no lloraría más. La muerte, nuestro mayor enemigo, dobló inmediatamente su fría rodilla ante el poder de su Palabra.

Como cristianos, no nos afligimos por la muerte de los que amamos como hace el mundo. El cielo se regocija con la muerte de sus santos y, por eso, con una esperanza viva, podemos decir con el apóstol Pablo: "¿Dónde está, oh muerte, tu aguijón?" (1 Corintios 15:55). Qué noticia tan indeciblemente buena tenemos para este mundo moribundo.

BÚSQUEDA DEL ALMA

¿Me alegro de que, en Cristo, la muerte haya perdido su aguijón? ¿Está mi fe preparada para el día en que me toque encontrarme con el Señor?

Padre, gracias por la increíble victoria que tenemos sobre el poder de la muerte.

Ningún otro lugar adonde ir

Joven, a ti te digo: ¡Levántate!
Lucas 7:14

Cuando Israel estaba atrapado en el Mar Rojo con Egipto pisándole los talones, no tenía otro lugar adonde ir que a Dios. Moisés dijo: "Manténganse firmes, y vean la salvación que el Señor llevará hoy a cabo en favor de ustedes" (Éxodo 14:13).

Cuando se trata de la muerte, no tenemos otro lugar adonde acudir que a Dios. Pedro le dijo una vez a Jesús que no tenía otro sitio al que ir, porque solo Jesús tenía palabras de vida eterna (Juan 6:68). Ninguna religión o líder religioso ha dicho jamás una sola palabra como la de Jesús. Y por eso nos quedamos quietos ante Él.

Cuando Jesús tocó el ataúd, los que lo llevaban se quedaron quietos, y nosotros debemos hacer lo mismo para salvarnos de la muerte. Estamos al final de nuestra cuerda sin ningún otro lugar adonde ir y sin nada que podamos hacer para salvarnos. Solo la gracia de Dios (sin obras) puede rescatarnos del terrible poder de la muerte. Y es su gracia la que es suficiente para librarnos de nuestro mayor enemigo.

BÚSQUEDA DEL ALMA

¿Alguna vez me quedo quieto ante Dios? Hoy lo haré. Calmaré mi mente y pensaré en su amor y su poder.

Padre, que nunca entre en pánico cuando las cosas vayan mal. Ayúdame a aquietar mi corazón ante ti.

La naturaleza del arrepentimiento

¡Ay de ti, Corazín! ¡Ay de ti, Betsaida! Porque si en Tiro y en Sidón se hubieran hecho los milagros que se han hecho en ustedes, hace tiempo que en cilicio y cubiertas de ceniza ellas habrían mostrado su arrepentimiento.

MATEO 11:21

Hay quienes dicen que no necesitan predicar el arrepentimiento, porque la Biblia habla de que los pecadores simplemente creen en Jesús para ser salvos. Sin embargo, los versículos que hablan solo de creer están calificados por otros versículos que nos dicen que debemos predicar tanto el "arrepentimiento para vida" como la fe (Hechos 11:18). Charles Spurgeon dijo: "El arrepentimiento es un odio al pecado; es un apartarse del pecado y una determinación en la fuerza de Dios de abandonarlo".

¿Cómo puede un pecador tener la seguridad de la salvación si sigue sirviendo al pecado? La Biblia dice: "¡Que dejen los impíos su camino, y los malvados sus malos pensamientos! ¡Que se vuelvan al Señor, nuestro Dios, y él tendrá misericordia de ellos…!" (Isaías 55:7). Esa es la naturaleza del arrepentimiento: cambiar de opinión sobre el pecado, y luego cambiar de dirección del pecado a Cristo. Jesús dijo que, si las ciudades de Tiro y Sidón hubieran visto sus milagros, se habrían arrepentido de sus pecados y (se infiere) habrían encontrado el perdón de los mismos.

BÚSQUEDA DEL ALMA

Cuando encuentro pecado en mi corazón, ¿cómo reacciono? ¿Tomo tiempo para arrepentirme?

Padre, permíteme ser siempre rápido para detectar y abandonar el pecado. No permitas que me engañe con sus sutilezas.

La verdadera justicia

*Por tanto les digo que, en el día del juicio, el castigo para
Tiro y para Sidón será más tolerable que para ustedes.
Y tú, Cafarnaún, que te elevas hasta el cielo, hasta el
Hades caerás abatida. Porque si en Sodoma se hubieran
hecho los milagros que se han hecho en ti, hasta el día
de hoy habría permanecido.*

MATEO 11:22-23

Una de las principales objeciones de los escépticos modernos
es que Dios es injusto. Sostienen que Él es malo al enviar a una
dulce ancianita y a un asesino en masa al mismo lugar. Y por eso
descartan nuestras advertencias sobre el infierno como incompatibles con la justicia.

Pero aquí Jesús habla de que es más tolerable para Tiro y
Sidón que para Cafarnaúm. En otras palabras, habrá grados de
justicia en el día del juicio. ¿Cómo podría ser de otra manera? Es
ridículo pensar que Dios será injusto en lo más mínimo. Todos
sus juicios serán justos y verdaderos en su totalidad. A pesar de
ese hecho, el lugar más tolerable del infierno será un horror más
allá de las palabras. Es mejor cortarse una mano o sacarse un ojo
que acabar allí (Mateo 5:30).

BÚSQUEDA DEL ALMA

¿Descansaré en el hecho de que Dios siempre tiene razón en
sus juicios?

*Padre, nada de lo que haces me preocupa. Tengo plena confianza
en tu perfecta integridad.*

Ya no se llama pecado

Por tanto les digo que, en el día del juicio, el castigo para Sodoma será más tolerable que para ti.

MATEO 11:24

Hubo un tiempo en el que la homosexualidad se llamaba "sodomía", por el nombre de la ciudad de Sodoma, que cayó bajo la ira de Dios por su actividad homosexual. Pero a ese pecado se le llama ahora "gay" y ya no está mal visto por el mundo.

La pregunta que surge es: ¿cómo compartir el evangelio con una persona que está luchando con la atracción por el mismo sexo sin meterse en aguas calientes. La respuesta es sencilla. Primera de Timoteo 1:8-10 nos dice que la ley moral (los Diez Mandamientos) fue hecha para todos los pecadores, incluyendo a los que practican la homosexualidad. Cuando conozcas personas que digan que son homosexuales, te sugiero que descartes esa información y no abordes este tema deliberadamente. En su lugar, llévalos a través de los Diez Mandamientos. Muéstrales que estamos condenados por mentir, robar, blasfemar y ser lujuriosos. Muéstrales con amor que están justamente bajo la ira de Dios y que se dirigen al infierno, sea cual sea su orientación sexual particular. Predica a Cristo crucificado y la necesidad de arrepentirse de todo pecado. Luego deja el resto en manos de Dios. Cuando esa persona se convierta en una nueva criatura en Cristo, las cosas viejas pasarán y serán hechas cosas nuevas (2 Corintios 5:17).

BÚSQUEDA DEL ALMA

¿Estoy seguro de que puedo compartir con amor el evangelio con personas que luchan contra la atracción hacia el mismo sexo? ¿Qué puedo hacer para prepararme para cuando llegue la oportunidad?

Padre, ayúdame a honrar a todas las personas como nos indica tu Palabra.

Como niños pequeños

Te alabo, Padre, Señor del cielo y de la tierra, porque estas cosas las escondiste de los sabios y de los entendidos, y las revelaste a los niños. Sí, Padre, porque así te agradó.

MATEO 11:25-26

Cuando llega una tormenta de rayos, los expertos nos dicen que nos pongamos lo más cerca posible del suelo. Del mismo modo, todos estamos en la tormenta de rayos de la justa ira de Dios, y la única manera de sobrevivir es tirarse al suelo. Humíllate. Dios resiste a los orgullosos y da gracia a los humildes.

Dios también ha elegido las cosas insensatas para confundir a los sabios de este mundo. Puso historias que suenan necias en la Biblia para confundir a los arrogantes impíos, historias que son similares a la historia de la Cenicienta y su carroza de calabazas. Considera esto: una serpiente habla con Eva, Josué detiene el sol, los hijos de Israel gritan hasta que los muros de Jericó se derrumban, Jonás es tragado por un gran pez, Noé construye un arca y un burro habla. Estas son historias extrañas y, ¿quién (con un poco de dignidad intelectual) se rebajaría a creerlas? Solo los humildes de corazón, y ahí está la maravillosa sabiduría de Dios. Él puso la puerta de salvación bien baja.

BÚSQUEDA DEL ALMA

¿Me avergüenza decir que creo en las historias de la Biblia? ¿Por qué?

Padre, ayúdame a ser como un niño pequeño y a caminar con humildad de corazón.

Una de las palabras más grandes

El Padre me ha entregado todas las cosas, y nadie conoce al Hijo, sino el Padre, ni nadie conoce al Padre, sino el Hijo, y aquel a quien el Hijo lo quiera revelar.

MATEO 11:27

"Todas" es una de las palabras más grandes de nuestra lengua. Dios entregó todas las cosas al Hijo. Todo. Ni un átomo del universo se le ocultó, porque antes de la encarnación, Jesús hizo todas las cosas. Juan dijo que, sin Él, "nada fue hecho de lo que ha sido hecho" (Juan 1:3).

Jesús era eternamente preexistente antes de la encarnación. Siempre existió con el Padre. Él conoce al Padre, y el Padre lo conoce a Él.

Aunque los miles de millones de personas profesan conocer a Dios y hablan con Él a diario a través de la oración, solo le conocemos íntimamente a través del Hijo. Juan 14:21 habla de esta relación íntima: "El que tiene mis mandamientos, y los obedece, ése es el que me ama; y el que me ama, será amado por mi Padre, y yo lo amaré, y me manifestaré a él".

BÚSQUEDA DEL ALMA

¿Sé que le conozco porque Él me ha hecho una nueva criatura en Cristo?

Padre, anhelo verte cara a cara.

Rosas y espinas

*Vengan a mí todos ustedes, los agotados de tanto trabajar,
que yo los haré descansar. Lleven mi yugo sobre ustedes,
y aprendan de mí, que soy manso y humilde de corazón,
y hallarán descanso para su alma; porque mi yugo
es fácil, y mi carga es liviana.*

MATEO 11:28-30

Este versículo bíblico se interpreta a menudo como que Jesús
tomará todos nuestros problemas y nos dará una vida sin problemas, un lecho de rosas sin espinas. Sin embargo, la vida cristiana
no está libre de problemas. Hechos 14:22 dice que entramos en el
reino de Dios a través de mucha tribulación. Hay muchas espinas
afiladas junto con las rosas. Jesús está diciendo que cuando venimos a Él cargados con el peso de nuestros propios pecados, Él
nos da descanso. Entramos en un descanso de nuestras labores:
"Porque el que entra en su reposo, reposa también de sus obras,
como Dios reposó de las suyas" (Hebreos 4:10).

Ya no está el pesado peso de la ley sobre nuestros hombros
mientras nos esforzamos por ganar nuestro camino al cielo. En
lugar de eso, encontramos que la salvación es un don gratuito
de Dios, y que todo pecado es arrojado tan lejos como el oriente
está del occidente (Salmos 103:12). Esta es la forma en que Dios
demuestra su bondad y misericordia.

BÚSQUEDA DEL ALMA

Hoy meditaré sobre el hecho de que la vida eterna es un don
gratuito de Dios. Pensaré en aquellos que están atormentados por
el miedo y la culpa porque no conocen la verdad del evangelio.

*Padre, pon una carga en mí por los millones de personas no salvas.
No me des descanso hasta que mi vida sea solo para alcanzarlos
con el evangelio.*

Cuenta lo que has visto y oído

Vuelvan y cuéntenle a Juan lo que han visto y oído:
Los ciegos ven, los cojos andan, los leprosos son limpiados,
los sordos oyen, los muertos son resucitados, y a los pobres
se les anuncian las buenas noticias.

Lucas 7:22

Qué alegría habría sido estar vivo durante la época de Jesús y ver realmente esos maravillosos milagros. Sin embargo, la experiencia de ver lo milagroso hace poco para superar el poder del pecado o para darnos el poder y el valor de proclamar el evangelio.

Los discípulos habían visto a Jesús resucitar a los muertos, caminar sobre el agua, multiplicar los panes y los peces, dar la vista a los ciegos y abrir los oídos a los sordos. Sin embargo, abandonaron a Jesús en el jardín de Getsemaní. Hasta el nuevo nacimiento, nuestro entendimiento está oscurecido, y estamos separados de la vida de Dios por la ignorancia que hay en nosotros debido a la ceguera de nuestros corazones (Efesios 4:18). Hasta ese momento, estamos espiritualmente ciegos, cojos, sordos, muertos en nuestros delitos y pecados, y en una profunda pobreza espiritual. Por eso necesitamos escuchar el evangelio y venir a Jesús.

BÚSQUEDA DEL ALMA

¿Considero que los dolores del mundo tienen sus raíces en el ámbito espiritual?

Padre, úsame hoy para ministrar a algún alma perdida.

Su nombre

Bienaventurado es el que no tropieza por causa de mí.
LUCAS 7:23

Ningún otro ser humano de la historia ha tenido su nombre adoptado como una mala palabra. Solo Jesús. El nombre de Jesús es único. Es tan ofensivo para un mundo pecaminoso que utiliza su nombre para expresar disgusto sin pensarlo dos veces. Sale de sus lenguas malvadas como algo sin sentido, no digno del más mínimo honor.

Cuando se les pregunta por qué hacen algo así, a menudo intentan excusarse diciendo que no se dan cuenta de que lo están haciendo. Su precioso nombre no significa nada para ellos. Eso es lo que significa tomarlo en vano: se cuenta como algo sin valor.

La persona de Jesús es ofensiva para los que no tienen ley de la misma manera que la policía es ofensiva para el mundo criminal.

Pero, por la gracia de Dios, somos bendecidos en Él. Él nos salvó misericordiosamente, nos lavó de nuestros pecados y nos concedió la vida eterna.

BÚSQUEDA DEL ALMA

Que por siempre honre a Jesucristo como el nombre sobre todos los nombres.

Padre, perdona a este mundo malvado. No saben lo que hacen. Ten piedad de ellos como lo hiciste conmigo.

Sé una voz

*¿Qué fueron ustedes a ver al desierto? ¿Querían ver una caña
sacudida por el viento? ¿O qué fueron a ver? ¿A un hombre
vestido con ropa elegante? Los que se visten con ropa elegante
y disfrutan de grandes lujos, están en los palacios de los reyes.*

Lucas 7:24-25

No hay mucha gente que se agrupe para mirar una caña que se
agita con el viento. No llama precisamente la atención. Tanto las
cañas como el viento son algo común. Al igual que Jesús, Juan
el Bautista no tenía nada que fuera atractivo para el ojo natural
(Isaías 53:2). No estaba vestido con ropas finas. No vivía en las
cortes de los reyes. Estaba en el desierto caliente y seco, vestido
con pelo de camello áspero y común.

Sin embargo, estaba poseído por el mensaje urgente para
mundo de que venía un Mesías. Estaba preparando el camino
para Aquel que iba a traer la salvación a la humanidad moribunda. Solo era la voz de uno que clamaba en el desierto (Juan
1:23), una luz ardiente y brillante en un mundo oscuro. Nosotros
estamos llamados a comportarnos de la misma manera.

BÚSQUEDA DEL ALMA

¿Es mi mayor propósito en la vida dirigir a los pecadores
al Salvador? ¿Hay algo que considere más inmediatamente
importante?

Padre, ayúdame a brillar en este mundo oscuro.

Más que un profeta

Entonces, ¿qué es lo que ustedes fueron a ver? ¿A un profeta?
Pues yo les digo que sí, ¡y a alguien mayor que un profeta!
LUCAS 7:26

En el Antiguo Testamento, los profetas fueron utilizados por Dios para llevar mensajes particulares a Israel en momentos determinados. A menudo llamaban a Israel al arrepentimiento, porque el pueblo había abandonado la ley de Dios y se había entregado al pecado. Dios también utilizó a los profetas para hablar de eventos futuros y profetizar específicamente sobre el Mesías venidero que destruiría el poder de la tumba.

Juan el Bautista fue ciertamente un profeta: hizo todas esas cosas. Pero Jesús dijo que era más que un profeta. Era un faro en una tormenta oscura y terrible, que señalaba a los pecadores perdidos la dirección correcta, una voz solitaria en el desierto que decía a los que estaban en peligro que "preparen el camino del Señor" (Lucas 3:4). Él tenía que enderezar su camino. Juan fue el precursor del Mesías, preparando a Israel para el Cordero de Dios.

Con la ayuda de Dios, debemos preparar al mundo para el León rugiente.

BÚSQUEDA DEL ALMA

¿Cuándo fue la última vez que compartí el evangelio con una persona no salva? ¿Qué pasó?

Padre, que mis prioridades sean las mismas que las tuyas.

Mayo

Movedores de montañas

Porque éste es de quien está escrito: "Yo envío mi mensajero delante de ti, para que te prepare el camino".

LUCAS 7:27

Dios mismo le dijo al Mesías, a través del profeta, que enviaría un mensajero para ir delante de él y preparara el camino. Se refería a Juan el Bautista

Juan preparó el camino llamando específicamente a Israel al arrepentimiento. Dijo que las multitudes debían enderezar todo camino: todo monte debía ser rebajado y todo valle debía ser llenado. En otras palabras, los seres humanos no deben dejar que nada, ya sea una montaña o un valle, les impida venir a Jesucristo.

El ateísmo es una montaña. También lo es el fariseísmo y las obras religiosas. Necesitamos aprender a usar la dinamita de la ley de Dios para mover esas montañas. La ley en la mano del Espíritu Santo dice: "Quítate de ahí y échate en el mar" (Mateo 21:21).

La eternidad que se avecina debería convertir cada montaña en un grano de arena de inmediato. No hay nada más importante que nuestra eterna salvación eterna.

BÚSQUEDA DEL ALMA

¿Intercedo por los perdidos o mis oraciones son principalmente por mí mismo?

Padre, ayúdame a ver este mundo a través de tus puros y compasivos ojos.

El profeta mayor

Yo les digo que, entre los que nacen de mujer, no hay nadie mayor que Juan el Bautista. Aun así, el más pequeño en el reino de Dios es mayor que él.

LUCAS 7:28

Jesús llamó a Juan el Bautista el más grande de todos los profetas. Era más grande que el gran Moisés, Abraham, Elías, Isaías, David y todos aquellos que Dios eligió para llevar un mensaje divino a Israel.

A los ojos del mundo, Juan el Bautista no era más que un lunático vagabundo, un hombre salvaje que vivía en el desierto, vestido con pieles de animales y que comía alimentos extraños. Pero fue elegido por Dios para ser un mensajero especial. Tuvo la sonrisa de su Creador porque fue fiel a su llamado.

El mundo piensa que los cristianos son raros y se ríe de lo que creemos sobre Dios. Pero soportamos con alegría el reproche de Cristo y oramos para que seamos fieles en el desierto en el que hemos sido colocados.

BÚSQUEDA DEL ALMA

¿Soy fiel a mi llamado?

Padre, ayúdame a contar mis días y a usar mi tiempo sabiamente.

Muchachos inmaduros

¿Con qué compararé a la gente de esta generación?
¿A qué puedo compararlos? Son como los niños que se
sientan en la plaza y se gritan unos a otros: "Tocamos la
flauta, y ustedes no bailaron; entonamos cantos fúnebres,
y ustedes no lloraron".

Lucas 7:31-32

Jesús comparó a su generación con los niños. Los niños creen cualquier cosa, y son infantiles en su comprensión.

Vivimos en una generación que cree cualquier cosa con tal de que no esté en la Biblia. Es una generación que es sabia en sus propios ojos, pero muy superficial e infantil en su comprensión de las cosas que importan. Piensan muy poco en Dios y piensan aún menos en su eternidad.

Por eso debemos enfrentarnos a ellos. Tenemos que llevarles el evangelio a ellos como se nos ha dicho (Marcos 16:15). Tenemos que amarlos y orar para que nuestras palabras traigan un sentido de sobriedad a esta generación descuidada.

BÚSQUEDA DEL ALMA

¿He hecho alguna vez un estudio sobre cómo llegar a los perdidos? ¿Sería ahora un buen momento para empezar?

Padre, dame la sabiduría y la voluntad de alcanzar a los no salvos.

Árbitro demasiado entusiasta

Porque vino Juan el Bautista, que no comía pan ni bebía vino, y ustedes decían: "Tiene un demonio". Luego vino el Hijo del Hombre, que come y bebe, y ustedes dicen: "Este hombre es un glotón y un borracho, amigo de cobradores de impuestos y de pecadores". Pero a la sabiduría la reivindican sus hijos.

LUCAS 7:33-35

La Biblia llama a Satanás el "acusador de los hermanos" (Apocalipsis 12:7-12), y tiene muchos portavoces dispuestos en el mundo. La gente se apresura a acusar a los creyentes del más mínimo pecado. Acusaron a Juan el Bautista de estar endemoniado porque no bebía vino, y si hubiera bebido vino, le habrían acusado de ser un borracho.

Algunas personas son como un árbitro demasiado entusiasta. Van por ahí haciendo sonar sus pequeños silbatos, señalando con el dedo cuando ven lo que creen que es una transgresión, e insisten en algún tipo de sanción. La gente también acusó a Jesús de todo tipo de pecados, y harán lo mismo con cualquier cristiano. Nunca debemos sorprendernos ni desanimarnos cuando esto sucede.

BÚSQUEDA DEL ALMA

¿Soy de piel fina cuando me juzga el mundo? ¿Cómo puedo engrosar mi piel?

Padre, ayúdame a tratar de ser irreprochable a los ojos de este mundo por el bien del evangelio.

Para los puros

Simón, tengo que decirte algo.
LUCAS 7:40

Una mujer que tenía mala reputación estaba lavando los pies de Jesús. Simón, el anfitrión de la cena, reaccionó como lo haría cualquier hombre normal. Si Jesús era seguramente un profeta, ¿no sabría que esta mujer era una pecadora? Lo que no entendía era que Jesús era sin pecado, su corazón era puro. La Biblia dice: "Para los puros, todo es puro" (Tito 1:15 NVI).

Cuando Jesús le dijo a Simón: "Tengo algo que decirte", Simón tuvo la sabiduría de responder: "Maestro, dime".

Dios conoce nuestros pensamientos más profundos, así como nuestros motivos ocultos y cuando Él habla necesitamos tener el sentido común para decir: "Maestro, dime". Es con esta actitud que abrimos la Palabra de Dios. Queremos que Dios nos hable, aunque sea una amorosa reprimenda. Esa debe ser la actitud de cualquiera que profese ser siervo de Dios. Tenemos que escuchar de buen grado lo que su Palabra dice a nuestros corazones, que es la prueba de nuestra generación. Juan Wesley dijo: "He visto (hasta donde se puede ver) a muchas personas cambiadas en un momento del espíritu de horror, miedo y desesperación al espíritu de esperanza, gozo, paz; y de los deseos pecaminosos que hasta entonces reinaban en ellos a un puro deseo de hacer la voluntad de Dios".[2]

BÚSQUEDA DEL ALMA

¿Estoy ansioso por escuchar la voz de Dios a través de su Palabra? ¿Dedico tiempo a escuchar?

Padre, ayúdame a tener el oído dispuesto de un siervo.

Los que aman mucho

Un acreedor tenía dos deudores: uno le debía quinientos denarios, y el otro cincuenta. Como ninguno de los dos podía pagarle, les perdonó la deuda a los dos. Ahora, dime: ¿cuál de ellos lo amará más?

Lucas 7:41-42

Jesús estaba hablando de aquellos que tienen un amor profundo por Dios: aquellos que entiende cuánto han sido perdonado en Cristo. Otros tienen un amor superficial por Dios, porque no han visto la profundidad de su pecado y no han comprendido el hecho de que, aunque son dignos del infierno, Dios les ha dado el cielo.

Esto nos lleva de nuevo al propósito de la ley moral. Cuando no se usa para traer el conocimiento del pecado, mostrando que es sumamente pecaminoso (Romanos 3:19-20; 7:7, 13), el presunto converso no ve su depravación moral.

Aquellos que carecen de suficiente amor para alcanzar a los perdidos necesitan ponerse de rodillas y pedir a Dios una revelación de su propio estado pecaminoso. Solo entonces comprenderán la profundidad del amor y la misericordia de Dios mostrados en la cruz del Calvario.

BÚSQUEDA DEL ALMA

¿Aprecio lo mucho que he sido perdonado? Piensa en cómo era tu vida cuando ibas en la dirección equivocada.

Padre, muéstrame la verdadera profundidad de mi pecado.

Los sacrificios de Dios

*Mira a esta mujer. Cuando llegué a tu casa,
no me diste agua para lavarme los pies, pero ésta los ha
bañado con sus lágrimas y los ha secado con sus cabellos.
No me diste un beso, pero ésta no ha dejado de besarme
los pies desde que entré.*

Lucas 7:44-45

Un océano de obras religiosas no es nada comparado con una lágrima de contrición. Esta mujer pecadora tenía lágrimas de contrición en sus ojos, porque sabía que había pecado contra Dios.

El remordimiento genuino es lo que impresiona al cielo. La Biblia dice que los sacrificios de Dios son un espíritu quebrantado y un corazón contrito (Salmos 51:17). La manera de encontrar un lugar de contrición es comparándose con la vida y el carácter del Hijo de Dios. Todos estamos muy lejos de la justicia perfecta de Jesús y nunca estaremos a la altura. Por eso necesitamos su misericordia eterna.

BÚSQUEDA DEL ALMA

¿Soy ajeno a un corazón contrito? ¿He derramado alguna vez una lágrima por mi condición pecadora y por la misericordia que se me ha mostrado en Cristo?

Padre, ayúdame a ver a Jesús en su maravillosa pureza.

Gran misericordia

*Por eso te digo que sus muchos pecados le son perdonados,
porque amó mucho. Pero a quien poco
se le perdona, poco ama.*

LUCAS 7:47

Este versículo nos dice que Jesús era muy consciente de los pecados de esta mujer: dijo que eran muchos.

La mayoría de nosotros tendemos a trivializar nuestros pecados o esconderlos desesperadamente bajo un manto de una orgullosa justicia propia. Pero nada está oculto a los ojos puros y santos de nuestro Creador (Proverbios 15:3). Dios ve cada transgresión secreta, y hasta el mejor de nosotros tiene una multitud de pecados, cada uno de los cuales llama a la ira de la justicia de Dios.

Esta mujer pecadora no fue perdonada, porque tenía un gran amor. Fue perdonada por la gran misericordia y amor de Dios. Su gratitud y amor se derramaron a través de sus lágrimas mientras adoraba a su Salvador.

BÚSQUEDA DEL ALMA

¿Hay pecados en mi vida que trivializo o trato de ocultar?

Padre, que mi amor y mi gratitud estén a la altura de tu misericordia.

Está hecho

Tus pecados te son perdonados.
LUCAS 7:48

Aquí tenemos pruebas de la deidad de Jesús de Nazaret. Nadie puede perdonar los pecados sino Dios. Sin embargo, Jesús le dijo: "Tus pecados te son perdonados". Usó el tiempo presente: tus pecados te son perdonados. Era un hecho.

Realmente no podemos comprender las implicaciones eternas del momento en que pusimos nuestra fe en Jesús, al menos a este lado de la eternidad. Fue un momento definitivo en el que Dios permitió legalmente que el criminal culpable y condenado viviera. Sustituyó la sentencia de muerte y concedió en su lugar la vida eterna. Como seres finitos, es difícil envolver nuestras pequeñas mentes en una verdad tan increíblemente grande y maravillosa.

Cuando Jesús gritó: "Consumado es" (Juan 19:30), la deuda había sido pagada por el pecado de la raza adámica, y un nuevo mundo se abrió para la humanidad moribunda.

BÚSQUEDA DEL ALMA

¿Estoy preparado para gritar el evangelio desde las azoteas, o estoy escondido en el sótano?

Padre, hazme valiente.

Paz con Dios

Tu fe te ha salvado. Ve en paz.
Lucas 7:50

Aunque es la fe la que nos salva, solo nos salva debido a la gracia. La gracia es el vehículo a través del cual llega la fe. Somos salvos por la gracia mediante la fe, no por las obras (Efesios 2:8).

Si alguien te dio gentilmente su paracaídas para salvar tu vida sabiendo que él mismo perecería, el paracaídas es el medio por el cual te salvas; pero vino por la mano generosa de la persona que sacrificó su vida por ti.

La Biblia dice que la gracia vino por medio de Jesucristo: "La ley fue dada por medio de Moisés, pero la gracia y la verdad vinieron por medio de Jesucristo" (Juan 1:17).

Fue en la cruz donde Dios mostró su amor insondable por los pecadores culpables. Así que cuando venimos a Jesucristo, nuestra fe nos salva. Podemos ir en paz porque tenemos dos tipos de paz: la paz que sobrepasa todo entendimiento y la paz con nuestro Creador.

BÚSQUEDA DEL ALMA

¿Tengo la paz de Dios y la paz con Dios? ¿Me ha salvado la fe? ¿Testifico de esto a los que no son salvos?

Padre, gracias por la sangre de la cruz.

La semilla de una mujer

El sembrador salió a sembrar su semilla. Mientras sembraba, parte de ella cayó junto al camino, y fue pisoteada y las aves del cielo se la comieron.

Lucas 8:5

La semilla se menciona por primera vez en el libro del Génesis (1:29). Dios creó una semilla para que fuera plantada y diera frutos según su propia especie. Tendemos a dar por sentada la semilla. Pero es milagroso que algo tan pequeño pueda convertirse en algo tan grande como un árbol. Tú y yo existimos porque nuestros padres plantaron con alegría una pequeña semilla.

A nuestro alrededor vemos el genio de la mano creadora de Dios, y casi toda la vida se remonta a la tierra.

La semilla encuentra sustento en la tierra, crece y da fruto. Dios creó al hombre del mismo polvo de la tierra, y a la tierra vuelve cuando muere.

Qué terrible y deprimente sería la vida si Jesús no hubiera nacido de la semilla de una mujer. Su vida nos da la vida eterna, y aunque nuestro cuerpo muera, el cristiano sigue verdaderamente vivo. Nuestras almas son eternas, y gracias a Dios, se conservan en Jesucristo.

BÚSQUEDA DEL ALMA

Que hoy recuerde que no soy más que polvo y aprecie que Dios mostró su amor por mí en la cruz.

Padre, gracias por darme la vida.

Corazón de piedra

Otra parte cayó sobre las piedras,
pero al brotar se secó por falta de humedad.

LUCAS 8:6

En la Biblia, el corazón humano se compara a menudo con la piedra (Ezequiel 26:36). Sin la gracia de Dios trabajando en nuestros corazones, permanecemos fríos y egoístas. Nos preocupamos poco por los demás a menos que haya algo que ganar personalmente. Estamos lejos de amar a Dios con todo nuestro corazón, mente, alma y fuerza, aunque Él nos dio la vida y todo lo bueno que tenemos.

Pero cuando la bondad de Dios nos apartó de nuestro propio camino y su amor entró en nuestras vidas, nuestros corazones se compadecen por quienes enfrentan el terrible destino de muerte en sus pecados.

A través del nuevo nacimiento, Dios quita nuestro corazón de piedra y nos da un corazón de carne, haciendo posible que lo amemos sobrenaturalmente con todo nuestro corazón, mente, alma y fuerza, y amar a nuestro prójimo como a nosotros mismos.

BÚSQUEDA DEL ALMA

¿Se ha sustituido mi corazón de piedra por un corazón de carne? ¿Cómo debería afectar eso a mis interacciones con los demás hoy?

Padre, te amo y te pido que me ayudes a amar a los demás
incondicionalmente.

Malas yerbas inútiles

*Otra parte cayó entre los espinos, pero la ahogaron
los espinos que brotaron con ella.*
LUCAS 8:7

Las malas hierbas necesitan muy poca agua para sobrevivir y
aparentemente no necesitan los nutrientes que necesitan otras
plantas. Irrumpen en el suelo como si no hubiera un mañana y
ahogan todo lo que se interpone en su camino. Incluso se abren
paso a través de pequeñas grietas en el cemento y sobreviven al
calor del verano.

Sabemos que forman parte de la maldición del Génesis (3:18)
porque se empeñan en ahogar a las plantas sanas que las rodean.
Nos parece que no sirven para nada, salvo para mostrar lo rápido
y furioso que pueden crecer. ¿No será maravilloso cuando la
maldición sobre la tierra se levante?

Solo podemos empezar a imaginar cómo florecerán entonces
las plantas frutales. Qué maravillosa esperanza de futuro tenemos
porque confiamos en la misericordia de Dios. Que cada hierba
maldita que veamos nos recuerde esa gloriosa esperanza.

BÚSQUEDA DEL ALMA

¿Es mi vida como una mala hierba o como una planta que da
frutos?

Padre, gracias por la esperanza futura que nos has dado en Cristo.

Verdadero y falso

*Otra parte cayó en buena tierra; y brotó
y produjo una cosecha del ciento por uno…
El que tenga oídos para oír, que oiga.*

LUCAS 8:8

Es un poco extraño decir: "El que tenga oídos para oír, que oiga".
Seguramente, si la gente tiene oídos, debería poder oír. Pero
parece que Jesús se refería a la comprensión de lo que oían. Oír
no significa automáticamente que entendemos. Jesús les dijo a
sus discípulos que dejaran que ciertas verdades penetraran en sus
oídos (Lucas 9:44).

La parábola del sembrador es la llave que abre los misterios
de todas las demás parábolas. Una vez que entendemos que hay
conversiones verdaderas y falsas cuando se predica el evangelio,
entonces todas las demás parábolas: las ovejas y las cabras, los
peces buenos y los malos, el trigo y la cizaña, etc., comienzan
a tener sentido. Tal comprensión nos ayuda a ver por qué cada
iglesia tiene sus propias luchas: los murmuradores, los quejosos,
los chismosos, o los que se resisten a la evangelización. Los falsos
se sientan al lado de los verdaderos y serán separados en el día
del juicio.

BÚSQUEDA DEL ALMA

¿Tengo oídos que escuchan la Palabra de Dios? ¿Cómo se
manifiesta eso cuando leo las Escrituras?

Padre, que mi oído esté siempre dirigido al cielo.

El misterio

A ustedes se les concede conocer los misterios del reino de Dios, pero a los otros se les habla en parábolas, para que viendo no vean, y oyendo no entiendan.

LUCAS 8:10

Esta afirmación fue la respuesta de Jesús a la pregunta del discípulo sobre el significado de la parábola del sembrador.

Dijo que los misterios del reino de Dios están ocultos al mundo. El dios de este mundo ha cegado las mentes de aquellos que no creen. Ellos permanecen voluntariamente ignorantes de la verdad, pero Dios ha prometido que, si lo buscamos con todo nuestro corazón, seguramente lo encontraremos: "Cuando ustedes me busquen, me hallarán, si me buscan de todo corazón" (Jeremías 29:13).

En el momento en que cualquier pecador ciego invoca el nombre del Señor, Dios (por su gracia) abre el entendimiento del pecador al misterio del evangelio que es Cristo en nosotros, la esperanza de gloria (Colosenses 1:27). El nuevo nacimiento lleva al pecador de las tinieblas a la luz.

BÚSQUEDA DEL ALMA

¿Capto la asombrosa verdad de que Jesucristo en mí, mi esperanza de gloria?

Padre, que Cristo en mí sea evidente hoy de alguna manera a este mundo perdido.

La semilla que da vida

La parábola significa lo siguiente:
La semilla es la palabra de Dios.
LUCAS 8:11

En el principio, en el primer libro del Génesis, la Palabra de Dios dio vida a lo que conocemos. Dios dijo: "¡Que haya luz!" (1:3). Y es la semilla de la Palabra de Dios la que trae la vida eterna a los pecadores moribundos. Cuando Lázaro escuchó la Palabra de la boca del Hijo de Dios, ya cuatro días de muerto, salió de la tumba. La semilla de la Palabra trajo la vida.

Tendemos a ver las semillas como algo sin vida, pero cuando se colocan en la tierra y se riegan, lo que parece estar muerto, de repente cobra vida.

Cuando la semilla de la Palabra de Dios echa raíces en la buena tierra de un corazón honesto y es regada por la convicción del Espíritu Santo, germina la vida eterna. Ese es el nuevo nacimiento del que habló Jesús en Juan 3:1-5.

BÚSQUEDA DEL ALMA

¿Ha echado raíces la Palabra de Dios en mi corazón? ¿Cómo ha cambiado mi vida?

Padre, gracias por darme un nuevo comienzo.

La razón

Los de junto al camino son los que oyen pero luego viene el diablo y quita la palabra de sus corazones para que no crean y sean salvos.

LUCAS 8:12

Los pecadores desinteresados no valoran el evangelio cuando lo escuchan, por lo cual el diablo es capaz de sacar la palabra de sus corazones. El evangelio no ha captado su atención y, por lo tanto, no le dan importancia. Un paracaídas tiene poco valor para alguien que no cree que tiene que saltar diez mil pies. Pero los que saben que están en peligro valorarán mucho el paracaídas porque salvará sus vidas.

Por eso es esencial predicar el castigo futuro según la ley. Dios ordena a todos los hombres en todas partes que se arrepientan porque ha señalado un día en el que juzgará al mundo con justicia (Hechos 17:30). Es por la santidad de Dios y su amor por la justicia que cada uno de nosotros necesita un salvador.

Los que entienden y creen, abrazarán a Jesucristo por el bien de sus propias vidas.

BÚSQUEDA DEL ALMA

¿Qué parte del mensaje del evangelio captó mi corazón?

Padre, ayúdame a aferrarme a cada una de tus palabras.

Cosas que acompañan a la salvación

Pero la semilla que cayó en buena tierra representa a los que con corazón bueno y recto retienen la palabra oída, y dan una buena cosecha porque permanecen firmes.

LUCAS 8:15

Sabemos que la Biblia dice que no hay nadie que sea bueno (Romanos 3:10-18). Nadie es moralmente perfecto a los ojos de Dios. Todos nos quedamos desesperadamente cortos de la norma que Él requiere. Pero aquí vemos que los que tienen buena tierra reciben la Palabra con un corazón honesto y bueno. Esto no significa que la tierra aquí es moralmente perfecta. Significa que, bajo la luz de la ley de Dios, ellos son honestos acerca de sus pecados. Ya no huyen de Dios y se esconden en la oscuridad como lo hizo Adán. Más bien salen a la luz, confiesan y abandonan sus pecados.

La ley de Dios ara la tierra del corazón humano para que sea capaz de escuchar y entender la Palabra, la cual produce *fruto* digno de arrepentimiento. Estas son las cosas que acompañan a la salvación (Hebreos 6:9-12).

BÚSQUEDA DEL ALMA

¿Tengo las "cosas que acompañan a la salvación"? ¿Qué cosas son éstas?

Padre, ayúdame a valorar la profundidad de mi salvación y dame una pasión por la salvación de los demás.

Responsabilidad sobria

Nadie que enciende una luz la cubre con un cajón, ni la coloca debajo de la cama. Más bien, la pone en un candelero para que los que entren vean la luz.

Lucas 8:16

Se cuenta la historia de un farero que regaló amablemente gran parte de su aceite a un barco que lo necesitaba y él les ayudó amablemente.

Por desgracia para él, se desató una gran tormenta y se quedó sin aceite para su propio faro. Debido a que su luz se apagó, un barco encalló y se perdieron muchas vidas.

Al sentenciarlo a prisión, el juez habló de la bondad del farero al ayudar a aquel barco en necesidad, pero también de su irresponsabilidad al no mantener su propia luz encendida.

Nunca debemos ser tan irresponsables como para dejar que nuestras luces se apaguen porque estamos involucrados en otras obras legítimas. Debemos ser fieles y hacer brillar la luz gloriosa del evangelio sobre los que están sentados en la sombra de la muerte y se encuentran en el mayor de los peligros.

BÚSQUEDA DEL ALMA

¿Vivo para que mi luz sea vista por los que no son salvos?

Padre, ayúdame a ser una luz en este mundo oscuro.

Tierra sucia

El reino de Dios es como cuando un hombre arroja semilla sobre la tierra: ya sea que él duerma o esté despierto, de día y de noche la semilla brota y crece, sin que él sepa cómo. Y es que la tierra da fruto por sí misma: primero sale una hierba, luego la espiga, y después el grano se llena en la espiga; y cuando el grano madura, enseguida se mete la hoz, porque ya es tiempo de cosechar.

MARCOS 4:26-29

No solo damos por sentado el milagro de la semilla, sino que también damos por sentado el terreno. La llamamos "tierra" y la pisoteamos. Piensa en ello por un minuto. La tierra nos da milagrosamente nuestro alimento. Nutre las semillas y las hace crecer hasta convertirse en árboles que dan fruto. Hace crecer la hierba, la que proporciona alimento a las vacas, que la convierten en leche, que puede convertirse en queso, batirse en mantequilla, yogur y helado. Produce maíz, del que salen jarabes, cereales y pan. Jesús dijo que nadie sabe cómo brota y crece una semilla. Eso fue hace dos mil años y este milagro de la vida sigue siendo un gran misterio.

BÚSQUEDA DEL ALMA

¿Tengo tendencia a dar por sentado muchas cosas de esta vida, o veo todo lo que me rodea como un milagro?

Padre, abre bien mis ojos este día, por favor.

Genuino y falso

*El reino de los cielos es semejante a un hombre que sembró
buena semilla en su campo; pero, mientras dormían los
trabajadores, vino su enemigo y sembró cizaña entre el trigo,
y se fue. Cuando el trigo brotó y dio fruto, apareció también
la cizaña. Entonces, los siervos fueron a preguntarle al dueño
del terreno: "Señor, ¿acaso no sembraste buena semilla en
tu campo? ¿De dónde salió la cizaña?". El dueño les dijo:
"Esto lo ha hecho un enemigo". Los siervos le preguntaron:
"¿Quieres que vayamos y la arranquemos?".
Y él les respondió: "No, porque al arrancar la cizaña podrían
también arrancar el trigo. Dejen que crezcan lo uno y lo otro
hasta la cosecha. Cuando llegue el momento de cosechar,
yo les diré a los segadores que recojan primero la cizaña
y la aten en manojos, para quemarla, y que después guarden
el trigo en mi granero".*

Mateo 13:24-30

Aquí está la iglesia: verdaderos y falsos conversos sentados uno
al lado del otro hasta que llegue el temible Día del Juicio Final,
cuando Dios separe a los auténticos de los falsos. Deberíamos
temblar ante tal pensamiento. El temor es un amigo si nos lleva al
pie de la cruz en un genuino arrepentimiento: "Con el temor del
Señor uno se aparta del mal" (Proverbios 16:6).

BÚSQUEDA DEL ALMA

¿Tengo un sano temor de Dios? ¿Cómo lo evidenciaré cuando
sea tentado a pecar?

Padre, hazme sabio con mis ojos.

El amor a la justicia

Porque no hay nada oculto que no llegue a manifestarse,
ni hay nada escondido que no haya de ser conocido
y de salir a la luz.

LUCAS 8:17

No solo es una doctrina bíblica fundamental el que Dios es omnisciente, sino que es de sentido común. Si Dios puede hacer el ojo, puede obviamente ver, y si hizo el oído, puede oír. Si Él ha visto y oído todos los crímenes contra su ley, debe, si es bueno (algo que sabemos intuitivamente), llevar cada obra a juicio. Piénsalo: nada es secreto. Los pecadores piensan que sus pecados no son vistos por Dios o que Él los ve y no le importa. Pero a Él le importa. Se preocupa apasionadamente por la justicia, y se encargará de que se haga una justicia perfecta en el Día del Juicio.

Esto es lo que debemos decir a los impíos, porque mientras se aferren a su idolatría, tendrán un falso sentido de seguridad y no verán su necesidad del Salvador.

Esto es lo que hizo Pablo en Atenas (Hechos 17:22) cuando dijo que Dios se había hecho de la vista gorda ante los pecados pasados, pero que ahora ordena a todos los hombres en todas partes que se arrepientan, porque ha señalado un día en el que juzgará al mundo con justicia.

BÚSQUEDA DEL ALMA

¿Vivo pensando en el día del juicio? ¿Cómo se desarrolla esto a diario?

Padre, gracias por salvarme de tu ira.

Dentro de la iglesia

Escúchenme bien: a todo el que tiene, se le dará;
y al que no tiene, hasta lo que cree tener se le quitará.
Lucas 8:18

Hay muchos que se sientan dentro del cuerpo de Cristo que parecen ser parte de la verdadera iglesia. Pero son como Judas, que parecía ser un auténtico discípulo. El problema que tienen es que carecen de las cosas que acompañan a la salvación. No tienen los frutos evidentes de que han pasado de la muerte a la vida.

Son falsos conversos: cabras entre las ovejas, vírgenes necias entre las sabias, peces malos entre los buenos y cizaña entre el trigo.

Estos cristianos profesantes son los obreros de la iniquidad de los que habló Jesús, diciendo que habría una gran compañía que le gritaría: "Señor, Señor", pero Él les diría: "¡Apártense de mí todos ustedes, hacedores de injusticia!" (Lucas 13:25-27). Tenemos que examinarnos a nosotros mismos y ver si estamos en la fe. Si no lo estamos, entonces debemos asegurar nuestro llamado y elección, hoy, porque puede que no tengamos un mañana.

BÚSQUEDA DEL ALMA

¿Me he examinado a mí mismo en busca de frutos bíblicos para ver si estoy en la fe? ¿Hay alguna hipocresía en mi vida?

Padre, escudríñame diariamente y muéstrame si algún pecado secreto tiene cabida en mi corazón.

Que vean

No hay profeta sin honra, sino en su propia tierra
y en su propia familia.
MATEO 13:57

Los líderes religiosos se asombraron de la sabiduría de Jesús.
Había sido evidente incluso cuando tenía doce años, cuando
habló con los ancianos en el templo (Lucas 2:41-52). Pero este
hombre no era un simple sabio. Era alguien más grande que
Salomón (Lucas 11:31). Era Dios manifestado como ser humano,
y sus palabras tenían poder: eran espíritu y vida. Pero en lugar de
acogerlo como el Mesías, lo odiaron y rechazaron sus palabras.

A menudo nos ocurre lo mismo con nuestros seres queridos.
Somos sin honor ante sus ojos y por eso rechazan nuestras palabras, para nuestra tristeza. Pero Dios no les ha dejado sin un testigo de algún tipo. Cuando no podemos llegar a los más cercanos
con nuestras palabras, podemos llegar a ellos con nuestras obras.
Si quieres que tus seres queridos escuchen tus palabras, primero
deja que vean tus obras. Cómprales regalos sin motivo. Deja que
vean tu amor genuino por tu bondad continua y tus acciones
hablarán más fuerte que tus palabras.

BÚSQUEDA DEL ALMA

¿Se ve mi fe invisible a través de mis obras visibles?

Padre, muéstrame cómo puedo mostrar amor por mis seres
queridos.

Ellos están listos

Ciertamente, es mucha la mies, pero son pocos los segadores.
MATEO 9:37

Podemos dudar de que la cosecha es realmente abundante, pero no es tan difícil creer que los obreros son pocos. Los equipos de alcance de la iglesia son a menudo inexistentes. Por la razón que sea, dudamos creer que hay masas de personas en el mundo que están listas para ser salvadas. Es cierto. Todo lo que necesitan saber es que han violado la ley moral y que la ira de Dios permanece sobre ellos. Dios nos ha dado armas de guerra que no son carnales, sino poderosas por medio de Él para derribar fortalezas (2 Corintios 10:4).

Suplica a Dios que haga que tus palabras cobren vida, y luego usa la ley para traer el conocimiento del pecado. Jesús dijo que estaban listos. Créele. No esperes. ¿Sientes la urgencia? Cada día la gente está muriendo en sus pecados, y cuando eso suceda, ellos terminarán en el infierno. Este hecho debería impulsarnos a la oración y motivar nuestros pies para llevar el evangelio a este mundo moribundo mientras aún tenemos tiempo.

BÚSQUEDA DEL ALMA

¿Creo que los pecadores están listos para venir al Salvador y que todo lo que necesitan es el conocimiento del pecado para que el evangelio tenga sentido para ellos? ¿Estoy dispuesto a compartir con ellos hoy?

Padre, una vez más te pido que sustituyas mi miedo por tu amor.

Escasez de mano de obra

*Pídanle, por tanto, al Señor de la cosecha
que envíe obreros a su campo.*
Mateo 9:38 NVI

Los campos están listos para la cosecha y debemos orar por obreros. Nos hace falta trabajadores. Pregúntales a los que están activamente envueltos en el evangelismo y te dirán que esto es cierto. Parece que casi todos en el cuerpo de Cristo están ocupados haciendo todo menos lo que se nos ha encomendado hacer: ir por todo el mundo y predicar el evangelio a toda criatura (Marcos 16:15).

Nos deja preguntándonos qué Biblia están ellos leyendo o si realmente creen sus terribles advertencias acerca del infierno. O tal vez su imagen de Dios es errónea y piensan que Él va a transigir en el día del juicio y dejar que el pecado quede impune. Es por la escasez de obreros que Jesús dijo: "por tanto". Deberíamos orar al Señor de la cosecha para que levante más obreros.

BÚSQUEDA DEL ALMA

¿Cuándo fue la última vez que obedecí el mandato de Jesús de orar por obreros?

Padre, hoy te pido que levantes obreros. Úsame para alcanzar a los perdidos.

El nombre de Jesús

Bienaventurado es el que no tropieza por causa de mí.
MATEO 11:6

El hermoso nombre de Jesús es una ofensa para este mundo
que odia a Dios. ¿Cómo puede ser eso? Nunca ha habido un ser
humano tan maravilloso, amable, cariñoso y perdonador que
haya caminado por esta tierra.

Jesús nos dijo lo que causa la ofensa. Son sus palabras. Él dijo:
"El mundo no puede odiarlos a ustedes; pero a mí me odia, porque yo hago constar que sus obras son malas" (Juan 7:7). Habló
contra sus pecados: el adulterio, la mentira, el robo, la codicia, el
odio, el asesinato, la avaricia y la hipocresía.

La gente solo se ofende con Jesús si su nombre se usa en la
verdad. No se ofende si se usa en vano.

Los oficiales de policía son asesinados por los criminales, no
por lo que los oficiales son, sino por lo que representan. Ellos
defienden lo que es correcto, bueno y justo y esa es la razón por
la que los pecadores odian al Salvador. Pero bienaventurados son
los pecadores culpables que no se ofenden a causa de Él.

BÚSQUEDA DEL ALMA

¿Es el nombre de Jesús dulce para mis oídos? ¿Estoy abrumado por el amor que se expresó en la cruz? ¿Muestro que lo
amo llevando su amor a los que no son salvos?

*Padre, mantén mis ojos en Jesús hoy en un mundo lleno de
distracciones.*

La atracción local

¿Qué fueron ustedes a ver al desierto? ¿Una caña sacudida por el viento? ¿Qué fueron a ver? ¿A un hombre vestido con ropa elegante? Los que se visten con ropa elegante se encuentran en los palacios. Pero ¿qué es lo que ustedes fueron a ver? ¿A un profeta? Yo les digo que sí, ¡y a alguien mayor que un profeta! Porque éste es de quien está escrito: "Yo envío mi mensajero delante de ti, el cual preparará tu camino".

MATEO 11:7-10

Juan el Bautista era una atracción local. Llegó a los titulares de Judea, obligando a las multitudes a salir al caluroso desierto para verle y escuchar lo que tenía que decir. Lo que vieron no fue demasiado impresionante. Seguramente no vestía muy bien. Pero lo que dijo fue impresionante. Habló con poder y pasión sobre el que vendría, diciendo a sus oyentes que prepararan el camino para la venida del Señor.

La iglesia debería ser similar. No somos impresionantes, pero nuestro mensaje sí lo es. Proclamamos el evangelio eterno: que Jesucristo ha abolido la muerte y ha traído la vida y la inmortalidad a los que creen. Que las multitudes acudan a escuchar ese mensaje.

BÚSQUEDA DEL ALMA

¿Veo lo poderoso que es el mensaje que Dios nos ha confiado? ¿Cómo me ha transformado ese mismo evangelio?

Padre, apártame como hiciste con Juan el Bautista.

Pecadores violentos

> *De cierto les digo que, entre los que nacen de mujer, no ha surgido nadie mayor que Juan el Bautista. Aun así, el más pequeño en el reino de los cielos es mayor que él. Desde los días de Juan el Bautista hasta ahora, el reino de los cielos sufre violencia, y los violentos lo arrebatan. Y todos los profetas y la ley profetizaron hasta Juan. Si quieren recibirlo, él es Elías, el que había de venir. El que tenga oídos para oír, que oiga.*
>
> MATEO 11:11-15

¿Qué significa cuando Jesús dijo que el reino de los cielos sufre violencia? No vemos que la gente intente entrar en el reino de Dios con violencia. En todo caso, vemos apatía. Los pecadores son generalmente despreocupados por su salvación eterna.

La respuesta se encuentra en las palabras de Jesús a seguir: "Y todos los profetas y la ley profetizaron hasta Juan". En otras palabras, la ley estaba haciendo su trabajo en Israel. Las multitudes acudían a Juan para confesar sus pecados y para ser bautizados. La ley trajo el conocimiento del pecado y les hizo tener hambre y sed de justicia (Mateo 5:6). Un hombre que no cree que se está ahogando no buscará ser rescatado. Pero si comprende que está a punto de morir, se desesperará. Ojalá veamos el día en que los pecadores estén desesperados por ser salvos.

BÚSQUEDA DEL ALMA

¿Es ese mi testimonio? ¿Invoco el nombre del Señor, clamando desesperadamente: "¿Qué debo hacer para ser salvo?" (Hechos 16:30).

Padre, este día te invoco no solo para que me salves, sino para que me llenes de un amor que corra tras los pecadores que perecen.

Fe infantil

Pero ¿con qué compararé a esta generación?
Se parece a los niños que se sientan en las plazas
y les gritan a sus compañeros.

MATEO 11:16

La Biblia dice que los ateos profesan ser sabios, pero en realidad son necios (Romanos 1:22). Se esconden detrás de las faldas de la ciencia y miran por encima del hombro a los que ven la genialidad de la mano de Dios en su creación.

Los creyentes se vuelven como niños pequeños en actitud. Están llenos de asombro con los ojos abiertos y una confianza infantil en las preciosas promesas de nuestro Padre celestial. Pero los ateos son infantiles en su entendimiento, aferrándose a teorías tontas, negando lo obvio. Son como niños en el mercado que solo están interesados en divertirse. Son hijos de la ira (Efesios 2:3) e hijos de la desobediencia (Colosenses 3:6).

Oh, cómo debemos orar por ellos y tenderles la mano para que entren en razón antes de que Dios les dé su merecido.

BÚSQUEDA DEL ALMA

¿Soy infantil en mi fe? ¿Creo en el fondo de mi corazón todas las promesas de Dios?

Padre, ayúdame a tener hoy una confianza infantil en ti.

Solo hazlo

*Mi madre y mis hermanos son los que oyen la palabra
de Dios y la ponen en práctica.*
LUCAS 8:21

Esta fue la oportunidad para que Jesús pusiera su bendición en la doctrina católica romana con respecto a María. Ellos creen que fue concebida sin pecado, que permaneció virgen (a pesar de tener otros hijos, según la Biblia), que Dios la llevó al cielo y que intercede por los pecadores.

Pero Jesús no enseñó esa doctrina. Dijo, más bien, que su madre y sus hermanos son los que oyen la Palabra de Dios y la hacen. La incluyó con todos los creyentes ordinarios. La Biblia dice que solo Dios debe ser adorado. No debemos adorar a ninguna otra persona viva o muerta.

Observa también que Jesús está diciendo una vez más (como lo hizo muchas veces) que no es suficiente con escuchar la Palabra de Dios. Hay que ponerla en práctica: escuchar la Palabra y "hacerla". La fe sin obras está muerta. Sabemos que hay baterías en la linterna porque la luz brilla. La obediencia a las palabras de Jesús brilla desde una vida cambiada.

BÚSQUEDA DEL ALMA

¿Acaso rindo homenaje a alguien o a algo que no sea Dios?

*Padre, solo tú eres el objeto máximo de mi afecto y adoración.
Para ti fui creado.*

Junio

Sucederá

Pasemos al otro lado del lago.
LUCAS 8:22

Es necesario que sepamos lo que dice Dios en su Palabra para que cuando las tormentas vengan, podamos apoyarnos en ella y tener paz.

Jesús dijo a sus discípulos que iban a cruzar al otro lado del lago. Esto iba a suceder porque Dios siempre se sale con la suya. Cuando dijo: "¡Que haya luz!" (Génesis 1:3), la luz apareció, a la velocidad de la luz. Cuando le dijo al pan que se multiplicara, el pan hizo lo que le dijo que hiciera. Lo mismo ocurrió con los peces. La muerte dobló la rodilla ante su Palabra. Si los discípulos hubieran recordado que Jesús había dicho que iban a cruzar el lago y simplemente lo hubieran creído, no habrían temido por sus vidas cuando se levantó una gran tormenta.

La Palabra de Dios está llena de promesas sumamente grandes y preciosas. Si no somos conscientes de ellas (y las creemos), cuando las pruebas se presenten en nuestro camino, perderemos nuestra paz. Por eso necesitamos empapar nuestras almas en la Palabra de Dios diariamente y memorizar las Escrituras.

BÚSQUEDA DEL ALMA

¿Me sumerjo en la Palabra de Dios cada día? ¿Cuál fue el último versículo que memoricé?

Padre, ayúdame a escudriñar tu Palabra como quien busca un gran tesoro.

Afróntalo con fe

¿Dónde está la fe de ustedes?
Lucas 8:25

Jesús hizo esta pregunta a sus discípulos porque era evidente que la tormenta los había aterrorizado. Jesús les había dicho que iban a pasar al otro lado del lago. Si su fe hubiera sido fuerte, se habría evidenciado por su paz en medio de la tormenta.

Son las tormentas diarias que nos llegan (tanto pequeñas como grandes) las que ponen a prueba nuestra fe. Nuestro gran consuelo es que todas las tormentas que Dios permite que nos lleguen son para nuestro bien si le amamos y somos llamados según sus propósitos (Romanos 8:28). Por lo tanto, la paz debe permanecer cuando llegan las pruebas, y debido a Romanos 8:28, podemos incluso dar gracias en medio de ellas.

Los que saben que estamos pasando por pruebas deberían ser capaces de ver la respuesta a la pregunta: "¿Dónde está tu fe?". Nuestra fe debería mostrarse en nuestros rostros. Debería verse en nuestros ojos y oírse en nuestros labios. Todos pasamos por momentos difíciles, pero llegaremos al otro lado.

BÚSQUEDA DEL ALMA

¿Está mi corazón enfocado en Dios para el futuro? ¿Cómo puedo fortalecer mi fe en Él?

Padre, ayúdame a confiar en ti en las tormentas de la vida.

Preocupación natural

> *Vuelve a tu casa, y cuenta allí todo lo que Dios*
> *ha hecho contigo.*
> LUCAS 8:39

Al principio de ser salvos, tenemos una preocupación natural por los que amamos. Anhelamos la oportunidad de contar a nuestros familiares no salvos las grandes cosas que Dios ha hecho por nosotros. No solo nos ha dado la vida, sino que, a través de la sangre de la cruz, nos ha salvado de la muerte. Nos ha dado la inmortalidad a través de la luz del evangelio.

Este hombre en Lucas 8 fue más allá de contar a su propia casa las grandes cosas que Dios había hecho por él. La Biblia dice que fue a toda la ciudad y compartió las buenas noticias.

Hablando del Salvador, Charles Spurgeon dijo: "Ustedes quieren honrarlo, desean poner muchas coronas sobre su cabeza, y esto lo puedes hacer mejor ganando almas para Él. Estos son los despojos que Él codicia, estos son los trofeos por los que lucha, estas son las joyas que serán su mejor adorno".[3]

Que nunca nos cansemos de contar a los pecadores moribundos la gran noticia de la cruz y la gloriosa esperanza de la vida eterna.

BÚSQUEDA DEL ALMA

¿Tengo el celo que tenía cuando vine por primera vez a Cristo?

Padre, que siempre me aferre a mi primer amor.

Truenos de Texas

¿Creen que puedo hacer esto?
MATEO 9:28

Jesús preguntó a los ciegos si tenían fe en Él. ¿Creían que era capaz de abrirles los ojos? Nuestra fe en Dios estará en proporción directa a nuestra comprensión de su poder. El mundo ve a Dios como un anciano con barba en el cielo, que extiende su dedo para tocar a Adán. Pero Él no se parece en nada a lo que nosotros, en nuestra tonta ignorancia, concebimos que es.

Dios es el Creador de todo el universo. Cuando Dios nos abre los ojos y por fin vemos su impresionante poder, deberíamos quedarnos sin aliento y asombrados. Si no lo estamos, necesitamos orar para que Dios nos ponga en el centro de una violenta tormenta de rayos en Texas (todo es grande en Texas) para que el sonido del trueno sacuda nuestros huesos y los enormes y aterradores relámpagos pongan el temor de Dios en nuestros corazones.

¿Sabías que los rayos pueden alcanzar los 60 000°F? ¡Eso es más caliente que la superficie del sol! Dios creó cada increíble rayo. Cada átomo que lo mantiene unido fue moldeado por Él. Tal vez si fuéramos sorprendidos por una tormenta así, entenderíamos un poco lo poderoso que es nuestro Dios y nunca dudaríamos de su capacidad para hacer lo imposible.

BÚSQUEDA DEL ALMA

¿Necesito una tormenta aterradora en mi vida para ayudarme a temer a Dios?

Padre, destroza los pensamientos erróneos que tengo de ti y sustitúyelos por la verdad.

Nuestro valor indigno

¿Quién me ha tocado?
LUCAS 8:45

Toda la multitud se empujaba para tocar a Jesús, y sin embargo Él dijo: "¿Quién me ha tocado?". Dios nos conoce a cada uno de nosotros como individuos, aunque millones de personas se acerquen a Él en oración. Queremos tocarle con nuestras peticiones. Él sabe cuándo nos sentamos, y sabe cuándo nos levantamos. La Biblia dice que cada pelo de nuestra cabeza está contado por Dios, y aunque seamos pecadores, cada uno de nosotros tiene un gran valor para Él.

¿Cuánto valemos a los ojos de Dios? Mira a la cruz donde se pagó el precio máximo para que pudiéramos pasar la eternidad con Él. Dios quería que estuviéramos con Él. Tomó forma humana y fue crucificado por el pecado del mundo. Aunque no somos dignos de nuestra salvación, la cruz demuestra nuestro valor a sus ojos y la profundidad de su amor por nosotros.

Cuando Jesús preguntó quién era el que le había tocado, la mujer desesperada se adelantó y confesó que era ella. Y en ese momento de contacto, fue sanada.

"Acérquense a Dios, y él se acercará a ustedes" (Santiago 4:8).

BÚSQUEDA DEL ALMA

¿Me doy cuenta del amor personal de Dios por mí? ¿Cómo cambia mi comportamiento el saber que Dios me ama?

Padre, siempre te agradeceré por tu amor personal hacia mí.

La plenitud de Dios

Alguien me ha tocado. Yo sé bien que de mí ha salido poder.
LUCAS 8:46

Cuando Jesús caminaba entre una multitud de personas que lo alcanzaban y lo tocaban, se detuvo y dijo: "Alguien me ha tocado. Yo sé bien que de mí ha salido poder".

Aunque había una multitud a su alrededor, Jesús era una persona individual. El poder de Dios fluyó hacia Él en el momento en que ella extendió la mano y tocó su manto. Lo mismo nos sucedió a nosotros en el momento en que extendimos la mano en arrepentimiento y fe. La virtud de Dios fluyó hacia nosotros, y esto es evidencia de que la plenitud de Dios estaba en Jesús de Nazaret (Colosenses 2:9). Su vida milagrosa no tuvo precedentes. ¡Ninguna otra persona en la historia tuvo la virtud de Dios fluyendo a través de ellos al toque de otra persona!

No dejes que las sectas u otras religiones te digan que Jesús fue simplemente un profeta, un gran maestro o un dios. El Creador se convirtió en un ser humano con el propósito de reconciliar al mundo consigo mismo, y llegará el día en que toda rodilla se doblará ante Jesucristo como Señor del universo.

BÚSQUEDA DEL ALMA

¿Es Jesús el centro de mi caminar cristiano?

Padre, gracias por traer la luz a mi oscuridad.

Invitación incondicional

Hija, tu fe te ha salvado. Ve en paz.
LUCAS 8:48

La salvación nos llega cuando extendemos la mano para tocar al Señor. Él promete que, si lo buscamos, lo encontraremos: "Cuando ustedes me busquen, me hallarán, si me buscan de todo corazón" (Jeremías 29:13).

Dios hace una invitación abierta a toda la humanidad cuando promete: "Porque todo el que invoque el nombre del Señor será salvo" (Romanos 10:13). *Todo el que implica que es incondicional.*

Al igual que la enfermedad de esta mujer le hizo extender la mano y tocar al Salvador, cuando vemos la enfermedad del pecado en nuestros propios corazones, nos hace alcanzar la misericordia que está solo en Cristo.

En Jesús encontramos un buen consuelo. En Él encontramos paz y descanso para nuestras almas. Es en Cristo y solo en Cristo que encontramos la plenitud.

Jesús le dijo a esta mujer que se fuera en paz, y nos dice a nosotros que vayamos por todo el mundo y prediquemos este glorioso evangelio de paz a toda criatura.

BÚSQUEDA DEL ALMA

¿Estoy completo en Cristo, o sigo anhelando las cosas de este mundo?

Padre, que el sol de tu amor sea mi luz y mi vida.

El peso del temor

No temas. Sólo debes creer, y tu hija será sanada.
Lucas 8:50

Jairo, jefe de la sinagoga, se enfrentaba a la situación más devastadora a la que cualquier padre podría enfrentarse. La preciosa hija de este hombre había muerto. Todo había terminado. La esperanza había desaparecido. La muerte se la había llevado.

¿Quién de nosotros no sentiría el poder del temor en una situación tan desesperada? Pero Jesús le dijo: "No temas. Solo debes creer, y tu hija será sanada". La fe es el antídoto contra el temor. El temor es como un elefante que se posa sobre nuestros hombros asfixiándonos y dejándonos indefensos. La fe, sin embargo, requiere un esfuerzo concertado. Tenemos que despojarnos del peso negativo del temor cuando decimos: "No temeré", y sustituirlo por el positivo: "¡Confiaré en Dios!".

D. L. Moody dijo con razón: "La verdadera fe es la debilidad del hombre apoyándose en la fuerza de Dios". Cuando confiamos plenamente en las promesas de Dios, nos apoyamos en la fuerza de Dios para remover al elefante.

Este padre no sabía que quien le hablaba era "la resurrección y la vida" (Juan 11:25), el mismo que dio vida en el mismo principio.

BÚSQUEDA DEL ALMA

¿Cuándo he dejado que el temor me robe la fe?

Padre, ayúdame a confiar en ti en los momentos difíciles.

Librado de la muerte

No lloren, que no está muerta, sino dormida.
Lucas 8:52

Estas palabras no habrían sido más que una bofetada para el afligido padre si Jesús no hubiera sido capaz de resucitar a la niña de entre los muertos. Dijo que solo estaba dormida. No era gran cosa. Dijo algo similar acerca de Lázaro.

Si el cristianismo no puede librarnos de la muerte, es una bofetada a todos los que esperan en Jesús. Pero Jesús libró a Lázaro y a esta niña de la muerte y tenemos más que la Palabra de Dios de que Él nos librará de las garras de la muerte. Hemos sido sellados con el Espíritu Santo como muestra de la seguridad de la promesa de Dios (Efesios 1:3).

La Biblia dice de Jesús que la muerte no pudo retenerlo (Hechos 2:24). Timoteo dice que Jesucristo ha abolido la muerte para traer la vida y la inmortalidad al mundo (2 Timoteo 1:10). En el libro de Apocalipsis, Jesús dijo: "Yo soy el que vive. Estuve muerto, pero ahora vivo para siempre. Amén. Yo tengo las llaves de la muerte y del infierno" (Apocalipsis 1:18).

Verdaderamente nunca un hombre habló como este Hombre porque nunca hubo un hombre como éste. Él confirmó su Palabra con poder.

BÚSQUEDA DEL ALMA

¿Cómo me comportaría en este mundo moribundo si realmente creyera que Jesucristo ha abolido la muerte?

Padre, aumenta mi amor por los perdidos.

En su mano

Niña, ¡levántate!
LUCAS 8:54

El cristianismo es único entre las religiones en el sentido de que presenta al Creador como un ser gentil, amoroso y amable. Jesús la tomó de la mano. En el momento en que venimos a Cristo, Él nos toma de la mano y nos lleva por el camino de la justicia. Ya no es nuestro justo enemigo señalando con su dedo santo nuestras transgresiones. Más bien, es nuestro amigo más cercano, el que nos guía a través de nuestras pruebas y tribulaciones diarias:

> Oh, qué amigo nos es Cristo,
> Él llevó nuestro dolor
> Y nos manda que llevemos
> Todo a Dios en oración.
> ¿Vive el hombre desprovisto
> de paz, gozo y santo amor?
> Esto es porque no llevamos
> Todo a Dios en oración.[4]

La palabra más consoladora en este pequeño versículo es que en Cristo, Dios también nos dirá "Levántate". La muerte no pudo retenerlo, y ya no puede retener a los que duermen en Jesús porque le pertenecen.

BÚSQUEDA DEL ALMA

¿Está hoy mi mano a propósito en la mano de Jesús?

Padre, gracias por tu delicadeza conmigo.

Nuestras necesidades serán suplidas

No lleven nada para el camino. Ni bastón,
ni mochila, ni pan, ni dinero, ni dos túnicas.
LUCAS 9:3

La Biblia promete que Dios suplirá todas nuestras necesidades conforme a sus riquezas en gloria en Cristo Jesús (Filipenses 4:19).

Cada uno de nosotros está en la jornada de su vida. Durante nuestra vida vamos a tener necesidades diarias, y tenemos la promesa de Dios de que Dios nos cuidará si buscamos primero su reino y su justicia (Mateo 6:33). Tenga en cuenta que estamos confiando en Dios para que nos dé solo lo que necesitamos. A veces Él se negará a darnos algo que pensamos que necesitamos porque (en su infinita sabiduría) Él sabe que no lo necesitamos. Simplemente lo queremos.

En otro pasaje, Jesús dijo que consideraran las aves del cielo y las flores de la tierra. Ellos no se preocupan por si mañana tendrán o no problemas. Jesús dijo que si nuestro Padre celestial cuida de las aves y las flores, ¿cuánto más cuidará de sus preciosos hijos? Entonces diagnosticó nuestro problema: "hombres de poca fe" (Lucas 12:22-28).

Si tienes una necesidad genuina hoy, confía en que Él se encargará de ella.

BÚSQUEDA DEL ALMA

¿He entregado mis necesidades diarias a Dios?

Padre, en este día reafirmo mi confianza en ti para suplir todo lo que necesito.

Hasta el polvo

En cualquier casa donde entren, quédense allí hasta que salgan. Si en alguna ciudad no los reciben bien, salgan de allí y sacúdanse el polvo de los pies, como un testimonio contra ellos.
Lucas 9:4-5

Cuando el mundo se niega a escuchar el evangelio, no podemos hacer otra cosa que sacudir el polvo de nuestros pies y buscar a otros que nos escuchen. No somos responsables de la salvación de la gente. Nuestra responsabilidad es simplemente decirles la verdad con amor.

Sin embargo, si alguien parece tener un corazón duro mientras estás tratando de sembrar la semilla de la Palabra de Dios, tómate el tiempo para romper la tierra con el arado de la ley de Dios. Llévalos a través de los Diez Mandamientos para traer el conocimiento del pecado, que les mostrará su necesidad de la misericordia de Dios. Si siguen rechazando al Salvador, no te preocupes. Simplemente confía en que Dios cuide su Palabra, y encomienda a esa persona a su cuidado.

Las palabras de Jesús tienen un significado más profundo. Debemos sacudir incluso el polvo de nuestros pies, debido a la naturaleza malvada del pecado. El mundo está impregnado de maldad, y debemos separarnos de su maldad antes de ese día de la ira, para que no quede en nosotros ni siquiera una pizca de residuo.

BÚSQUEDA DEL ALMA

¿Estoy viviendo en santidad, separado de este mundo pecaminoso?

Padre, por favor, dime si el polvo de este mundo se aferra a mí.

Anímate

¡Ánimo! ¡Soy yo! ¡No tengan miedo!!
MATEO 14:27

Cuando los discípulos vieron a Jesús caminando sobre el agua, pensaron que estaban viendo un fantasma y gritaron de miedo. Cuando la vida nos asusta, podemos alegrarnos porque lo que nos ocurre nunca es tan malo como parece. Aunque nuestra prueba sea real y no imaginaria, el Señor Jesús resucitado está con nosotros.

Los discípulos vieron a Jesús caminando sobre el agua. Vieron lo que los escépticos exigen ver: un milagro. Fueron testigos de lo sobrenatural, y eso los aterrorizó.

La advertencia de Jesús es la misma para nosotros que para aquellos discípulos llenos de miedo. Debemos mirar a Jesús y tener buen ánimo. Spurgeon predicó: "David dice: 'Tengo miedo'. Admira su honestidad al hacer esta confesión. Algunos hombres nunca habrían admitido que tenían miedo. Habrían fanfarroneado y dicho que no les importaba nada. Por lo general, no hay mayor cobarde en este mundo que el hombre que nunca reconoce que tiene miedo".[5]

BÚSQUEDA DEL ALMA

¿Hay momentos en los que me dejo dominar por el miedo? ¿Por qué ocurre esto? ¿He decidido confiar en el Señor este día, pase lo que pase?

Padre, hoy digo con el salmista: "Pero yo, cuando tengo miedo, confío en ti" (Salmos 56:3).

Camina sobre las aguas

Ven… ¡Hombre de poca fe! ¿Por qué dudaste?
MATEO 14:29-31

La pregunta que hizo Jesús era retórica. Preguntó: "*¡Hombre de poca fe! ¿Por qué dudaste?*". No requería una respuesta.

Pero respondamos a la pregunta de todos modos. La Biblia nos dice: "Pero al sentir la fuerza del viento, tuvo miedo y comenzó a hundirse. Entonces gritó: '¡Señor, sálvame!'" (Mateo 14:30). Estaba aterrorizado por el viento embravecido. ¿No es ese nuestro problema cuando circunstancias inciertas nos hacen tener miedo? En lugar de mirar a Jesús, el autor y consumador de nuestra fe, naturalmente miramos a los que nos rodean.

Así que la próxima vez que los vientos soplen, mira más allá de los que te rodean. Mira a Jesús y su capacidad e integridad para cumplir su palabra. Él hará que todas las cosas se dispongan para bien (Romanos 8:28). En lugar de hundirte en el miedo, contrólate y confía en Él. Jesús te levantará.

Ser cristiano significa caminar de la mano de Dios, vivir por encima de nuestras circunstancias y, por lo tanto, mantener la cabeza por encima del agua.

BÚSQUEDA DEL ALMA

¿A qué vientos tengo miedo? ¿Cómo puedo librarme de ese miedo?

Padre, a veces estoy muy falto de fe. Mis miedos lo revelan. Necesito que seas mi fuerza hoy y siempre.

Prioridades divinas

De cierto, de cierto les digo que ustedes no me buscan por haber visto señales, sino porque comieron el pan y quedaron satisfechos. Trabajen, pero no por la comida que perece, sino por la comida que permanece para vida eterna, la cual el Hijo del Hombre les dará; porque a éste señaló Dios el Padre.

Juan 6:26-27

Somos naturalmente carnales. Nos sentimos más atraídos por lo natural que lo espiritual. Nuestra naturaleza pecaminosa es un descenso, y es una continua batalla cuesta arriba para caminar en el Espíritu. Preferimos el pan que nos llena ahora que el pan eterno que ofrece el cielo. Por eso necesitamos continuamente la ayuda del Espíritu Santo. Cuando no sabemos cómo orar, Él está ahí para ayudarnos: "De igual manera, el Espíritu nos ayuda en nuestra debilidad, pues no sabemos qué nos conviene pedir, pero el Espíritu mismo intercede por nosotros con gemidos indecibles" (Romanos 8:26).

Él remueve nuestra conciencia cuando nos volvemos complacientes en cuanto a alimentarnos de la Palabra, orar, confraternizar o preocuparnos por la suerte de los perdidos. Por eso debemos cultivar una conciencia tierna y caminar en el temor del Señor. Sin un oído tierno nos distraeremos fácilmente para trabajar por el pan que perece.

BÚSQUEDA DEL ALMA

¿Me distraigo con las cosas temporales? Hoy me disciplinaré para recordar lo eterno.

Padre, ayúdame hoy a mantener mis ojos en lo que realmente importa.

La obra de Dios

Ésta es la obra de Dios: que crean en aquel que él ha enviado.
JUAN 6:29

Los escépticos suelen acusar a Dios de esconderse. En un sentido tienen razón. Se esconde del corazón orgulloso. Se resiste a ellos. Sin embargo, el ateo no tiene excusa cuando se trata de creer en la existencia de Dios, porque Él se ha revelado a través del genio de su obra.

> Los cielos proclaman la gloria de Dios;
> el firmamento revela la obra de sus manos.
> Un día se lo cuenta al otro día;
> una noche se lo enseña a la otra noche.
> (Salmos 19:1-2)

La creación atestigua la existencia de un Creador, así que Él no se ha escondido en ese sentido. Cuando Jesús habla de encontrarlo, está hablando de encontrar una relación con Él. Esa relación comienza a través del arrepentimiento y la fe en el único Dios, enviado a sufrir por el pecado del mundo. Cuando confiamos en el Hijo, estamos haciendo la obra de Dios. Así que, si alguien se esconde, es el pecador que, como Adán, se esconde de Él a causa de su culpa.

BÚSQUEDA DEL ALMA

¿Estoy haciendo "la obra de Dios"? ¿Creo plenamente en Aquel a quien Dios envió? ¿Es mi mensaje para este mundo?

Padre, quiero hacer tu obra.

Dale gracias al maestro

De cierto, de cierto les digo, que no fue Moisés quien les dio el pan del cielo, sino que es mi Padre quien les da el verdadero pan del cielo. Y el pan de Dios es aquel que descendió del cielo y da vida al mundo.

JUAN 6:32-33

Moisés no dividió el Mar Rojo. Dios lo hizo. Moisés tampoco sacó agua de la roca ni trajo codornices del cielo. Dios hizo esas cosas.

Moisés o, mejor dicho, la ley de Moisés, no proporciona comida. Nos hace pasar hambre. La ley no tiene otro beneficio que el de despojarnos de la autojustificación y dejarnos con hambre de justicia. Nos deja anhelando el Pan de Vida. La Biblia la llama un tutor que nos lleva a Cristo (Gálatas 3:24). La ley vino por medio de Moisés, pero la gracia y la verdad vinieron por medio de Jesucristo.

Nunca debemos caer en la trampa de anular, incluso despreciar la ley de Dios, como hacen algunos, diciendo que no tiene ningún propósito. Nunca debemos despreciar al maestro que nos llevó a la graduación; más bien, debemos estar agradecidos por ese maestro. Así que, estamos agradecidos a Dios, no solo por usar la ley para llevarnos a Cristo, sino por proporcionarnos una herramienta para usar como instrumento de enseñanza para llevar a otros al Salvador.

BÚSQUEDA DEL ALMA

¿Aprecio el propósito de la ley moral? ¿Fue el tutor que me llevó a Cristo? Si no es así, ¿de dónde obtuve el conocimiento del pecado para poder arrepentirme?

Padre, haz de mí un obrero cualificado para tu reino.

El fin de la religión

Yo soy el pan de vida. El que a mí viene, nunca tendrá
hambre; y el que en mí cree, no tendrá sed jamás.
Pero yo les he dicho que, aunque me han visto, no creen.

JUAN 6:35-36

Confiar en Jesús significa el fin de la religión. Se acabó el tratar de agradar a Dios con obras religiosas. Nos hemos desprendido de la pesada carga del pecado y la culpa, y la hemos cambiado por el yugo fácil y la carga ligera (Mateo 11:30). Nos aferramos solo al Salvador. Solo Él es nuestra esperanza de salvación, y esa esperanza es firme, un ancla para el alma.

Jesús dijo: "El que a mí viene". Venimos a Él porque no hay nadie más a quien podamos acudir. Buda no puede perdonar los pecados y tampoco pueden hacerlo Mahoma, el Papa, el sacerdote o el pastor. Solo Jesús tiene la autoridad en la tierra para lavar nuestros pecados. Él dijo a los líderes religiosos: "El Hijo del Hombre tiene poder en la tierra para perdonar los pecados" (Mateo 9:6). En realidad, somos más que perdonados en Cristo: somos justificados y hechos justos a sus ojos.

BÚSQUEDA DEL ALMA

¿Hay algo en mí que confíe en mis obras para salvarme? ¿Está mi fe totalmente en Jesús?

Padre, gracias por atraerme hacia ti.

El poder del rechazo

*Todo lo que el Padre me da, vendrá a mí; y al que a mí viene,
no lo echo fuera. Porque no he descendido del cielo para
hacer mi voluntad, sino la voluntad del que me envió.*

JUAN 6:37-38

A la mayoría de nosotros nos disgusta intensamente el rechazo.
Es uno de los temores que nos impide compartir el evangelio.
Tenemos miedo de parecer tontos y de que se burlen de nosotros.
El mundo está lleno de personas que han sido rechazadas por los
demás y, por lo tanto, cargan con heridas que se han convertido
en amargura. Algunos son rechazados por la familia: los hermanos rechazan a sus hermanas, los padres a sus hijos y las esposas
a sus maridos. Los empresarios despiden a los empleados, los
entrenadores son expulsados de los equipos perdedores, y las
novias rechazan a sus novios. Así es la vida, y duele.

Pero aquí Jesús promete que nunca rechazará a los que vienen
a Él. Es capaz de salvar a todos los que vienen a Dios a través de
Él. Cuando Jesús acepta y abraza a los pecadores perdidos, está
haciendo la voluntad del Padre. Dios extendió sus brazos acoge-
dores en Cristo en la cruz y dijo: "Esto es lo mucho que te amo".
La cruz es una imagen del padre amoroso que corre hacia su hijo
perdido y lo abraza como el hijo pródigo (Lucas 15:11-32). Es la
máxima señal de amor y aceptación.

BÚSQUEDA DEL ALMA

¿He sentido el dolor del rechazo? ¿Cómo me hizo sentir?
¿He perdonado completamente a los afectados?

Padre, por tu gracia, soy totalmente aceptado en el amado.

¿Lo vemos?

Y esta es la voluntad del que me envió: Que de todo lo que él me dio, yo no pierda nada, sino que lo resucite en el día final. Y ésta es la voluntad de mi Padre: Que todo aquel que ve al Hijo, y cree en él, tenga vida eterna; y yo lo resucitaré en el día final.

JUAN 6:39-40

Ser cristiano significa tener la total seguridad de que soy salvo, sin ninguna duda. Sabemos que hemos pasado de la muerte a la vida. Esta confianza no se basa en nuestros sentimientos o circunstancias. Más bien se basa en la credibilidad de Dios. Jesús dijo que de todo lo que el Padre le ha dado, no debe perder nada. Fíjate en las palabras todo y nada. No hay margen de error. Dijo que todo el que ve al Hijo y cree en Él tiene vida eterna.

¿Ves al Hijo?

¿Lo ves como el Cordero unigénito de Dios?

¿Lo ves como enviado a propósito para ser crucificado?

¿Lo ves como el vencedor de la muerte, sosteniendo sus llaves en sus manos clavadas?

¿Confías plenamente en Él para tu salvación eterna?

Entonces cree en sus maravillosas palabras con todo tu corazón. Él nunca te decepcionará porque tienes promesas inmutables de Aquel que no puede mentir.

BÚSQUEDA DEL ALMA

Si realmente veo al Hijo, cambiará todo lo que veo y hago.

Padre, ayúdame a glorificarte en todo lo que miro, escucho y digo hoy.

Murmuraciones y quejas

No estén murmurando entre ustedes.
Ninguno puede venir a mí, si el Padre que me envió
no lo trae. Y yo lo resucitaré en el día final.

JUAN 6:43-44

El murmullo es molestoso. Es una manifestación de un corazón descontento, lo contrario de la gratitud y el agradecimiento. Piensa en Jesús en las horas más oscuras de la crucifixión. Tenía todos los motivos para murmurar y quejarse, pero no pronunció ni una sola palabra discrepante.

Los líderes religiosos lo habían odiado y rechazado. Todos los discípulos le habían abandonado. Había sido humillado, clavado en una cruz, y estaba en una agonía sin precedentes. Sus manos estaban clavadas en la cruz, pero seguía tendiendo la mano: al ladrón sin salvación que estaba a su lado; a su madre, pidiéndole a Juan que la acogiera. En su agonía, suplicó al Padre que perdonara a sus verdugos.

Y justo antes de entregar su espíritu, gritó: "Consumado es" (Juan 19:30). Estaba pensando en ti y en mí. Oh, ¡qué amor demostró! Había terminado su tarea de comprar la salvación eterna para los pecadores.

A la luz de tal amor, que nunca seamos culpables de murmurar o quejarnos.

BÚSQUEDA DEL ALMA

¿Murmuro alguna vez cuando las cosas no salen como quiero? ¿Soy un quejoso?

Padre, ayúdame a ser verdaderamente agradecido y a no ser nunca culpable de murmurar y quejarme.

Nuestra ferviente oración

En los profetas está escrito: "Y todos serán enseñados
por Dios". Así que, todo aquel que ha oído al Padre, y ha
aprendido de él, viene a mí. No es que alguno haya visto al
Padre, sino el que vino de Dios; éste sí ha visto al Padre.

JUAN 6:45-46

"En los profetas está escrito". Tal vez el equivalente de hoy sería:
"Está escrito en piedra". En otras palabras, seguramente se cumplirá.

Jesús dijo: "Así que, todo aquel que ha oído al Padre, y ha
aprendido de él, viene a mí". Jesús no se olvidó de los no salvos.
Entonces, ¿cómo podríamos nosotros? ¿Cómo podríamos aquellos que afirmamos tener el amor de Dios en nosotros, olvidarnos
de que estamos rodeados de gente que todavía está bajo el poder
de la muerte y que irán al infierno si mueren en su pecado?
Debería ser nuestra más sincera oración que el Padre se sirva
de nosotros para enseñar a los pecadores, porque ha elegido la
locura de la predicación para salvar a los que perecen.

Este debe ser el trabajo de nuestra vida. Debemos instruir a
los pecadores, utilizando la ley para señalarles a Jesús, especifi-
camente a Cristo crucificado por el pecado del mundo. Todo lo
demás que hacemos en la vida, por muy importante que sea, pali-
dece en comparación con esta tarea. Que Dios ayude a mantener
esta verdad como nuestra prioridad.

BÚSQUEDA DEL ALMA

Como cristiano, soy un seguidor de Jesucristo. ¿Lo estoy
siguiendo en su ejemplo de buscar y salvar lo que está perdido?

Padre, consúmeme con el deseo de imitar a Jesús.

El fundamento

De cierto, de cierto les digo: El que cree en mí, tiene vida eterna. Yo soy el pan de vida. Los padres de ustedes padres comieron el maná en el desierto, y murieron.

JUAN 6:47-49

Mira lo que Jesús está diciendo a los líderes religiosos. Está diciendo que Moisés dejó a sus padres muertos. Moisés no les dio la vida eterna. Todo lo que hace Moisés es mostrarnos la naturaleza de nuestros pecados y darnos la sentencia de muerte. Los israelitas comieron maná del cielo, pero aun así murieron. Jesús es el Pan de Vida, y el sustento que Él da supera la muerte.

Charles Spurgeon dijo:

> Es de suma importancia para los que tienen vida espiritual que se alimenten del Señor Jesús. Es bueno conocer todo lo que se ha revelado, pues toda palabra de Dios es buena y tiene su utilidad, y toda la Escritura es provechosa, pero el pan de cada día, la carne sustancial de la que debemos alimentarnos si queremos crecer fuertes para Dios y la santidad, es Cristo mismo.[6]

BÚSQUEDA DEL ALMA

¿Es Jesús mi *vida* en este momento? Si sucumbo a la muerte, ¿está mi confianza enteramente en Él?

Padre, ayúdame a estar siempre dispuesto a verte cara a cara.

La madre del conocimiento

Éste es el pan que desciende del cielo, para que el que coma de él, no muera. Yo soy el pan vivo que descendió del cielo. Si alguno come de este pan, vivirá para siempre; y el pan que yo daré es mi carne, la cual daré por la vida del mundo.

JUAN 6:50-51

Se dice que la repetición es la madre de todo aprendizaje. Permíteme repetirlo. Repetir algo hace que se entienda mejor. Jesús utilizó esta técnica con los líderes religiosos, porque estaba hablando con otros seres humanos sobre el tema más importante de la tierra.

Tendemos a pasar por alto el hecho de que Jesús habló movido por su amor a la gente, el mismo amor que manifestó en la cruz. Solo Dios sabe cuántos de los tres mil que llegaron a la fe en el día de Pentecostés eran los que antes habían escuchado sus palabras de gracia.

No debemos cansarnos de repetir el mismo evangelio a los pecadores, aunque lo hayamos escuchado diez mil veces. Los que han hecho del evangelismo una forma de vida saben cómo se renuevan sus energías cuando un pecador pregunta sinceramente por el Salvador. Es como dar de comer a un niño hambriento que está a punto de morir, y ver que la vida aparece en sus ojos.

BÚSQUEDA DEL ALMA

¿Me canso de compartir el evangelio?

Padre, tu Palabra dice que cuando recibí el Espíritu Santo, recibí poder. Permite que ese poder sea evidente hoy.

Gustar la bondad de Dios

De cierto, de cierto les digo: Si no comen la carne del Hijo del Hombre, y beben su sangre, no tienen vida en ustedes.

JUAN 6:53

Hay algunos que toman estas palabras literalmente. Sin embargo, Jesús las calificó diciendo que las palabras que pronunciaba eran espíritu y vida (Juan 6:63). Él estaba haciendo una declaración espiritual. No está hablando de canibalismo físico. Más bien, es una referencia al nuevo nacimiento que Jesús enseña a Nicodemo en Juan 3 (nacer del Espíritu), cuando "probamos y vemos que el Señor es bueno" (Salmos 34:8).

Cuando confiamos solo en Jesús, gustamos de su bondad. Mientras los pecadores confíen en tradiciones eclesiásticas no bíblicas, ignorarán el Pan de Vida y el nuevo nacimiento, que es necesario para entrar en el cielo (Juan 3). Es importante que no nos dejemos atrapar en discusiones sobre la doctrina de la iglesia mientras intentamos compartir el evangelio. Simplemente lleva a la gente a través de la ley para mostrarles que nada de lo que puedan hacer por sí mismos los salvará, y luego presenta el evangelio bíblico. Cuando la gente realmente nace de nuevo, el Espíritu Santo los guiará a toda la verdad, y confiarán solo en Jesús y no en la tradición de su iglesia.

BÚSQUEDA DEL ALMA

¿Me encuentro atrapado en discusiones acaloradas sobre doctrina? ¿Qué puedo hacer para evitarlo?

Padre, ayúdame a "ser amable con todos" (2 Timoteo 2:24-26).

Tomar la comunión

*El que come mi carne y bebe mi sangre tiene vida eterna; y
yo lo resucitaré en el día final. Porque mi carne es verdadera
comida, y mi sangre es verdadera bebida. El que come mi
carne y bebe mi sangre permanece en mí, y yo en él.
Así como el Padre viviente me envió, y yo vivo por el Padre,
así también el que me come también vivirá por mí. Este es el
pan que descendió del cielo. No es como el pan que comieron
los padres de ustedes, y murieron; el que come de este pan,
vivirá eternamente.*

JUAN 6:54-58

Mientras participamos en la comunión y recordamos la cruz en
todo su horror, debemos examinarnos a nosotros mismos. Este
es un momento para recordar lo que Dios ha olvidado y borrado
para siempre: nuestros pecados pasados. Nunca debemos olvidar
lo que merecemos y lo que la gracia ha hecho por nosotros. Dios
debería habernos dado el infierno, pero en cambio nos dio el
cielo. Tales pensamientos magnifican la misericordia, encienden
la gratitud, y deberían convertirse en una gran motivación para
que nos acerquemos a los perdidos.

BÚSQUEDA DEL ALMA

¿Comprendo lo que se me ha perdonado en Cristo? ¿La gratitud me consume como debería?

*Padre, ya que no puedo poner mi gratitud en palabras, que la
ponga en mis obras.*

El espejo empañado

¿Por qué también ustedes quebrantan el mandamiento de Dios por causa de su tradición? Porque Dios dijo: Honra a tu padre y a tu madre; también: El que maldiga al padre o a la madre, muera irremisiblemente. Pero ustedes dicen: Cualquiera que diga a su padre o a su madre: "Todo aquello con lo que pudiera ayudarte es mi ofrenda a Dios", ya no tiene que honrar a su padre o a su madre". Y así, por la tradición de ustedes, han invalidado el mandamiento de Dios.

MATEO 15:3-6

Los líderes religiosos destrozaron los mandamientos de Dios por su tradición. No se molestaron en honrar a sus padres porque encontraron una manera de librarse de sus obligaciones paternales. Al hacerlo, despojaron a la ley moral de su poder para mostrarles su necesidad de misericordia. Sus tradiciones empañaron el espejo para que no pudieran ver su propio reflejo. Y así se quedaron creyendo que todo estaba bien entre ellos y Dios. Esa es la tragedia de anular la ley.

En la raíz de esta tradición estaba su imagen errónea de Dios, una imagen que les permitía aferrarse al pecado. Los ídolos no dan a los pecadores ninguna directriz moral. Si hubieran tenido una imagen bíblica de Dios, le habrían temido y habrían escuchado la ley, que habría actuado como un tutor para llevarlos a Cristo.

BÚSQUEDA DEL ALMA

¿Me juzgo regularmente mirando la perfecta ley de la libertad (Santiago 1:5)?

Padre, ayúdame a ser siempre sin engaño.

Detectar la culpa

*¡Hipócritas! Bien profetizó de ustedes Isaías, cuando dijo:
"Este pueblo me honra con los labios, pero su corazón
está lejos de mí. No tiene sentido que me honren, si sus
enseñanzas son mandamientos de hombres".*

Mateo 15:7-9

Los líderes religiosos eran hipócritas, y aunque la hipocresía
puede ser una piedra de tropiezo para el mundo, no es una razón
legítima para rechazar el evangelio. Un ateo señalará a los evangelistas de la televisión ladrones con sus bolsas de recaudación
sin fondo o a los sacerdotes pedófilos pervertidos y pensará que
su hipocresía justifica su propio rechazo del Salvador.

Ningún criminal debería pensar que un juez le dejará libre
basándose en la culpa de otros. La Escritura advierte: "Y tú, que
juzgas a los demás pero practicas las mismas cosas que ellos,
¿piensas que escaparás del juicio de Dios?" (Romanos 2:3).

BÚSQUEDA DEL ALMA

¿Alguna vez me justifico o me siento justo señalando los
pecados de los demás?

Padre, perdóname por cualquier autojustificación.

Lo que sale de la boca

Luego, Jesús convocó a la multitud y les dijo:
"Escúchenme, y entiendan: Lo que contamina al hombre
no es lo que entra por su boca. Por el contrario, lo que
contamina al hombre es lo que sale de su boca".
MATEO 15:10-11

El mundo se consume con lo que entra en la boca. Siempre se habla de lo que debemos y no debemos comer. Cuela el mosquito y se traga el camello (Mateo 23:24).

Pero los que escuchan y entienden saben que lo que comemos será irrelevante cuando realmente importa en el día del juicio.

En un avión, deberíamos preocuparnos más por si hay un paracaídas adecuado a bordo que por la comida que piensan servir. El paracaídas podría salvar una vida.

Estos pensamientos reflexivos nos ayudan a priorizar lo que importa y lo que no. Los piadosos saben que la comida no tiene consecuencias morales. Lo que sí importa es guardar nuestro corazón y nuestros labios con toda diligencia, porque del corazón salen los asuntos de la vida (Proverbios 4:23).

BÚSQUEDA DEL ALMA

¿Soy exageradamente cuidadoso con lo que debo y no debo comer, pero descuido mi corazón?

Padre, que la moral se anteponga a las calorías.

Líderes ciegos

> *Toda planta que mi Padre celestial no ha plantado, será arrancada de raíz. Déjenlos, pues son ciegos que guían a otros ciegos; y si un ciego guía a otro ciego, ambos caerán en el hoyo.*
> MATEO 15:13-14

Es muy útil estudiar la parábola del sembrador para entender que hay verdaderos y falsos conversos sentados juntos dentro del cuerpo de Cristo. La Biblia los llama cizaña entre el trigo, vírgenes necias entre las sabias, peces malos entre los buenos, y cabras entre las ovejas, y estos serán separados en el día del juicio.

Los verdaderos conversos son los que han nacido de Dios. Son la plantación del Señor, y los que no son plantados por el Señor serán desarraigados. Por eso es tan peligroso el evangelismo contemporáneo que manipula y juega con las emociones humanas. Muchos de los que profesan ser convertidos hoy en día han nacido de la voluntad del hombre y no de la voluntad de Dios, lo que se evidencia en el hecho de que hasta el noventa por ciento de los convertidos actuales se alejan de la fe.[7]

Jesús advirtió que muchos le dirán en el día del juicio: "Señor, Señor", y sin embargo serán expulsados del cielo y enviados al infierno (Mateo 7:21-24).

BÚSQUEDA DEL ALMA

¿He sido alguna vez culpable de llevar a alguien a una decisión por Cristo que terminó naciendo muerto en lugar de nacer de Dios?

Padre, evita que interfiera en tu obra cuando se trata de la salvación de los perdidos.

Julio

Apodérate del entendimiento

¿Tampoco ustedes han podido entender?
¿No entienden que todo lo que entra por la boca
se va al vientre, y luego se echa en la letrina?
Mateo 15:16-17

Cuando David tomó a Betsabé para sí y se enredó en una red de pecado, lo hizo sin comprender. No consideró que el ojo del Señor está en todo lugar, contemplando lo malo y lo bueno. No pensó en que Dios llevará a juicio toda cosa secreta, sea buena o mala. Tampoco comprendió su propio corazón.

Podemos aprender de la experiencia de David. El problema no era Betsabé: era su corazón. Ella reveló que la lujuria ardía en el rey:

> El corazón es engañoso y perverso, más que todas
> las cosas. ¿Quién puede decir que lo conoce?
> (Jeremías 17:9)

David debería haber tomado nota de la historia de José. Cuando la esposa de Potifar lo llamó, él huyó. Lo mismo deberíamos hacer nosotros. Huye del pecado.

BÚSQUEDA DEL ALMA

¿Comprendo lo perverso que es mi propio corazón? ¿Hago alguna vez provisión para la carne?

Padre, ayúdame a caminar hoy en el temor del Señor y a glorificar tu nombre con todo lo que pienso y miro.

La ley es espiritual

Porque del corazón salen los malos deseos, los homicidios, los adulterios, las fornicaciones, los robos, los falsos testimonios, las blasfemias. Estas cosas son las que contaminan al hombre. El comer sin lavarse las manos no contamina a nadie.

MATEO 15:19-20

La Biblia dice que el pecado es una transgresión de la ley (1 Juan 3:4). Los Diez Mandamientos nos muestran la naturaleza del pecado y al mismo tiempo nos revelan el carácter de Dios.

Nota cuántos de los Diez Mandamientos se nombran cuando Jesús define la naturaleza del pecado. Nombró el sexto, el séptimo, el octavo, el noveno y el tercero. También incluyó la fornicación y añadió que los pensamientos lujuriosos, el odio y los pensamientos de codicia violan la ley.

Estas son las cosas que contaminan al hombre, y estos son los temas con los que los hombres y las mujeres necesitan ser confrontados. Por lo tanto, aprende a abrir la naturaleza espiritual de los Diez Mandamientos como lo hizo Jesús en el Sermón del monte.

BÚSQUEDA DEL ALMA

¿Comprendo hoy la naturaleza del pecado? ¿Amo la justicia?

Padre, haz que hoy camine en la verdad y que sea consciente de que estoy rodeado de personas que van a ir al infierno si mueren en sus pecados.

La ventaja

*Yo no fui enviado sino a las ovejas perdidas
de la casa de Israel.*

MATEO 15:24

Jesús fue enviado por Dios a los judíos primero. El apóstol Pablo reiteró que el evangelio debía ir primero a los judíos. Esto no era porque fueran moralmente superiores a las otras naciones. La razón por la que el evangelio fue al judío primero fue porque Israel tenía la ley: "Entonces, ¿qué ventaja tiene el judío? ¿De qué sirve la circuncisión? De mucho, y por muchas razones. En primer lugar, a los judíos se les confió la palabra de Dios" (Romanos 3:1-2).

Cuando el evangelio llegó a los judíos, pudieron entender que un Dios santo estaba proporcionando el sacrificio y proporcionando el pago que la ley requería.

Nadie va a aceptar una cura si antes no está convencido de que tiene una enfermedad. Debemos seguir ese patrón. Cuando hablamos a los gentiles debemos usar la ley para traer el conocimiento del pecado, como hizo Jesús en Marcos 10:17, para que puedan entender el mensaje del evangelio: que Cristo fue hecho una maldición por nosotros para redimirnos de la maldición de la ley.

BÚSQUEDA DEL ALMA

¿Comprendo plenamente la ventaja que tengo al utilizar la ley moral para llevar el conocimiento del pecado a los incrédulos? ¿Cómo puedo empezar a incorporar esta herramienta en mi testimonio?

Padre, dame sabiduría cuando comparta el evangelio.

Migajas del Pan de Vida

No está bien tomar el pan que es de los hijos,
y echarlo a los perritos.
MATEO 15:26

Esta mujer gentil clamó: "¡Señor, Hijo de David, ten misericordia de mí! ¡A mi hija la atormenta un demonio!" (Mateo 15:22).

Para los que no entienden, la respuesta de Jesús parece dura. Pero no lo fue. Jesús estaba libre de pecado; sus palabras no la desanimaron en lo más mínimo. Al contrario, le provocaron decir: "Cierto, Señor. Pero aun los perritos comen de las migajas que caen de la mesa de sus amos" (v. 27).

Qué maravilloso es que Dios no limitara el evangelio a los judíos. El Espíritu Santo fue también dado a los gentiles. El evangelio es la buena noticia para todas las naciones, para todos los pueblos.

La Biblia hace una invitación abierta al decir que quienquiera puede venir: "Todos ustedes, los que tienen sed: Vengan a las aguas" (Isaías 55:1). "Porque todo el que invoque el nombre del Señor será salvo" (Romanos 10:13). La puerta de la vida eterna se abrió de par en par en el momento en que Jesús resucitó.

Esta es una noticia delirantemente buena para musulmanes, hindúes, budistas, agnósticos, ateos y religiosos que intentan ganarse el cielo con sus obras.

BÚSQUEDA DEL ALMA

¿Estoy delirando de alegría porque la muerte ha sido conquistada? Llena hoy tus oraciones de acción de gracias.

Padre, permíteme ser como los discípulos que no podían dejar de compartir lo que habían visto y oído.

Haz que se maraville

¡Ah, mujer, tienes mucha fe!
¡Que se haga contigo tal y como quieres!
MATEO 15:28

La respuesta aparentemente dura de Jesús a la súplica de la mujer probablemente habría quitado la esperanza a la mayoría, pero no a esta madre. Ella no se desanimó. Su deseo de que su oración fuera respondida aumentó.

Sin fe, es imposible agradar a Dios, lo que significa que, con fe, podemos agradarle. Mira la reacción de Jesús ante la fe de esta mujer. Dijo: "Ah, mujer". En otro lugar, cuando un hombre confió en Él, la Biblia dice que Jesús "se maravilló" de su fe. Qué sorprendente es que la fe hiciera que Jesús se maravillara.

Nuestro deseo más profundo debe ser complacer a Dios. No podemos complacerlo por nuestras propias obras, pero podemos complacerlo en Cristo confiando en sus promesas.

La confianza en Dios también puede maravillarnos. Podemos tener una paz perfecta aunque estemos en la boca del lobo. Podemos dormir en la tormenta, porque confiamos de corazón en el Señor, quien "dispone todas las cosas para el bien de los que lo aman, es decir, de los que él ha llamado de acuerdo a su propósito" (Romanos 8:28). Y eso es maravilloso.

BÚSQUEDA DEL ALMA

¿Voy hoy a caminar por encima de mis circunstancias, debido a mi fe en Dios? Haz que Dios se maraville hoy.

Padre, este día elijo confiar en ti con todo mi corazón.

El enemigo oculto

Por esto que has dicho, puedes irte tranquila;
el demonio ya ha salido de tu hija.

MARCOS 7:29

Hay una ironía cuando se trata del reino demoníaco. Este mundo pecaminoso se deleita con lo oculto, pero ignora las advertencias de la Biblia sobre el servir al lado oscuro: "Sean prudentes y manténganse atentos, porque su enemigo es el diablo, y él anda como un león rugiente, buscando a quien devorar" (1 Pedro 5:8).

Como cristianos, sabemos que no luchamos contra la carne y la sangre, sino contra los principados y las potestades, la maldad espiritual en las alturas (Efesios 6:12-20). Cuando el mundo tiene su propio diagnóstico de un hombre que escucha múltiples voces que le dicen que asesine, nosotros sabemos que no es así. Cuando leemos en las noticias cada día sobre asesinatos, robos y destrucciones, sabemos que el ladrón solo viene a matar, robar y destruir. Sabemos que los que sirven al pecado sirven al diablo.

Pero aquí está la mayor tragedia de servir al pecado: "Pero si nuestro evangelio está aún encubierto, lo está entre los que se pierden; pues como ellos no creen, el dios de este siglo les ha cegado el entendimiento para que no resplandezca en ellos la luz del evangelio de la gloria de Cristo, el cual es la imagen de Dios" (2 Corintios 4:3-4).

BÚSQUEDA DEL ALMA

¿Tengo una fascinación por los horóscopos, Halloween, las películas de terror, la lectura de la mano y cosas similares? Identifica cualquier área de tentación y llévala a la cruz.

Padre, líbrame de toda obra de las tinieblas.

Efata

¡Efata!, es decir, "¡Ábrete!".
MARCOS 7:34

El Nuevo Testamento fue escrito en griego y traducido al inglés. Sin embargo, aquí Marcos nos da la palabra original en arameo pronunciada por Jesús y luego nos da amablemente el significado: "Ábrete". El hombre era sordo y tenía un impedimento para hablar. Jesús lo apartó de la multitud, le puso los dedos en los oídos, escupió y le tocó la lengua. Luego, mirando al cielo, suspiró y dijo: "Ábrete".

¡Qué transformación tuvo lugar en la vida de este hombre! Ahora podía oír los sonidos del viento en los árboles, la voz humana, la música, la risa y el canto de los pájaros. Podía hablar con claridad; podía expresarse libremente.

Jesús nos apartó de este mundo y abrió nuestros oídos a su voz. También abrió los ojos de nuestro entendimiento para que podamos ver todas las cosas con claridad. Además, tocó nuestras lenguas y sanó nuestro lenguaje. Ahora podemos hablar con claridad sobre el misterio de la vida y del reino de Dios.

El evangelio nos ha abierto las puertas a un mundo nuevo.

BÚSQUEDA DEL ALMA

¿Me doy cuenta de que ahora puedo hablar claramente del reino de Dios? ¡Abre tu boca y habla de sus maravillas!

Padre, abre todo un mundo nuevo para mí mientras voy con fe y le hablo a los perdidos.

Entrar en el sufrimiento

Esta gente me parte el corazón. Hace ya tres días que están conmigo, y no tienen qué comer. Y no quisiera enviarlos en ayunas, pues se pueden desmayar en el camino.

MATEO 15:32

La compasión tiene un costo. Si tenemos la virtud de la compasión, significa que sentimos por los que sufren. Lloramos con los que lloran. Es más profunda que una simpatía distante, porque la compasión entra en los sufrimientos de los demás. Siente el hambre.

En este pasaje, vemos a Jesús entrar en el hambre de las multitudes. Nunca se le pudo acusar de tener una mentalidad tan celestial que no sirviera para nada en la tierra. Sus pies estaban firmemente plantados en la tierra, como lo demuestran sus preocupaciones por los problemas diarios de esta vida.

También debemos entrar en el sufrimiento de los demás y hacer todo lo posible para ayudar a los enfermos y hambrientos y vestir a los desnudos. Cuando nos regeneramos, nuestra compasión debe profundizar. Pensar en el sufrimiento de los que se condenarán en sus pecados y en los terribles dolores del infierno debería motivarnos a predicar el amor de Dios en Cristo.

BÚSQUEDA DEL ALMA

¿Alguna vez me tomo el tiempo de meditar sobre el destino de los impíos? ¿Se apodera de mi alma la preocupación por los que no son salvos?

Padre, ayúdame a tener la profundidad de la compasión que alcanzará a los pecadores perdidos con el evangelio.

La buena semilla

¿Cuántos panes tienen ustedes?
MATEO 15:34

Esta fue la pregunta que Jesús hizo a sus discípulos mientras miraban a la multitud hambrienta. Todo lo que pudieron encontrar fue el almuerzo de un niño compuesto solo por cinco panes y dos peces. Jesús tomó lo que le dieron y lo multiplicó milagrosamente.

¿Qué podemos dar a Dios tú y yo? Quizá no seamos capaces de cantar, bailar, escribir o ser creativos. Tal vez no seamos capaces de enseñar o predicar. Puede que no seamos súper inteligentes o elocuentes o que no dominemos el idioma. Puede que nos consideremos un poco aburridos, y quizás lo seamos. Pero eso no importa, porque Dios no quiere talento. Nos quiere a nosotros. Él puede tomar nuestra falta de habilidad, nuestro nada, y multiplicarlo para alcanzar multitudes.

Puede que no tengamos habilidades, pero tenemos el evangelio: el mensaje más poderoso, dinámico y maravilloso que este mundo podría esperar escuchar. Un agricultor puede no tener habilidades, pero si tiene semillas de alta calidad y se toma el tiempo para preparar la tierra, va a ver el fruto de sus labores.

BÚSQUEDA DEL ALMA

¿He estado mirando mis habilidades en lugar del poder del evangelio? ¿Mis deficiencias me han impedido llegar a los que no son salvos?

Padre, gracias por el glorioso evangelio de Jesucristo. Es el poder de Dios para la salvación.

La señal de Jonás

Al llegar la noche, ustedes dicen: "Va a hacer buen tiempo, porque el cielo está rojizo". Por la mañana, ustedes dicen: "Hoy habrá tempestad, porque el cielo está rojizo y nublado". ¡Bien que saben distinguir el aspecto del cielo, pero no pueden distinguir las señales de los tiempos! La generación mala y adúltera demanda una señal, pero no recibirá más señal que la del profeta Jonás.

MATEO 16:1-4

Una de las mejores cosas que he comprado ha sido un reloj digital que proyecta la hora en el techo de nuestro dormitorio. Cada vez que me despierto en la oscuridad, sé al instante la hora porque está escrita en grandes números sobre mi cabeza adormecida.

La profecía bíblica es un rayo de luz en la oscuridad. Si alguien quiere saber si la Biblia es la Palabra del Creador, todo lo que tiene que hacer es estudiar la profecía bíblica, particularmente la historia de la nación de Israel.

Sin embargo, la mayor señal que podemos tener es que Jesucristo fue tragado por la muerte durante tres días, pero luego resucitó de la tumba, despojándola de su poder. Eso es el evangelio, y ese mensaje tiene el poder de transformar instantáneamente a cualquier pecador. Esa es la mayor de las señales.

BÚSQUEDA DEL ALMA

¿Me veo envuelto a veces en discusiones y me olvido de compartir la sencillez del evangelio: Cristo crucificado por el pecado del mundo?

Padre, ayúdame a predicar siempre a Cristo crucificado.

Inflados de orgullo

*Abran los ojos y cuídense de la levadura
de los fariseos y de los saduceos.*
MATEO 16:6

Los discípulos estaban confundidos en cuanto a lo que Jesús quería decir cuando hablaba de la levadura de los fariseos. Jesús les explicó que se refería a su doctrina. Una propiedad obvia de la levadura es que hace que el pan suba, se hinche. Los fariseos estaban hinchados de orgullo. Se consideraban expertos en el reino de Dios, pero mira lo que puede hacer el conocimiento: "En cuanto a lo que se ofrece a los ídolos, es cierto que todos sabemos algo de eso. El conocimiento envanece, pero el amor edifica. Si alguno cree saber algo, todavía no lo sabe cómo se debe saber" (1 Corintios 8:1-2).

En su orgullo despreciaban a los demás, ensalzando sus propias virtudes. Se enorgullecían de dar limosna, orar en público, enseñar y predicar, cuando en realidad transgredían el primero de los Diez Mandamientos. Su imagen de Dios era errónea. No creían que Dios exigía la verdad en las partes internas, sino que creían que se conformaba con mirar la apariencia externa. Sin embargo, Jesús dijo que eran como un cementerio odioso a los ojos de Dios.

BÚSQUEDA DEL ALMA

¿Me esfuerzo por caminar con humildad de corazón? Considera tu actitud hacia los demás: ¿hay alguna arrogancia oculta en tu corazón?

Padre, dame conocimiento y ayúdame a mantenerme humilde mientras crezco.

La levadura

Hombres de poca fe. ¿Por qué discuten entre ustedes que no tienen pan? ¿Todavía no entienden, ni se acuerdan de los cinco panes entre cinco mil hombres, y cuántas cestas recogieron? ¿Ni de los siete panes entre cuatro mil, y cuántas canastas recogieron? ¿Cómo es que no entienden? Si les dije que se cuidaran de la levadura de los fariseos y de los saduceos, no fue por el pan.

MATEO 16:8-11

Charles Spurgeon dijo sobre este pasaje:

> Él usó una expresión parabólica, la cual hubie-
> ran entendido fácilmente si sus mentes no hubieran
> estado ya absorbidas por su falta de pan. Vio que en
> ellos también habría pronto un deseo de una señal,
> ahora que necesitaban pan; y temió la influencia
> tanto del ritualismo de los fariseos como del racio-
> nalismo de los saduceos sobre su pequeña iglesia.
> De ahí su doble palabra: "Abran los ojos y cuídense".
> La advertencia es tan necesaria hoy como en los
> tiempos de nuestro Señor. Tanto los "fariseos como
> los saduceos" están fermentando las iglesias.[8]

BÚSQUEDA DEL ALMA

¿Me esfuerzo por asegurar que todo lo que creo tiene una base sólida en la Palabra de Dios?

Padre, por favor mantén mi doctrina pura.

Tomar la iniciativa

Denles ustedes de comer.
Lucas 9:13

Dios nos ha dado la palabra de la reconciliación, utilizando la locura de la predicación para salvar a los que creen. Ha confiado en nosotros para que tomemos la iniciativa, para que demos un paso en fe de cualquier manera posible para llegar a los perdidos.

Pablo dijo que usaría cualquier medio para alcanzar a los no salvos (1 Corintios 9:22). Cuando Jesús dijo que les diera a las multitudes algo de comer, la Biblia dice que estaba probando a Felipe para ver qué haría (Juan 6:6).

La Escritura dice que no hay que despreciar el día de los pequeños comienzos (Zacarías 4:10). Muchos pequeños almuerzos han terminado alimentando a multitudes, simplemente porque alguien se preocupó lo suficiente como para tomar la iniciativa y hacer lo correcto, y Dios añadió su bendición.

Aunque tú y yo estamos llamados a alimentar a los hambrientos físicamente, también estamos llamados a darles el Pan de Vida. Sin embargo, cuando miramos a las multitudes en el valle de la decisión, la tarea puede parecer abrumadora. Hay demasiada gente. Sin embargo, nuestra confianza es que Dios multiplicará los escasos panes y peces que tenemos en nuestras manos.

BÚSQUEDA DEL ALMA

¿Alguna vez me siento abrumado porque miro el problema en lugar de mirar al Señor?

Padre, que siempre mire más allá del problema para verte a ti.

La sabiduría de Dios

Hagan que la gente se siente en grupos
de cincuenta personas.
LUCAS 9:14

Se trataba de una situación peligrosa. Cuando una multitud de cinco mil personas ha pasado tres días sin comer, es probable que se agite si de repente ve comida. Esto sería especialmente cierto si pudieran oler el pan recién horneado sobrenaturalmente flotando en el aire. Si la gente de atrás se adelantara, otros podrían morir pisoteados.

Jesús se ocupó de este peligro dividiendo a la multitud en cien grupos de cincuenta y luego los hizo sentarse. La multitud estaba ahora en pequeños grupos manejables que no podían avanzar porque estaban sentados. En Marcos 6:39, se nos da aún más información: "Jesús les mandó entonces que hicieran que la gente se recostara por grupos sobre la hierba verde".

Quizás el versículo nos da el color de la hierba, porque el color rojo nos enfada, el azul nos da una sensación de bienestar, pero el color verde nos da una sensación de paz. Eso es precisamente lo que se quiere cuando se trata de cinco mil personas hambrientas.

BÚSQUEDA DEL ALMA

¿Busco diariamente a Dios para que me dé su sabiduría sobre todas las cosas? Acostúmbrate a orar primero.

Padre, ayúdame a entender las verdades ocultas en tu Palabra.

¿Quién es Él?

¿Quién dice la gente que soy yo?
Lucas 9:18

Si preguntas al mundo quién creen que era Jesús, obtendrás una gran variedad de respuestas. Algunos dicen que estaba loco; otros dicen que era un gran maestro. Los que están realmente confundidos dicen que Él no existió. Tienden a olvidar el hecho de que el tiempo se determina a partir del año de su nacimiento. Sus respuestas revelan su ignorancia de lo que enseñan las Escrituras.

Decir que Jesús estaba loco es un disparate. Los historiadores y los expertos están de acuerdo que el Sermón del monte tiene un contenido singularmente soberbio. No son las palabras de alguien trastornado. Si otra persona dijera las palabras que dijo Jesús, la gente lo buscaría, caería a sus pies y lo adoraría como señor. Tampoco Jesús fue simplemente un gran maestro. Los que creen eso hacen poco caso de sus grandes enseñanzas.

La Biblia enseña que nuestra eternidad como individuos depende de cómo respondamos a las preguntas: ¿Quién es Jesús? ¿Es Él el Cristo? ¿Lo conoces como Señor y Salvador? ¿Son tus pecados perdonados porque confías en Él?

BÚSQUEDA DEL ALMA

¿Sostengo la revelación bíblica de Jesús a este mundo pecador y moribundo? ¿Estoy convencido de que Él es el Cristo, el Hijo del Dios vivo?

Padre, que siempre refleje correctamente la luz del Salvador.

¿Quién es él para ti?

¿Y ustedes, quién dicen que soy?
LUCAS 9:20

Es abrumador pensar en el número de personas que han pisado esta tierra, cada una de ellas un individuo único, que vive su propia vida. Sin embargo, Dios los conoce a todos. Conoce cada pensamiento de cada corazón humano y cada pelo de cada cabeza. La mente de Dios va más allá. Él conoce cada célula de cada persona. Y nos dice a cada uno de nosotros: "¿Y ustedes, quien dicen que soy?".

Es la mayor de las verdades bíblicas decir que nuestro Creador nos ama. Este amor se demostró cuando Dios mismo proporcionó el único Salvador engendrado para liberarnos del poder de la muerte. La Escritura dice que no hay salvación en ningún otro nombre bajo el cielo dado a los hombres (Hechos 4:12). La salvación viene de abrazar a Jesucristo, y para abrazarlo, debemos reconocer quién es Él.

Romanos 10:9 dice que si confesamos con nuestra boca que Jesucristo es el Señor y creemos que Dios lo ha resucitado de los muertos, seremos salvos. Esto debe sucedernos a cada uno de nosotros personalmente para ser salvos. Por eso, Jesús le dijo a Pedro y a cada uno de nosotros: "Y ustedes, ¿quién dicen que soy?".

BÚSQUEDA DEL ALMA

¿Confieso que Jesús es el Cristo de Dios? ¿Con quién puedo compartirlo hoy?

Padre, no permitas que me avergüence de la exclusividad del cristianismo.

El Salvador sufriente

Es necesario que el Hijo del Hombre padezca muchas cosas,
que sea desechado por los ancianos, por los principales
sacerdotes y por los escribas, y que muera y resucite al tercer día.
Lucas 9:22

Como todo ser humano, Jesús nació para morir. Su muerte, sin embargo, iba a ser diferente. Iba a sufrir por el pecado del mundo y a resucitar al tercer día. No le bastaba con morir, sino que tenía que resucitar.

Jesús dijo que debía sufrir estas cosas; no había forma de escapar. ¿Te imaginas vivir la vida sabiendo que tal horror indescriptible te esperaba? Es por su gran amor que tú y yo podemos esperar lo que sucede después de la muerte porque la muerte ha perdido su aguijón.

Esta aterradora pesadilla se convierte en un sueño maravilloso para aquellos que se arrepienten y confían en el Salvador. Al consolarnos con las promesas de Dios, debemos tener emociones encontradas. ¿Cómo podemos descansar y tener consuelo cuando tantos no tienen lo que nosotros tenemos en Cristo?

"¡Perdido! ¡Perdido! ¡Perdido! ¡Mejor un mundo entero en llamas que un alma perdida! ¡Más vale que se apaguen todas las estrellas y que los cielos sean una ruina, que perder una sola alma!".[9]

BÚSQUEDA DEL ALMA

¿He crecido tanto en mi confianza en Dios que puedo declarar con valentía que no tengo miedo a mi propia muerte? Tengo la certeza de la vida eterna en el cielo.

Padre, para mí vivir es Cristo. El morir es ganancia.

La autonegación

Si alguno quiere seguirme, niéguese a sí mismo,
tome su cruz cada día, y sígame.

LUCAS 9:23

Ahí está de nuevo esa maravillosa palabra en una forma diferente: alguno. En otros lugares de la Escritura se dice que puede venir el que quiera. Dios da la bienvenida a cualquiera, a todos y a los que son nadie. Con los brazos extendidos dice: "Sígueme". Para seguirle, debemos negarnos a nosotros mismos y tomar el oprobio de la cruz. Ese es el único camino hacia la vida eterna.

Somos criaturas egoístas por naturaleza. Negarnos a nosotros mismos no es fácil, ya sea negándonos la comida para poder orar y aprender a controlarnos o negándonos ciertos placeres legítimos, porque queremos hacer la voluntad de Dios. Pero Él nos da la gracia que necesitamos y nos ayuda a seguirle.

La autonegación significa que rechazamos la constante atracción de los pecados de la carne, los atractivos del mundo pecaminoso y los susurros del diablo. En lugar de vivir para la alabanza del mundo, vivimos para la alabanza del cielo, y al hacerlo, cargamos diariamente con la cruz. No lo hacemos para merecer la vida eterna, sino porque tenemos la vida eterna. Buscamos una ciudad. Miramos a Aquel que es invisible y vemos la eternidad.

BÚSQUEDA DEL ALMA

¿De qué manera me niego a mí mismo cada día?

Padre, ayúdame hoy a refrenar mis apetitos y a cuidar mis ojos
y mis pensamientos.

Desprenderse y aferrarse

Porque todo el que quiera salvar su vida, la perderá,
y todo el que pierda su vida por causa de mí, la salvará.
Lucas 9:24

Cuando venimos a Cristo, entregamos nuestra vida. Decimos con Pablo: "He sido crucificado con Cristo, y ya no vivo yo, sino que Cristo vive en mí" (Gálatas 2:20 NVI). Él es la fuente de la vida y su residencia en nosotros es la evidencia de que pertenecemos a Dios.

Podemos aprender una lección instructiva de la esposa de Lot. Mientras la familia huía para salvar la vida, ella miraba con nostalgia a Sodoma. Que Dios nos ayude a rechazar la tentación de mirar hacia atrás en este mundo malvado con algún sentido de afecto. La Escritura advierte que, si seguimos las inclinaciones de la carne, moriremos. Pero si, con la ayuda del Espíritu Santo, crucificamos la carne, viviremos.

Se cuenta la historia de un hombre rico que se cayó por la borda de un barco mientras llevaba un cinturón de dinero lleno de oro. Se negó a soltar el precioso oro, y éste le arrastró hasta la muerte. Así es el camino del pecado.

Ser cristiano significa desprenderse diariamente del pecado y decidirse a aferrarse al don de la salvación y la vida eterna de Dios.

BÚSQUEDA DEL ALMA

¿En qué áreas de mi vida soy vulnerable a la tentación? ¿Qué puedo hacer para fortalecer mi decisión de aferrarme a la verdad?

Padre, abre mi mente embotada a lo que me has dado en el evangelio.

Ganancia o pérdida

Porque ¿de qué le sirve a uno ganarse todo el mundo,
si se destruye o se pierde a sí mismo?
LUCAS 9:25

Este es el máximo ejemplo de una pregunta retórica. No necesita respuesta porque la respuesta es muy obvia. Nadie se beneficia si un hombre se pierde o es descartado. Nuestra posesión más preciada es nuestra vida, y si la perdemos, no tenemos nada.

Durante muchos años, he preguntado a los pecadores si venderían uno de sus ojos por un millón de dólares. Algunos lo harían, pero nadie en su sano juicio vendería ambos por ninguna cantidad. Sin embargo, el ojo no es más que la ventana del alma. Miramos por las ventanas que llamamos ojos. Lo que quiero decir es que, si los ojos no tienen precio, ¿cuánto más valiosa es el alma?

Qué tragedia es vivir una vida sin ninguna referencia a Dios. Todo lo que tenemos viene de su mano bondadosa. Tenemos la capacidad de disfrutar de la belleza de su creación, de saborear la maravillosa comida que Él nos proporciona generosamente, y de escuchar la hermosa música que Él nos dio la capacidad de producir. Y, sin embargo, los impíos se niegan a alabar a Dios o incluso a estar agradecidos por todas estas bendiciones.

Y así, en su lecho de muerte, si tienen la suerte de tenerlo, los incrédulos no se llevan nada de este mundo y acaban perdidos y desechados para siempre.

BÚSQUEDA DEL ALMA

¿Por qué estoy especialmente agradecido hoy?

Padre, perdóname por cualquier ingratitud que pueda tener.

Sus palabras ofensivas

Porque si alguno se avergüenza de mí y de mis palabras,
el Hijo del Hombre se avergonzará de él cuando venga en
su gloria, y en la gloria del Padre y de los santos ángeles.

Lucas 9:26

La Biblia nos dice que Dios no hace acepción de personas (Hechos 10:34). Esto se ilustra con la frase "si alguno". No importa quiénes seamos. Si nos avergonzamos del Señor, Él nos repudiará en el día del juicio.

Observa que Jesús incluyó a los que se avergüenzan de sus palabras. El mundo está lleno de cristianos que profesan serlo y que no se avergüenzan del Jesús histórico, pero sí de sus palabras. Simplemente tienen una imagen de Jesús como un buen hombre con algunas buenas enseñanzas.

Sin embargo, cuando citamos lo que Él realmente dijo, se ofenden. Sus palabras destrozan su ídolo. El Jesús revelando las Sagradas Escrituras reprendió a los hipócritas. Habló con valentía contra el pecado, habló del juicio y habló del carácter santo y justo de Dios. Él dijo que nuestro Creador está enojado con la humanidad. Nos dijo que la lujuria era adulterio a sus ojos moralmente perfectos, condenó el divorcio y habló de cortar las manos y sacar los ojos si nos causaban pecar. Y lo más importante, nos advirtió de la realidad del infierno.

Si queremos ser testigos verdaderos y fieles, nunca debemos avergonzarnos de las palabras de Jesús.

BÚSQUEDA DEL ALMA

¿Alguna vez he dudado de hablar del pecado por miedo a ofender a los pecadores?

Padre, que nunca me avergüence de las palabras de Jesús.

El reino venidero

Pero en verdad les digo, que algunos de los que están aquí no morirán hasta que vean el reino de Dios.
Lucas 9:27

A medida que este mundo se oscurece y los dolores de parto aumentan, anhelamos aún más el reino de Dios. La Biblia dice que gemimos en nuestro interior, esperando la llegada del reino: "Porque sabemos que toda la creación hasta ahora gime a una, y sufre como si tuviera dolores de parto. Y no solo ella, sino también nosotros, que tenemos las primicias del Espíritu, gemimos dentro de nosotros mismos mientras esperamos la adopción, la redención de nuestro cuerpo" (Romanos 8:22-23).

Llegará el momento en que el reino de Dios vendrá a esta tierra, y la voluntad de Dios se hará en la tierra como en el cielo. ¡Heredaremos toda esta increíble tierra! Y habrá un nuevo cielo y una nueva tierra sin la maldición del Génesis.

No habrá más sufrimiento, enfermedad, muerte, dentistas o caspa. Dios mismo enjugará toda lágrima de los ojos de los que le aman. Por eso decimos con el apóstol Juan: "Ven pronto, Señor Jesús" (Apocalipsis 22:20). Luego agrega una pequeña oración: *Por favor salva a los perdidos antes de ese día.*

BÚSQUEDA DEL ALMA

Si Jesús viniera hoy, ¿me avergonzaría de algo en mi vida?

Padre, derrama tu Espíritu Santo sobre los perdidos. Levanta obreros. Utilízame para alcanzarlos.

Eliminar los obstáculos

> *A decir verdad, Elías vendrá primero y restaurará todas las cosas. Pero yo les digo que Elías ya vino, y no lo reconocieron, sino que hicieron con él todo lo que quisieron. Así también el Hijo del Hombre padecerá a manos de ellos.*
>
> Mateo 17:11-12

Jesús estaba haciendo referencia a su primo, Juan el Bautista. Juan era una luz ardiente y brillante. Era una voz en el desierto, que preparaba el camino del Señor y enderezaba sus senderos.

Tú y yo también debemos ser una luz ardiente y brillante para aquellos que se encuentran en oscuridad y en la sombra de muerte. También nosotros decimos a los pecadores que se preparen para el camino del Señor, y enderecen y hagan todo camino recto. Si las riquezas son un obstáculo, échalas a un lado. Si el amor a los deportes, el amor a un hombre o a una mujer, el amor a la familia, o el amor a las alabanzas de los hombres se interponen en el camino, debemos hacerlos a un lado y darle a Dios el lugar que le corresponde en nuestras vidas.

La primera vez que Jesús vino, fue como un inofensivo cordero de sacrificio. La segunda vez que venga, vendrá como un león rugiente para juzgar a este mundo con justicia. La dieta de Juan era langostas y miel silvestre. Nuestro mensaje debe ser la plaga de la ley de Moisés y la dulce miel del evangelio. Solo cuando los pecadores vean su terrible peligro, clamarán por la misericordia de Dios.

BÚSQUEDA DEL ALMA

¿Tiene Dios su lugar legítimo en mi vida hoy? ¿Hay algo que sea un obstáculo?

Padre, tú eres mi principal afecto. Tú me diste mi vida. Te la devuelvo.

Generación perversa

¡Ay, gente incrédula y perversa! ¿Hasta cuándo tendré que estar con ustedes y soportarlos? ¡Trae acá a tu hijo!
LUCAS 9:41

Jesús llamó a sus oyentes (y a toda su generación) infieles y pervertidos. Su testimonio era verdadero.

¿Alguna vez has mirado a este mundo sin fe y pervertido y te has preguntado por qué Dios nos tolera? Es porque Él es rico en misericordia y abundantemente paciente. Después de hablar del temible juicio de Dios sobre los hombres malvados, la Escritura dice: "para el Señor un día es como mil años, y mil años como un día. El Señor no se tarda para cumplir su promesa, como algunos piensan, sino que nos tiene paciencia y no quiere que ninguno se pierda, sino que todos se vuelvan a él" (2 Pedro 3:8-9).

Las palabras que Jesús dijo acerca de su generación son aplicables a esta generación. Vivimos en una generación incrédula, escéptica, sin fe y muy perversa que gustosamente tendrá fe en cualquiera cosa menos en la Palabra de Dios. Han torcido casi todo lo que es santo, correcto y justo, desde la institución del matrimonio hasta la música, la crianza de los hijos y la religión. Que Dios se apiade de ellos como lo hizo con nosotros.

BÚSQUEDA DEL ALMA

¿Oro por esta generación? Incluye una oración por tu generación perdida en tu próximo tiempo de quietud.

Padre, por favor, envía luz a la oscuridad de este mundo.

Preparar un pez

¿Qué te parece, Simón? Los reyes de la tierra, ¿de quiénes cobran los tributos o los impuestos? ¿De sus hijos, o de los extraños? Pedro le respondió: "De los extraños". Jesús le dijo: "Por lo tanto, los hijos quedan exentos de pagarlos. Sin embargo, para no ofenderlos, ve al lago, echa el anzuelo, y toma el primer pez que saques. Al abrirle la boca, hallarás una moneda. Tómala, y dásela a ellos por ti y por mí".

Mateo 17:25-27

Una vez que se establece el hecho de que Dios es sobrenatural y que Jesucristo es Dios en forma humana, no hay nada demasiado difícil para Él. Él hizo todas las escamas de ese pez. Él hizo su cerebro y sus pensamientos, y si Él puede hacer girar los corazones de los reyes, Él puede mover los pensamientos y las aletas de un pez.

El más ávido escéptico debe admitir que esta es una gran manera de hacer un punto. Si te crees Dios, ordena a un pez cualquiera de entre los miles de millones de peces del océano que se trague una moneda que alguien haya dejado caer en el fondo del océano. Luego haz que ese pez nade con la moneda en su estómago, encuentre el anzuelo que Pedro ha bajado al océano y muerda el cebo. ¿Imposible? Sí, a no ser que fueras el Dios Todopoderoso en forma humana.

Tener fe en Jesús abre la puerta a toda imposibilidad que la mente pueda imaginar.

BÚSQUEDA DEL ALMA

¿Pienso alguna vez profundamente en lo que leo en la Biblia? Medita en Salmos 1.

Padre, ayúdame a profundizar en tu maravillosa Palabra.

Dura sordera

Pongan mucha atención a estas palabras: El Hijo del Hombre será entregado a los poderes de este mundo.
LUCAS 9:44

A muchos nos cuesta digerir la información. La escuchamos, pero no la asimilamos. Estamos especialmente embotados cuando se trata de verdades espirituales: nuestro entendimiento parece oscurecido. Por eso, debemos hacer un esfuerzo especial para que el mensaje de la cruz sea realmente asimilado y orar por su comprensión.

Los discípulos se alegraron de todo lo que había hecho Jesús. No sabían lo que les esperaba. Las horas más oscuras estaban por llegar y arrojarían una sombra negra y maligna sobre esos días alegres de milagros. La cruz es el último oxímoron. Era el mal, pero el bien. Era la oscuridad más profunda, pero la luz más gloriosa.

Si dejamos que el amor expresado en esa cruz penetre profundamente en nuestros corazones, tendremos la luz del glorioso evangelio de Jesucristo cuando lleguen los días oscuros. Fue por nosotros que el Hijo del Hombre fue entregado en manos de los hombres, para que pudiéramos tener vida eterna. Tales pensamientos son luces de consuelo en nuestras horas más oscuras.

BÚSQUEDA DEL ALMA

¿Me lleva la luz gloriosa de la cruz a través de las horas oscuras? Recuerda una ocasión en la que hayas experimentado la gracia de Dios que nos sostiene en una circunstancia difícil.

Padre, ayúdame a aceptar con alegría las espinas.

Los niños son personas también

Cualquiera que reciba a un niño así en mi nombre, me recibe a mí; y cualquiera que me reciba a mí, recibe al que me envió. Porque el más insignificante entre todos ustedes, es el más grande de ustedes.

LUCAS 9:48

Es fácil olvidar que los niños son personas y deben ser tratados con respeto. Las palabras inadecuadas de un adulto han marcado a muchos pequeños de por vida. Los niños nunca olvidan. Para los cristianos, esto es aún más importante porque Jesús dijo que cuando recibimos a un niño en su nombre, lo recibimos a Él. Aunque esto pueda sonar extraño para el mundo, sabemos que Dios es el Creador de todas las cosas y eso incluye a los niños. Cuando honramos a un niño, honramos la obra de sus manos.

El reino de Dios es un misterio para este mundo. Nuestro principal mensaje, la predicación de la cruz, es una locura para ellos (1 Corintios 1:18). Si buscamos salvar nuestras vidas, las perderemos. Si nos hacemos pequeños a nuestros ojos, nos hacemos grandes a los ojos de Dios. En el reino de Dios, el camino hacia abajo es el camino hacia arriba. Y cuando recibimos a un niño pequeño en el nombre de Jesús, recibimos al Salvador.

BÚSQUEDA DEL ALMA

¿Quedé marcado de niño por las duras palabras de un adulto? ¿Soy respetuoso con los niños?

Padre, ayúdame a compartir tu amor y tu bondad con todos, incluyendo a los niños.

Pájaros de una pluma

*No se lo prohíban, porque el que no está contra nosotros,
está a favor de nosotros.*

Lucas 9:50

Es cierto que los pájaros de una pluma se juntan. Los gorriones no se juntan con las palomas. Tampoco los halcones con los colibríes. Se quedan con los que parecen y suenan como ellos.

Como seres humanos, tendemos a hacer algo parecido. Nos reunimos en nuestros pequeños rebaños y pensamos que estamos bien. Pero hay millones de personas que aman a Dios que tienen plumas diferentes y cantan una canción distinta a la tuya. A veces actúan, se visten y adoran de forma diferente. Sin embargo, Dios no mira a cada uno de nosotros a través de las puertas de una denominación particular. Él mira el corazón, y la Biblia dice que su fundamento es seguro, teniendo este sello, el Señor conoce a los que son suyos (2 Timoteo 2:19).

Por lo tanto, es prudente el no querer llamar al fuego del cielo para aquellos con los que no estamos de acuerdo sobre doctrinas no esenciales. En cambio, debemos amarlos y orar por ellos.

BÚSQUEDA DEL ALMA

¿Creo que estoy en lo cierto y miro con condescendencia a los que tienen creencias diferentes dentro del cuerpo de Cristo?

Padre, ayúdame a ver a los demás cristianos como tú los ves.

Hijos de ira

Ustedes no saben de qué espíritu son.
LUCAS 9:55

El contexto de esta reprimenda de Jesús fue la ocasión en que los discípulos vieron a aquellos con los que no estaban de acuerdo y quisieron llamar fuego del cielo y matarlos.

Jesús les dijo que ese espíritu era el espíritu maligno que obra en los hijos de la desobediencia. Antes de venir al Salvador, el diablo era nuestro padre, y estábamos cautivos de él para hacer su voluntad. Hacemos su voluntad cuando estamos amargados y enojados sin causa y cuando mentimos, robamos, matamos, cometemos adulterio, odio, lujuria, violamos y asesinamos.

Como cristianos, ahora tenemos la sabiduría de la Palabra, una conciencia tierna y el Espíritu Santo que mora en nosotros para refrenar el mal. Pero antes de ser salvos cuando las personas nos llevaban la contraria, actuábamos como niños malcriados que no pueden salirse con la suya. Con gusto llamábamos fuego del cielo como querían hacer los discípulos. Ese es el espíritu que actúa en el mundo. La ira en la carretera no se limita a la carretera: "Por lo tanto, hagan morir en ustedes todo lo que sea terrenal: inmoralidad sexual, impureza, pasiones desordenadas, malos deseos y avaricia. Eso es idolatría. Por cosas como éstas les sobreviene la ira de Dios a los desobedientes. También ustedes practicaron estas cosas en otro tiempo, cuando vivían en ellas" (Colosenses 3:5-7).

BÚSQUEDA DEL ALMA

¿Está el amor y la bondad en el centro de todo lo que hago?

Padre, haz que tu amor brille hoy a través de mí.

La misericordia fue grande

*Porque el Hijo del Hombre no ha venido a quitarle
la vida a nadie, sino a salvársela.*

Lucas 9:56

El libro de los Salmos pone gran énfasis en la misericordia de Dios. Aunque nuestro Creador es justo y santo y, por tanto, iracundo contra nuestros pecados, la Biblia dice que es rico en misericordia (Efesios 2:4).

La riqueza de esa misericordia se ve en la paciencia que tuvo Jesús con sus discípulos: su incredulidad, sus miedos, su sectarismo y sus intentos de mantener a los niños pequeños lejos de Él. Incluso su dura reprimenda a la hipocresía de los fariseos estaba revestida de misericordia. La justicia podría haberse desplegado con razón desde el cielo, pero la misericordia la retuvo.

La maravillosa misericordia que nos da vida se manifestó mejor para que todos la viéramos en la cruz cuando Cristo sufrió y murió por nuestros pecados. Porque el Hijo del Hombre no vino para destruir la vida de los hombres, sino para salvarlas. Su bondad y su misericordia no pueden separarse: "Dios mío, por tu gran misericordia, ¡Ten piedad de mí!; por tu infinita bondad, ¡borra mis rebeliones!" (Salmos 51:1).

BÚSQUEDA DEL ALMA

¿Es mi vida un faro en este mundo oscuro? ¿Qué puedo hacer para expresar la misericordia hacia los demás?

Padre, haz que la luz de tu misericordia brille a través de mí.

El gallo

Esta enseñanza no es mía, sino de aquel que me envió.
El que quiera hacer la voluntad de Dios, sabrá si la
enseñanza es de Dios, o si yo hablo por mi propia cuenta.
El que habla por su propia cuenta, busca su propia gloria;
pero el que busca la gloria del que lo envió, éste es verdadero,
y en él no hay injusticia.

JUAN 7:16-18

El viejo adagio es cierto: la prueba del pudín está en la degustación. "¡Prueben ustedes mismos la bondad del Señor!" (Salmos 34:8). Si alguien obedece el evangelio, descubrirá que las palabras que Jesús habló eran de Dios. Su doctrina no era suya sino de Aquel que lo envió. Dios estaba en Cristo, reconciliando al mundo con Él.

No estamos naturalmente inclinados a arrepentirnos y confiar en Jesús. Somos como cucarachas en la noche. Cuando se enciende una luz, corremos a escondernos. Por eso, la ley juega un tan importante papel para llevarnos al evangelio. El criminal solo saldrá de la oscuridad con las manos levantadas en señal de rendición si sabe que no tiene otra forma de escapar. La ley hace ese convencimiento. Nos permite comprender nuestro peligro: "Pero antes de que llegara la fe, éramos protegidos por la ley, guardados para la fe que después se revelaría".

BÚSQUEDA DEL ALMA

¿Utilizo la ley como lo hizo Jesús, para llevar el conocimiento del pecado a los pecadores? ¿Cómo puedo incorporar la ley en mi testimonio?

Padre, enséñame a "instruir a los pecadores en tu camino"
(Salmos 51:13).

Agosto

Infractores de la ley

*¿Acaso no les dio Moisés la ley, y ninguno de ustedes
la cumple? ¿Por qué procuran matarme?*
JUAN 7:19

Aquí está la raíz del error cometido por los líderes religiosos. A ellos se les había dado la ley de Moisés, violaban continuamente sus preceptos y, sin embargo, acusaban a Jesús de quebrantar la ley. Fueron aún más lejos y quisieron matarlo por su supuesta violación de la ley. Esta mala intención iba dirigida al Justo, el único ser humano que había guardado la ley perfectamente, en pensamiento, palabra y obra.

Cuando somos declarados culpables, podemos reaccionar con humildad y contrición, o actuar con orgullo y con ira. Jesús les acusó de haber infringido la ley y les preguntó por qué tenían el asesinato en su corazón. Esteban dijo palabras casi idénticas a los fariseos. Al hablar de lo que le hicieron a Jesús, dijo: "¿A qué profeta no persiguieron? Mataron a los que antes habían anunciado la venida del Justo, el mismo a quien ustedes entregaron y mataron. Ustedes, que recibieron la ley por medio de ángeles, no la obedecieron" (Hechos 7:52-53).

Entonces, lo mataron.

A pesar de estos dos precedentes extremos, nunca tengas miedo de llevar a un pecador a través de la ley moral. Si honran la ley y tienen un corazón honesto sobre su estado ante Dios, no solo te escucharán, sino que también entenderán el evangelio.

BÚSQUEDA DEL ALMA

¿Dudo en predicar contra el pecado por miedo a las consecuencias? Lleva tu miedo al Señor y pídele valor divino.

Padre, no permitas que tema a nada sino a ti.

Obra maravillosa

Hice una obra, ¡y todos se quedan asombrados! Por cierto, Moisés les dio la circuncisión (no porque sea de Moisés, sino de los padres), ¡y en el día de reposo ustedes circuncidan al hombre! Si para no quebrantar la ley de Moisés, el hombre es circuncidado en el día de reposo, ¿por qué ustedes se enojan conmigo por sanar completamente a un hombre en el día de reposo?

JUAN 7:21-23

Un sábado, Jesús enfureció a los líderes religiosos al sanar a un hombre que llevaba treinta y ocho años en la miseria. Esto fue algo maravilloso. Era un milagro divino y una expresión de amor y bondad. En lugar de verlo así, los líderes religiosos, supuestos representantes del Dios de Israel, acusaron de pecado al perfecto Hijo de Dios.

Si estás haciendo una buena obra para el Señor, puedes estar seguro de que esos mismos demonios acusadores te señalarán con el dedo, ya sea a través de la carne y la sangre o de los pensamientos negativos. Como los mosquitos chupasangre, se quedan esperando una oportunidad para envenenar.

Tu mejor repelente es vigilar, orar y abofetear a las plagas con la Palabra de Dios.

BÚSQUEDA DEL ALMA

¿He sido alguna vez perseguido por el nombre de Jesús? ¿Hago algo que pueda atraer el desprecio de este mundo?

Padre, hoy ayúdame a mantener mis ojos en ti.

Cómo juzgar

Sean justos en sus juicios, y no juzguen según las apariencias.
JUAN 7:24

Es normal que juzguemos por la apariencia, pero Dios mira el corazón. Cuando Samuel buscaba al próximo rey de Israel, quedó impresionado por uno de los hijos de Jesé. Escucha lo que Dios le dijo: "No te dejes llevar por su apariencia ni por su estatura, porque éste no es mi elegido. Yo soy el Señor, y veo más allá de lo que el hombre ve. El hombre mira lo que está delante de sus ojos, pero yo miro el corazón" (1 Samuel 16:7).

Como cristianos, debemos intentar ver el mundo con los ojos de Dios. Eso significa juzgar según las normas de la Palabra de Dios.

Uno de los versículos bíblicos más mal citados por los escépticos es: "No juzguen, y no serán juzgados" (Lucas 6:37). En el contexto, Jesús estaba diciendo que, como creyentes, no debemos juzgarnos los unos a los otros. Pero ciertamente somos libres de hacer juicios y, cuando lo hacemos, debemos juzgar según la justicia de Dios. Cada vez que escuchamos hablar de una violación, un asesinato, un robo, una mentira o cualquier otra transgresión y decimos que estas acciones son moralmente malas, estamos haciendo juicios legítimos.

BÚSQUEDA DEL ALMA

¿Soy alguna vez culpable de prejuzgar a las personas o de ser prejuicioso?

Padre, ayúdame a contenerme cuando tenga la tentación de prejuzgar a la gente.

El temor del Señor

A mí me conocen, y saben de dónde soy, y que no he venido por mi cuenta; pero el que me envió, a quien ustedes no conocen, es verdadero. Yo sí lo conozco, porque de él procedo, y él fue quien me envió.

JUAN 7:28-29

Las continuas acusaciones de los líderes religiosos no provenían de un deseo sincero de hacer la voluntad de Dios, sino que procedían de corazones malvados que odiaban la luz. Desde el momento en que Jesús abrió su boca, querían matarlo. El apóstol Pablo dijo a sus oyentes: "Ustedes, hermanos descendientes de Abrahán, y todos ustedes, los que honran a Dios, este mensaje de salvación ha sido enviado a nosotros. Los habitantes de Jerusalén y sus gobernantes no reconocieron a Jesús ni lo que dijeron los profetas, lo cual se lee en los días de reposo, pero dieron cumplimiento a esas palabras al condenar a Jesús" (Hechos 13:26-27).

El evangelio solo lo entienden los que temen a Dios. Hasta que el temor del Señor no nace en el corazón humano, las buenas noticias no tienen sentido. La ley produce este temor necesario, y es el temor lo que hace que la gente deje su pecado: "El amor verdadero perdona el pecado; el temor del Señor aparta del mal a los hombres" (Proverbios 16:6).

BÚSQUEDA DEL ALMA

¿Qué pruebas hay en mi vida de que temo al Señor?

Padre, que nunca deje de temblar cuando piense en tu santidad y tu poder.

Futuro conocido

Voy a estar con ustedes un poco más de tiempo, y luego volveré al que me envió. Ustedes me buscarán, pero no me hallarán; a donde yo voy a estar, ustedes no podrán venir.

JUAN 7:33-34

Dios nunca se deja confundir. Él nunca tiene un momento de ancianidad. Desde el segundo en que Jesús fue concebido en el vientre de María hasta que ascendió a los cielos, cada momento de su vida divina fue planeado por Dios. No le tomó desprevenido la traición de Judas Iscariote, ni la burla de los guardias de Herodes, ni los clavos romanos que atravesaron sus bondadosas manos y sus hermosos pies.

Jesús sabía lo que le depararía el futuro. Iría a la cruz, sufriría por el pecado del mundo, resucitaría después de tres días y ascendería a los cielos. Estaría con sus discípulos un poco más, y luego iría al Padre que le había enviado y se sentaría a la derecha de Dios. Esta era la morada inmediata de Dios Todopoderoso, donde ningún ser humano había estado ni podría ir sin ser consumido por la justa ira de su perfecta santidad.

BÚSQUEDA DEL ALMA

¿Anhelo el reino venidero? ¿Estará hoy en mis pensamientos?

Padre, gimo por la redención de mi cuerpo. Salva a los perdidos y ven pronto.

La sed requerida

Si alguno tiene sed, venga a mí y beba.
Del interior del que cree en mí, correrán ríos
de agua viva, como dice la Escritura.

JUAN 7:37-38

Si alguien tiene sed. Cualquiera. Negro, blanco, rico, pobre, feliz triste, sabio, necio. Quienquiera puede venir, pero con una condición: debe "tener sed". "Todos ustedes, los que tienen sed: Vengan a las aguas; y ustedes, los que no tienen dinero, vengan y compren, y coman. Vengan y compren vino y leche, sin que tengan que pagar con dinero" (Isaías 55:1).

Un pecador debe venir al Salvador con sed de justicia. Las riquezas no tendrán valor en el Día de la Ira, pero la justicia nos librará de la muerte (Proverbios 11:4).

Una de las propiedades de la sal es que crea sed. Jesús nos llamó "la sal de la tierra" (Mateo 5:13). Con la ayuda de Dios, podemos hacer que los pecadores amantes del pecado tengan un cambio de corazón y comiencen a tener sed de justicia. Todo lo que tenemos que hacer es lo que hizo Jesús cuando aconsejó al joven gobernante rico en Marcos 10: abrir la ley divina para mostrarles que sin justicia van a perecer en el día de la ira.

BÚSQUEDA DEL ALMA

¿Hago que los pecadores deseen la justicia que los librará de la ira de Dios?

Padre, ayúdame a ser la sal de la tierra.

Escrito con su dedo

Aquel de ustedes que esté sin pecado,
que le arroje la primera piedra.

JUAN 8:7

Estas maravillosas palabras se produjeron a raíz de la mujer sorprendida en adulterio. Los líderes religiosos pidieron su sangre, pero Jesús ignoró sus acusaciones. En su lugar, se inclinó y escribió con su dedo en la arena.

No sabemos lo que escribió, pero yo sugeriría que fue los Diez Mandamientos debido a lo que les sucedió a sus oyentes. Sus conciencias fueron golpeadas, y comenzaron a salir desde el más viejo hasta el más joven. Eso es lo que hace la ley. Acusa de pecado; hiere la conciencia humana. Trae el conocimiento del pecado y nos muestra que nuestros pecados personales son sumamente pecaminosos a los ojos de Dios. La ley es la piedra que Jesús dijo que caería sobre los pecadores impenitentes y los molería hasta hacerlos polvo. Cuando algo se hace polvo, se ha hecho un trabajo completo.

Parece que Jesús escribió los Mandamientos ese día. Después de todo, ¿qué más escribe Dios con su dedo? La Escritura dice que los Mandamientos fueron escritos en piedra con el dedo de Dios. Ahora estaban siendo escritos en arena para que pudieran ser fácilmente borrados por la gracia de Dios. En Cristo, nuestros pecados son fácilmente lavados.

BÚSQUEDA DEL ALMA

¿Me apresuro a lanzar piedras? ¿He olvidado lo que se me ha perdonado en Cristo?

Padre, no permitas que olvide nunca tu misericordia.

no peques más

Y, mujer, ¿dónde están todos? ¿Ya nadie te condena?
Tampoco yo te condeno. Vete, y no peques más.
JUAN 8:10-11

Vete y no peques más. Este es la esencia del arrepentimiento y este es el mensaje de la cruz que el mundo necesita escuchar.

"¡Límpiense las manos, pecadores! Y ustedes, los pusilánimes, ¡purifiquen su corazón! ¡Lloren, aflíjanse, hagan lamentos! ¡Conviertan su risa en llanto, y su alegría en tristeza! ¡Humíllense ante el Señor, y él los exaltará!" (Santiago 4:8-10).

Cuando nos arrepentimos de verdad y confiamos solo en Jesús, nuestros pecados son completamente perdonados. Nuestros corazones son purificados.

La Biblia dice que no hay condenación de parte de Dios para los que están en Cristo Jesús (Romanos 8:1-2). Y como evidencia de genuino arrepentimiento y fe en Jesús, por su gracia, ya no pecan más. Esto no significa que no caerán en el pecado, sino que significa que no se sumergirán en él. ¿Cómo podría esta mujer atrapada en el acto mismo del adulterio y estar tan cerca de una muerte terrible volver a cometer adulterio? Después de que se le mostrara tal misericordia, nunca. Y, ¿cómo podríamos volver al pecado después de ver la cruz? Tal pensamiento es repugnante.

BÚSQUEDA DEL ALMA

¿He visto realmente el increíble sacrificio que hizo Jesús en la cruz por mis pecados? ¿Puedo llevar la maravilla de ello conmigo diariamente y compartirla con los demás?

Padre, no permitas que vuelva a mirar al mundo.

La luz del mundo

Yo soy la luz del mundo; el que me sigue nunca andará en tinieblas, sino que tendrá la luz de la vida.

JUAN 8:12

La mujer adúltera había violado el séptimo mandamiento, y sintió que la ira de la ley reclamaba su sangre. Ella no podía justificarse. Era culpable y no tenía esperanza de salvación fuera de caer a los pies del Salvador.

Este es el camino de la salvación para los pecadores culpables. Nos damos cuenta de que nuestro pecado ha sido descubierto y de que la ley pide justicia con razón. Nuestras bocas callan (Romanos 3:19-20), y no podemos justificarnos. Así que, sin esperanza, caemos a los pies del Salvador, donde encontramos misericordia. Es en la oscuridad de la ley donde vemos la luz del Salvador.

Cuando Dios dio su ley, había oscuridad y tinieblas. "Ustedes no se han acercado a aquel monte que se podía tocar y que ardía en llamas, ni tampoco a la oscuridad, a las tinieblas y a la tempestad, ni al sonido de la trompeta, ni a la voz que hablaba, y que quienes la oyeron rogaban que no les hablara más" (Hebreos 12:18-19).

En la oscuridad de la ira de la ley vemos la luz del glorioso evangelio de Jesucristo. Y así comienza la nueva vida de los que siguen a Jesús, la Luz del mundo.

BÚSQUEDA DEL ALMA

¿He oído alguna vez el trueno de la ley exigiendo justicia por mi pecado? ¿He huido a la luz del Salvador?

Padre, ayúdame a permanecer hoy en la luz.

El nombramiento

Aunque yo doy testimonio acerca de mí mismo, mi testimonio es verdadero, porque sé de dónde he venido y a dónde voy; pero ustedes no saben de dónde vengo ni a dónde voy. Ustedes juzgan según criterios humanos; yo no juzgo a nadie. Y si acaso juzgo, mi juicio es verdadero; porque no soy sólo yo, sino el Padre, que me envió, y yo.

JUAN 8:14-16

A diferencia de Jesús, los escépticos no saben de dónde vienen ni a dónde van. No tienen ni idea de su origen, ni de su propósito, ni de dónde pasarán la eternidad. Algunos incluso dicen que no hay vida después de la muerte, como si tuvieran información privilegiada. Para el resto de los impíos (que son honestos), la muerte sigue siendo el último misterio.

Hace muchos años, el grupo de rock *Blood, Sweat & Tears* cantó una famosa canción en la que decían que estaban seguros de que no había cielo, pero oraban para que no hubiera infierno. Luego terminaban con la frase: "Pero... solo mi muerte lo dirá".

No tenemos que morir para conocer la verdad. Podemos conocerla a este lado de la muerte. Jesús dijo que, si realmente nos convertíamos en sus discípulos al permanecer en su Palabra, conoceríamos la verdad y la verdad nos haría libres (Juan 8:31-32).

BÚSQUEDA DEL ALMA

¿Conozco la verdad? ¿Qué palabras utilizaría para compartir la verdad con los demás?

Padre, pasa por alto mis debilidades y úsame para llevar la verdad de tu Palabra a los perdidos.

Testigos verdaderos y fieles

En la ley de ustedes está escrito que el testimonio de dos hombres es verdadero. Yo soy quien da testimonio de mí mismo, y el Padre, que me envió, da testimonio de mí.

JUAN 8:17-18

Un testigo es alguien que es llamado a declarar ante un tribunal sobre lo que ha visto y oído. Si te preocupa no tener el suficiente talento o elocuencia para ser testigo de Jesucristo, considera este pensamiento: lo último que quiere un juez en un juicio es que un testigo se ponga a hablar con elocuencia: "La fresca brisa parecía salpicar la piel de mi cálida frente como el fresco aroma de los granos de café brasileño en la oscura y tormentosa noche del crimen".

Probablemente te reprendería y te diría que mantuvieras tu testimonio simple. Cuando damos testimonio a otros de nuestra experiencia con Cristo, no necesitamos usar palabras impresionantes o ser particularmente elocuentes. Simplemente hablamos de lo que hemos visto y oído: "Así que, hermanos, cuando fui a ustedes para anunciarles el testimonio de Dios, no lo hice con palabras elocuentes ni sabias. Más bien, al estar entre ustedes me propuse no saber de ninguna otra cosa, sino de Jesucristo, y de éste crucificado […] para que la fe de ustedes no esté fundada en la sabiduría de los hombres, sino en el poder de Dios" (1 Corintios 2:1-5).

BÚSQUEDA DEL ALMA

¿Me he excusado de la tarea de evangelizar diciendo que no tengo talento? Determina dejar de poner esa excusa y llevar tus insuficiencias a Dios.

Padre, ayúdame a dejar a un lado toda excusa y a hacer lo que sé que debo hacer.

Jesús es Dios

Ustedes no me conocen a mí, ni tampoco conocen a mi Padre.
Si me conocieran a mí, también conocerían a mi Padre.

JUAN 8:19

Jesucristo es la representación exacta del Dios que creó cada átomo del universo. Cuando limpió el templo de los cambiadores de monedas, estaba expresando el odio de Dios a la hipocresía. Cuando caminó sobre el agua y calmó la tormenta, estaba revelando la soberanía de Dios sobre su creación. Cuando resucitó personas de entre los muertos, nos mostraba el poder de Dios sobre la tumba. Cuando lloró junto a la tumba de Lázaro (cuatro días de muerto) y derramó lágrimas sobre Jerusalén, estaba expresando el corazón compasivo de su Padre:

> Él es la imagen del Dios invisible, el primogénito de toda la creación. En él fue creado todo lo que hay en los cielos y en la tierra, todo lo visible y lo invisible; tronos, poderes, principados, o autoridades, todo fue creado por medio de él y para él. (Colosenses 1:15-16)

BÚSQUEDA DEL ALMA

¿Exalto correctamente a Jesús en mi teología?

Padre, honro a Jesús como te honro a ti, según tu Palabra (Juan 5:23).

Morir al pecado

Yo me voy, y ustedes me buscarán; pero en su pecado morirán. A donde yo voy, ustedes no pueden venir.
JUAN 8:21

Más vale perder los dos ojos que morir en el pecado. Mejor perder un brazo o una pierna que morir sin el perdón de Dios en Cristo, porque significa que serás condenado sin poder salir del infierno. Significa que estarás ante el Juez del universo y darás cuenta de cada palabra ociosa que hayas dicho. Responderás por cada pensamiento pecaminoso que hayas tenido, por cada acto malvado que hayas hecho, por cada falta de agradecimiento y por cada bendición que Dios haya derramado sobre ti.

Además, cada palabra pronunciada con ira injusta será una prueba de tu culpabilidad. Por favor, no te entretengas con el pecado ni un segundo porque exige un pago por el placer que te proporciona. El pago es tu alma eterna, tu posesión más preciada: "Por tanto, si tu ojo derecho te hace caer en pecado, sácatelo y deshazte de él; es mejor que se pierda uno de tus miembros, y no que todo tu cuerpo sea echado al infierno" (Mateo 5:29).

BÚSQUEDA DEL ALMA

¿He contemplado el costo de mi pecado? ¿Guardo mi corazón con toda diligencia?

Padre, haz que mi temor a ti sea real hoy. Ayúdame a dar por muerto el pecado.

Dos reinos

Ustedes son de aquí abajo; yo soy de allá arriba. Ustedes son de este mundo; yo no soy de este mundo. Por eso les dije que morirán en sus pecados; porque si ustedes no creen que yo soy, en sus pecados morirán.

JUAN 8:23-24

Solo hay dos reinos. O estamos en el reino de las tinieblas o estamos en el reino de la luz. Hasta que lleguemos al Salvador, nacemos de abajo. Somos hijos del reino de las tinieblas. Hijos de la ira. Hijos de la desobediencia. Y si somos amigos de este mundo, somos enemigos de Dios (Romanos 5:10).

Cuando el amor de Dios vino como un rayo de luz rompiendo las nubes oscuras, fuimos trasladados del reino de las tinieblas al reino de la luz. Ahora hemos nacido de arriba. No somos de este mundo. Ya no somos enemigos de Dios. Tenemos la sonrisa divina. No pensamos como este mundo, no hablamos ni actuamos como este mundo, y no pereceremos como este mundo. Todo esto se debe a la gracia del Dios Todopoderoso.

Gracias a la cruz no moriremos en nuestros pecados. Dios, que no puede mentir, nos ha prometido la vida eterna.

BÚSQUEDA DEL ALMA

Hoy pensaré como el hijo del Rey. Este mundo no es mi hogar.

Padre, condúceme y guíame hoy según tu promesa.

El amor duradero

> *Lo que desde el principio les he dicho. Mucho es lo que tengo que decir y juzgar de ustedes. Pero el que me envió es verdadero; y yo le digo al mundo lo que de él sé.*
>
> JUAN 8:25-26

La encarnación fue un misterio. Dios Todopoderoso, que llena el universo con su presencia, se limitó al cuerpo de un pequeño bebé en un pesebre común en la pequeña ciudad de Belén. A medida que Jesús crecía, la Biblia dice que crecía en conocimiento. A medida que leía las Escrituras y escuchaba al Padre, su verdadera identidad debió de ir surgiendo poco a poco. ¡Qué pensamiento tan sobrecogedor!

Realmente no sabemos si Él sabía de su sufrimiento venidero por el estudio de las Escrituras o si Dios le habló directamente. En cualquier caso, Jesús sabía que había nacido con el propósito de sufrir.

Era el Cordero de Dios cuya sangre tenía que ser derramada por el pecado del mundo. No debemos olvidar ni por un momento ese impresionante sacrificio. Porque al recordarlo, se nos recordará cuánto nos ama Dios, y nos ayudará a soportar nuestras pruebas diarias y el odio de este mundo: "Por lo tanto, consideren a aquel que sufrió tanta contradicción de parte de los pecadores, para que no se cansen ni se desanimen" (Hebreos 12:3).

BÚSQUEDA DEL ALMA

Si alguna vez se cansa mi alma, puede ser porque no estoy considerando el sufrimiento de mi Salvador.

Padre, mantén mi mente en Jesús hoy.

La revelación de la cruz

Cuando ustedes hayan levantado al Hijo del Hombre, sabrán entonces que yo soy, y que nada hago por mí mismo, sino que hablo según lo que el Padre me enseñó. Porque el que me envió está conmigo, y no me ha dejado solo, porque yo hago siempre lo que a él le agrada.

JUAN 8:28-29

Las multitudes se reunieron para ver el agonizante espectáculo de Jesús de Nazaret siendo clavado en la cruz. Fueron testigos del horror de ver y oír cómo le clavaban los clavos en las manos y los pies. Vieron la sangre que salía de sus heridas abiertas. Mientras moría, fueron testigos de un gran terremoto. Incluso el centurión confesó que Jesús de Nazaret era realmente el Hijo de Dios.

Sin duda, el centurión no fue el único que presenció cómo el Hijo del Hombre era levantado en esa cruz y de repente se dio cuenta de que era quien decía ser: el Mesías.

Debemos describir esa escena oscura a los pecadores. Hemos de reunirlos para que contemplen el espectáculo de la cruz y que la misma comprensión caiga sobre ellos cuando el Espíritu Santo abra los ojos de su entendimiento de lo que realmente ocurrió hace dos mil años.

Nuestra gran esperanza es que susurren: "Verdaderamente éste era el Hijo de Dios".

BÚSQUEDA DEL ALMA

Que me dé cuenta de que hoy es una oportunidad para llegar a los pecadores con el mensaje de la vida eterna.

Padre, por favor, dame hoy a alguien que me escuche.

Comida diaria

*Si ustedes permanecen en mi palabra, serán
verdaderamente mis discípulos; y conocerán
la verdad, y la verdad los hará libres.*

JUAN 8:31-32

A menudo pregunto a los cristianos que conozco si están leyendo la Palabra diariamente. La respuesta más común es que "lo intentan". Entonces les pregunto si intentan desayunar cada mañana. ¿Tratan de almorzar y luego tratan de cenar? Por supuesto que no. La comida es tan prioritaria que no intentan comer; simplemente comen.

Al enemigo no le importa que comamos diez veces al día, pero luchará con uñas y dientes para impedir que nos alimentemos de la Palabra diariamente. Él sabe que la Palabra de Dios nos nutre, nos fortalece y nos hace crecer en Cristo.

La Biblia dice de Job que estimaba las palabras de la boca de Dios más que su alimento necesario (Job 23:12). Así deberíamos ser tú y yo con nuestra lectura de la Biblia. Necesitamos leerla diariamente. Sin Biblia, no hay desayuno. Si no se lee, no se alimenta. Estimamos la Palabra de Dios más que el alimento necesario. Esto es lo que un discípulo es, y esto es lo que un discípulo hace. Permanecemos en la Palabra. El fruto de tal disciplina es el conocimiento de la verdad que nos hace libres.

BÚSQUEDA DEL ALMA

¿He sido perezoso a la hora de alimentarme de la Palabra diariamente? ¿Cómo puedo cambiar mi horario para hacer tiempo para las devociones?

Padre, ayúdame a estimar tu Palabra más que mi comida necesaria.

El compañero del pecado

De cierto, de cierto les digo, que todo aquel que comete pecado, esclavo es del pecado. Y el esclavo no se queda en la casa para siempre; el hijo sí se queda para siempre. Así que, si el Hijo los liberta, serán verdaderamente libres.

JUAN 8:34-36

Jesús utiliza a menudo la frase "de cierto, de cierto". Como hemos visto, esta es la urgencia que debemos transmitir cada vez que hablamos con los perdidos. La verdad que compartimos es totalmente reveladora, y lo que Jesús está diciendo aquí nunca podría ser sobre enfatizada. Con toda seguridad, si servimos al pecado, somos su esclavo.

Como hijo o hija del Dios vivo, no eres esclavo del pecado. En el momento en que viniste a Cristo, tus cadenas cayeron. Jesús las abrió para que pudieras ser libre de su poder. Recuerda siempre: el pecado está casado con la muerte. No puedes tener uno sin el otro. La Biblia habla de la ley del pecado y de la muerte. Si estamos casados con el pecado, estaremos casados con la helada compañera de cama, la muerte.

Nunca dejes que el pecado te engañe. Nunca permitas que sus encantos atraigan tus ojos o que sus susurros atraigan tus oídos. Sé sordo y ciego a sus seducciones. La única manera de hacerlo es caminar en el temor del Señor. Cultívalo. Lee y cree en la revelación bíblica del carácter santo de Dios y deja que te estremezca.

BÚSQUEDA DEL ALMA

Hoy meditaré en la santidad de Dios.

Padre, este día ayúdame a verte como realmente eres.

Su verdadera identidad

Yo sé que ustedes son descendientes de Abrahán; pero intentan matarme porque mi palabra no halla cabida en ustedes. Yo hablo de lo que he visto con el Padre, pero ustedes hacen lo que han oído de parte de su padre.

Juan 8:37-38

En los siguientes versículos, Jesús utilizó las palabras "su padre" cuatro veces. Al principio no les dijo quién era su padre. Ellos asumieron que Dios era su padre porque eran descendientes de Abraham. Sin embargo, cuando no aceptaron las palabras que Jesús dijo, demostraron ser hijos del diablo.

Millones de personas en todo el mundo asumen que Dios es su Padre y que ellos son sus hijos, pero cuando finalmente ven su propio pecado, de repente Dios se vuelve distante mientras se escucha el trueno de su ira contra el pecado.

Cuando el mundo practica su religión, supone que está haciendo la voluntad de Dios, pero el apóstol Pablo dice lo contrario: "Lo que quiero decir es que los animales que ofrecen los no judíos, se ofrecen a los demonios, y no a Dios; y yo no quiero que ustedes tengan algo que ver con los demonios" (1 Corintios 10:20).

Si hubiesen estado sirviendo a Dios, hubiesen aceptado a Jesucristo como su Mesías. Él fue la prueba de fuego de su espiritualidad.

BÚSQUEDA DEL ALMA

Que nunca sea arrogante en mi camino con Dios. Que nunca sea excesivamente familiarizado con Él ni dé nada por sentado.

Padre, dame la sabiduría que necesito para razonar con los que no te conocen.

Un ojo en la eternidad

Si fueran hijos de Abrahán, harían las obras de Abrahán. Pero ahora intentan matarme; a mí, que les he dicho la verdad, la cual he escuchado de Dios. Esto no lo hizo Abrahán. Ustedes hacen las obras de su padre.

JUAN 8:39-41

Una vez más, Jesús hace referencia a su padre sin revelar su identidad. Sin duda pensaron que Jesús se refería al Dios de sus antepasados. Pero si Dios era su padre, y ellos caminaban realmente en los pasos de su padre Abrahán, no habrían tenido pensamientos de asesinato. Trataron de matar a Jesús por decir simplemente que había oído al Dios que ellos profesaban amar.

La afirmación "Esto no lo hizo Abrahán" fue quizás una referencia a la teofanía que Abrahán experimentó en Génesis 18. Abrahán se apresuró a mostrar su amor y hospitalidad a los extraños que acudieron a él. Si estas personas hubieran sido la descendencia de Abrahán, habrían tratado a Jesús con respeto.

Abrahán tenía los ojos puestos en la eternidad. Vio a Aquel que es invisible. Charles Spurgeon dijo: "¿Podemos vivir a través de este lapso transitorio de tiempo y nunca recordar que tenemos que vivir para siempre?".[10]

BÚSQUEDA DEL ALMA

¿Camino por los pasos de Abrahán? ¿Está mi fe enteramente en Dios hoy y mi mirada en la eternidad?

Padre, confío en ti con todo mi corazón porque eres fiel.

El futuro

*Si su padre fuera Dios, ciertamente me amarían; porque yo
he salido y he venido de Dios. No he venido por mi propia
cuenta, sino que él me envió. ¿Por qué no entienden mi
lenguaje? Pues porque no pueden escuchar mi palabra.*

JUAN 8:42-43

Jesús reiteró sus palabras porque los líderes religiosos eran duros
para oír. Si Dios fuera realmente su Padre, habrían abrazado a Jesús
porque procedía de Dios. Él no hablaba sus propias palabras; Él
habló las palabras del Padre. Él había sido enviado como luz del
cielo por el Dios Todopoderoso que "ha dado a su Hijo unigénito,
para que todo aquel que en él cree no se pierda, sino que tenga vida
eterna (Juan 3:16). Sin embargo, no entendieron porque no mezcla-
ron sus palabras con la fe. El pecado nos hace incapaz de escuchar
a Dios. Nos ensordece, nos ciega, nos engaña y nos desilusiona.

Los que deliberadamente endurecen sus lomos en incredulidad, cierran sus oídos a las palabras de vida eterna, no son
capaces de escuchar debido a su obstinado orgullo y su amor
por el pecado. ¡Oh, cómo debería romperse nuestro corazón por
esas personas insensatas! ¡Son tantos! ¿Qué les depara el futuro si
no llegan a la fe salvadora? La muerte sin confianza en Cristo es
aterradora, porque el infierno espera.

BÚSQUEDA DEL ALMA

¿Se me rompe el corazón por quienes no son salvos? ¿El amor
supera mis temores y me impulsa a acercarme a ellos? Hoy me
propongo salir de mi zona de comodidad y compartir las buenas
noticias con alguien.

Padre, ayúdame a hacer algo hoy para alcanzar a los que no son salvos.

La verdad en amor

Ustedes son de su padre el diablo, y quieren cumplir con los deseos de su padre, quien desde el principio ha sido un homicida. No se mantiene en la verdad, porque no hay verdad en él. Cuando habla mentira, habla de lo que le es propio; porque es mentiroso y padre de la mentira.

JUAN 8:44

Si no quieres ganar un concurso de popularidad, dile a los que creen que sirven a Dios que están sirviendo al diablo. Diles que Dios no es su padre y que en realidad son hijos de desobediencia.

Hay una manera de hacer que esas palabras desagradables sean aceptables sin duda. Los líderes religiosos tenían la ley moral y, como hemos visto, la habían anulado por la incredulidad y la tradición. Seguramente, aquellos a los que nos dirigimos no sean culpables de esto. Cuando llevas a la gente a través de los mandamientos, sus conciencias pueden ser tiernas y sus corazones humildes. Cuando mostramos a los pecadores que la lujuria es adulterio y el odio es asesinato a los ojos de Dios y que todos los mentirosos acabarán en el lago de fuego, el pensamiento de que Dios no es su Padre mimado será más creíble. En lugar de ser su amigo, es su enemigo. Tales pensamientos los preparará para la revelación de su amor mostrado en la cruz.

BÚSQUEDA DEL ALMA

¿La idea de hablar del pecado a los perdidos me hace sentir incómodo? ¿Por qué?

Padre, ayúdame a decir siempre la verdad con amor.

Salvador sin pecado

Pero a mí, que digo la verdad, no me creen.
¿Quién de ustedes puede acusarme de haber pecado?
Y si digo la verdad, ¿por qué no me creen? El que es de Dios,
escucha las palabras de Dios; pero ustedes no las escuchan,
porque no son de Dios.

JUAN 8:45-47

Mientras que el mundo no tendría ningún problema en acusarnos a ti y a mí de ser pecadores, nunca podremos hacerlo con Jesús. Él estaba limpísimo. No tenía pecado y caminaba en perfecta justicia. Ni el mundo ni la ley podían acusarlo.

Si le preguntaras a un escéptico si Jesús alguna vez hizo algo malo, probablemente señalaría con el dedo su ira cuando expulsó a los compradores y vendedores del templo. Pero ¿quién no puede regocijarse al pensar en que Dios eliminó a los evangelistas de su época? Si Él no estuviera enojado con el mal, no sería bueno. La ira contra el mal es una prueba de la bondad de Dios.

El mundo se queja a menudo de la hipocresía, pero no podemos acusar a Jesús de ese pecado. Ninguno de sus acusadores pudo encontrarle defectos, así que, ¿por qué no creyeron en sus palabras? Una vez más, Jesús puso el dedo en la llaga. Ellos no eran de Dios. Eran hijos del diablo, y eran sus obras las que estaban haciendo.

BÚSQUEDA DEL ALMA

¿He experimentado alguna vez una ira justa? ¿Alguna vez me he enfadado por el mal?

Padre, hazme más parecido a Jesús.

La fuente de la vida

Demonio no tengo. Yo lo que hago es honrar a mi Padre, pero ustedes me deshonran. Y yo no busco mi gloria. Pero hay uno que la busca, y que juzga. De cierto, de cierto les digo que, el que obedece mi palabra, nunca verá la muerte.

JUAN 8:49-51

Jesús dijo que cualquiera que obedezca lo que Él dice nunca verá la muerte. Esto equivale a que un hombre diga que se va a meter el sol del mediodía en el bolsillo. Parece una locura. Todo el mundo ve la muerte.

Cuando los pecadores nacen del Espíritu, la fuente de vida eterna entra en ellos, y la presencia de la vida eterna vence a la muerte de la misma manera que la luz vence a la oscuridad. Este conocimiento debería darnos una pasión por compartir el evangelio:

> Y cuando esto, que es corruptible, se haya vestido de incorrupción, y esto, que es mortal, se haya vestido de inmortalidad, entonces se cumplirá la palabra escrita: "Devorada será la muerte por la victoria". ¿Dónde está, oh muerte, tu aguijón? ¿Dónde, oh sepulcro, tu victoria? Porque el pecado es el aguijón de la muerte, y la ley es la que da poder al pecado. ¡Pero gracias sean dadas a Dios, de que nos da la victoria por medio de nuestro Señor Jesucristo! (1 Corintios 15:54-57)

BÚSQUEDA DEL ALMA

¿Qué puedo hacer para recordarme a mí mismo que debo pensar todo el tiempo en el milagro de la vida eterna?

Padre, no permitas que olvide ni por un momento de tu inefable regalo.

El honor de Dios

*Si yo me glorifico a mí mismo, mi gloria nada es; pero el
que me glorifica es mi Padre, el que ustedes dicen que es su
Dios. Ustedes no lo conocen, pero yo sí lo conozco. Y si yo
dijera que no lo conozco, sería un mentiroso como ustedes.
Pero lo conozco, y obedezco su palabra. Abrahán, el padre de
ustedes, se alegró al saber que vería mi día. Y lo vio, y se alegró.*

JUAN 8:54-56

El mundo busca el honor del mundo. Desde los deportes hasta la
política y los negocios, y en casi todas las interacciones humanas,
buscamos la alabanza del hombre. Nos vestimos, hablamos y actuamos para impresionar a los demás. Cuando venimos a Cristo, nuestro mayor deseo es buscar la alabanza que viene de Dios en todas las
cosas. Le honramos en nuestros pensamientos, en nuestra forma de
vestir y en nuestros deseos. Decimos con el salmista: "Sean gratos los
dichos de mi boca y la meditación de mi corazón delante de ti, oh
Jehová, roca mía y redentor mío" (Salmos 19:14 RVR1960).

Tal vez la manera más grande de honrar a Dios sea dirigir al
mundo al evangelio de Jesucristo. Es en la cruz donde se honra
más a Dios. Es allí donde vemos su justicia revelada de fe a fe, y
su gran amor se muestra al mundo entero. Qué honor será que
Dios mismo diga al obrero fiel: "Bien hecho, mi buen siervo fiel"
(Mateo 25:23 NTV).

BÚSQUEDA DEL ALMA

¿Hay áreas en mi vida en las que todavía busco el honor de
los hombres?

Padre, que busque el honor que viene solo de ti.

Clamar al nombre

De cierto, de cierto les digo: Antes de que Abrahán fuera, yo soy.
JUAN 8:58

De todas las afirmaciones impresionantes y fantásticas hechas por Jesús de Nazaret, esta podría ser la más importante. Él hizo otras afirmaciones asombrosas e increíbles, y declaró que Él era el único camino a Dios: nadie podía llegar al Padre sin Él (Juan 14:6). También dijo que llegaría el día en que los muertos que están en sus tumbas escucharían su voz y serían resucitados de entre los muertos para comparecer ante Él en el juicio. Él dijo que Él era la resurrección y la vida, y que era preexistente y que había bajado del cielo para hacer la voluntad de Dios.

Pero aquí afirma ser el mismo YO SOY que se reveló a Moisés en la zarza ardiente. Cuando Moisés le preguntó a Dios por su nombre, Él respondió: "YO SOY".

Y Dios le dijo a Moisés: "YO SOY EL QUE SOY". Y añadió: "Así dirás a los hijos de Israel: 'YO SOY' me ha enviado a ustedes" (Éxodo 3:14).

Ese nombre nos dice que Él está siempre presente en el tiempo y que Él es el mismo ayer, hoy y por siempre. Aquí Jesús dijo que era antes de que Abrahán existiera, Él era eternamente presente. Él era el Dios Todopoderoso.

BÚSQUEDA DEL ALMA

¿Cómo reacciono cuando oigo que el nombre de Jesús se utiliza con blasfemia?

Padre, que nunca deshonre tu santo nombre.

Los juicios de Dios

> No pecó él, ni tampoco sus padres. Más bien, fue para que
> las obras de Dios se manifiesten en él. Mientras sea de día,
> nos es necesario hacer las obras del que me envió;
> viene la noche, cuando nadie puede trabajar. Mientras
> que estoy en el mundo, soy la luz del mundo.
>
> JUAN 9:3-5

Qué rápidos somos para juzgar a los demás y concluir que están bajo el juicio de Dios o, al menos, que han perdido su favor.

Por ejemplo, cuando alguien es alcanzado por un rayo, sería fácil decir que Dios lo estaba juzgando. Después de todo, sabemos que Dios está a cargo de la electricidad. Sin embargo, solo unas veintisiete personas mueren cada año en los Estados Unidos por la caída de un rayo. Si Dios está juzgando a la gente con los rayos, no está golpeando a tantos como lo hizo en la década de los cuarenta, cuando 432 personas murieron por un rayo. El descenso de las cifras se atribuye a la educación, en particular a la frase: "Cuando el trueno ruge, ¡váyase adentro!".

Aunque el hombre y sus padres en esta historia eran pecadores, su ceguera no tenía nada que ver con su estado moral ante Dios; más bien, Jesús dijo que era una oportunidad para que la obra de Dios se revelara en él. Y así fue. Abrió los ojos de un ciego de nacimiento, y seguimos hablando de ello dos mil años después.

BÚSQUEDA DEL ALMA

¿Me apresuro a hacer juicios sobre lo que puede ser o no juicios de Dios?

Padre, recuérdame poner las manos sobre la boca cuando no esté seguro de los hechos.

Regresar viendo

Ve a lavarte en el estanque de Siloé (que significa "Enviado").
JUAN 9:7

Este ciego se dirigió a tientas al estanque de Siloé y se lavó. Fue un acto de fe y obediencia. Sin duda se había lavado mil veces antes, pero esta vez era diferente. Jesús le había dicho que fuera a lavarse.

¡Y regresó viendo!

Tenemos un mensaje similar para este mundo ciego que va dando tumbos por la vida. Cuando Pablo se dirigió a sus oyentes en Atenas, dijo: "a fin de que busquen a Dios, y puedan encontrarlo, aunque sea a tientas. Pero lo cierto es que él no está lejos de cada uno de nosotros, porque en él vivimos, y nos movemos, y somos. Ya algunos poetas entre ustedes lo han dicho: 'Porque somos linaje suyo'" (Hechos 17:27-28).

Tenemos que decirles a los ciegos espirituales que, si acuden a la Luz del mundo, Él les abrirá los ojos del entendimiento. Aunque el evangelio es una buena noticia, no es efectivo para los pecadores sin fe y obediencia. Deben ejercer el arrepentimiento dado por Dios y poner su confianza solo en Jesucristo como Señor y Salvador. El evangelio está respaldado por el poder de Dios, y todos los que vayan a Él recibirán su vista.

BÚSQUEDA DEL ALMA

¿Es esta mi experiencia? ¿Regresé viendo cuando obedecí las palabras de Jesús? ¿A qué estaba ciego antes?

Padre, gracias por abrir mis ojos ciegos.

Otro milagro

¿Crees tú en el Hijo Dios?... Pues ya lo has visto,
y es el que habla contigo".
JUAN 9:35-37

¿Crees en el Hijo de Dios? Esa es quizás la pregunta más importante que nos harán a usted y a mí.

Lamentablemente, muchos en el mundo no entienden lo que significa creer en Jesús. Cuando la Biblia habla de esto, no significa creer en Él intelectualmente como una figura histórica o incluso como un gran maestro religioso. Cuando la Biblia habla de "creer" en Él, significa una confianza implícita en Él como nuestro portador del pecado. Confiamos solo en Él para nuestra salvación eterna.

A este ciego se le abrieron los ojos al mundo físico. Por primera vez en su vida, vio una luz asombrosa, hermosos colores, la inmensidad de los cielos y rostros humanos que acompañaban a las voces familiares. Sin embargo, necesitaba algo más que la vista física; necesitaba otro milagro. Necesitaba ver su desesperada necesidad de la misericordia de Dios. Cuando esa revelación llega al ojo humano, vemos claramente por primera vez.

BÚSQUEDA DEL ALMA

¿Veo espiritualmente? ¿Se ha iluminado mi entendimiento? ¿Puedo decir realmente: "Antes era ciego, pero ahora veo"?

Padre, ayúdame hoy a ver tu mano en todo.

Orgullo ciego

Yo he venido a este mundo para juicio; para que vean los que no ven, y para que los que ven se queden ciegos.

JUAN 9:39

Jesús a menudo hablaba en acertijos, por lo que algunas de las cosas que decía eran difíciles de entender. Aquellos corazones orgullosos que se deleitan en encontrar contradicciones las encontrarán aquí.

Jesús había dicho que no había venido a juzgar al mundo, y aun así aquí habla de venir al mundo para juzgarlo. Sin embargo, aquí Jesús está hablando de un juicio especial que viene a aquellos que están endurecidos en sus pecados. Romanos 1 habla de que Dios entregó a estas personas a una mente reprobada. El apóstol Pablo habló más tarde de que Dios envió un fuerte engaño porque prefirieron creer una mentira en lugar de abrazar la verdad (2 Tesalonicenses 2:11).

Charles Spurgeon dijo: "Todos somos ciegos y pobres por naturaleza. Es cierto que nos consideramos capaces de ver; pero esto no es más que una fase de nuestra ceguera. Nuestra ceguera es de tal naturaleza que nos hace pensar que nuestra visión es perfecta; mientras que, cuando somos iluminados por el Espíritu Santo, descubrimos que nuestra visión anterior era realmente una ceguera".[11]

BÚSQUEDA DEL ALMA

¿Pido regularmente a Dios que me guarde del orgullo ciego? ¿Soy sensible a la convicción del Espíritu en este ámbito?

Padre, hoy me humillo. Ayúdame a caminar en la verdad.

Muchas tribulaciones

Las zorras tienen guaridas, y las aves de los cielos tienen nidos, pero el Hijo del Hombre no tiene dónde recostar su cabeza.

Lucas 9:58

Este versículo se opone a los predicadores de la prosperidad. Jesús estaba diciendo que, aunque los animales tenían un lugar para pasar la noche, Él no tenía un lugar para recostar su cabeza.

Aunque la promesa es que Dios suplirá todas nuestras necesidades conforme a sus riquezas en gloria, no se nos garantiza un lecho de rosas. Más bien, existe la promesa de muchas espinas para el cristiano. Entramos en el reino de Dios a través de muchas tribulaciones. La vida para nosotros es a menudo una prueba tras otra. Pero mira estas maravillosas promesas: "Dichoso el que hace frente a la tentación; porque, pasada la prueba, se hace acreedor a la corona de vida, la cual Dios ha prometido dar a quienes lo aman" (Santiago 1:12).

Además, cuando no tenemos dónde recostar la cabeza o no tenemos comida en la mesa o gasolina para el automóvil, sabemos que Dios dispone todas las cosas para nuestro bien, porque lo amamos y Él nos llama de acuerdo a su propósito (Romanos 8:28). Está en su voluntad permisiva que Él permite que la tribulación venga a nosotros, porque Él tiene el resultado final en mente.

BÚSQUEDA DEL ALMA

¿Creo plenamente que Dios dispone todas las cosas para mi bien, y me regocijo en ese hecho? Recuerda las veces que Dios ha utilizado una circunstancia negativa para obtener un resultado positivo.

Padre, ayúdame a darte siempre las gracias por lo bueno y por lo que puede parecer malo en ese momento.

Septiembre

Sígueme

Sígueme.
Lucas 9:59

Hasta que no sigamos a Jesús, estaremos perdidos. No vamos a ninguna parte, presos firmemente en la celda del pecado y la muerte. Qué triste y deprimente estado de desesperación en el que nos encontramos hasta que Jesús abre la puerta de la prisión y dice: "Sígueme". Sin embargo, millones de personas eligen quedarse en la celda, sin entender lo que les espera. Elegir la muerte por encima de la vida y el infierno por encima del cielo es una locura. El primer segundo en el infierno traerá un remordimiento instantáneo.

Qué tristeza que el hombre al que Jesús le dijo estas palabras tuviera una excusa. Si hubiera seguido a Jesús durante la encarnación, habría entrado en la aventura más emocionante que cualquier ser humano podría tener. Si hubiera seguido a Jesús, habría visto sanar a los enfermos, dar vista a los ciegos y resucitar a la gente de entre los muertos. Habría tenido el privilegio y el honor de escuchar las palabras que cambian vidas de los labios del Hijo de Dios.

Hoy en día, millones tienen excusas para no seguir a Jesucristo. La conclusión es que la gente ama el pecado. Aman más las tinieblas que la luz, porque sus obras son malas, y no quieren venir a la luz para que sus obras no sean descubiertas (Juan 3:19-20).

BÚSQUEDA DEL ALMA

¿Cuándo comencé a seguir a Jesús? ¿Sigo siguiéndole diariamente con el mismo entusiasmo que al principio?

Padre, permíteme tener la aventura de servirte.

La prioridad del Padre

Deja que los muertos entierren a sus muertos.
Tú, ve y anuncia el reino de Dios.

Lucas 9:60

Aquí está el corazón del Salvador y el corazón de Dios. El evangelismo es la prioridad de Dios.

En esas desafiantes palabras, percibimos la urgencia de la proclamación del evangelio. Es el mensaje de la vida eterna para aquellos que no solo están sentados en la sombra de la muerte, sino que acabarán en el infierno si no se les perdonan sus pecados. Por eso debemos suplicar a los impíos que se reconcilien con Dios hoy. Solo Dios sabe cuántos planifican arrepentirse y confiar en el Salvador mañana, y solo Él sabe cuántos llegarán demasiado tarde.

Como cristianos tenemos una tremenda obligación moral de llegar a los perdidos. Por eso los apóstoles dijeron: "Porque nosotros no podemos dejar de hablar acerca de lo que hemos visto y oído" (Hechos 4:20). Somos como los médicos que tienen una cura para el cáncer. Parece que la mayor parte de la iglesia contemporánea se ha olvidado de la existencia del infierno porque están ocupados haciendo todo menos alcanzar a los perdidos. Oswald J. Smith dijo: "Oh, amigos míos, estamos cargados de innumerables actividades eclesiásticas mientras que la verdadera labor de la iglesia, la de evangelizar y ganar a los perdidos, se descuida casi por completo".

BÚSQUEDA DEL ALMA

¿Estoy ocupado haciendo todo menos alcanzar a los que no son salvos? Haga una lista de las actividades que consumen su tiempo. ¿Sería prudente un cambio de prioridades?

Padre, ayúdame a tener suficiente amor para alertar a los perdidos.

Examínate tú mismo

Nadie que mire hacia atrás, después de poner la mano en el arado, es apto para el reino de Dios.

LUCAS 9:62

¿Cómo podría alguien en su sano juicio seguir a Jesús y luego volver al mundo pecaminoso? ¿Quién, aparte de los locos, se arrancaría un paracaídas, sabiendo que debe saltar a diez mil pies?

La respuesta es obvia. Aquellos que comúnmente llamamos "apóstatas" no son seguidores de Jesús en absoluto. Ellos no reincidieron porque no se deslizaron hacia adelante en primer lugar. No solo miraron hacia atrás; volvieron al mundo. Estos son falsos conversos con corazones pedregosos y espinosos que se alejan en un tiempo de tentación, tribulación y persecución.

¿Cómo podemos asegurarnos de que nuestra fe es auténtica? La clave es asegurarse de que somos "aptos" para el reino de Dios. La palabra "apto" en el griego significa "listo para el uso". Tenemos que asegurarnos de que nos hemos arrepentido genuinamente sin ningún pecado oculto o secreto en nuestros corazones. Tales son los que tienen buena tierra, aquellos a los que la semilla del evangelio les cayó en un corazón honesto.

BÚSQUEDA DEL ALMA

¿Escondo pecados secretos y me engaño a mí mismo?

Padre, escudríñame hoy y mira si hay maldad en mi corazón y guíame por el camino eterno.

Oración especial

Ciertamente, es mucha la mies, pero son pocos los segadores.
Por tanto, pidan al Señor de la mies que envíe segadores
a cosechar la mies.

LUCAS 10:2

Es cierto que muchas manos hacen un trabajo ligero. Cuanta más ayuda tengamos, más fácil será la tarea. Solo pregúntale a cualquiera que se haya mudado de casa.

La tarea de llegar a los perdidos es desalentadora. Hay muchos no salvos que nunca han escuchado el evangelio bíblico.

El versículo anterior es una orden de Jesús para orar por obreros que entren en los campos de la cosecha. Él dijo que la cosecha es realmente grande. En otras palabras, hay multitudes que están muertas en sus pecados y pocos obreros para llevarles las palabras de vida.

Se nos dice que oremos por más obreros. Si no eres un obrero, no tendrás una preocupación por la salvación de otros. No te molestarás en orar por obreros, porque tu conciencia te condenará si lo haces. El enemigo entonces obtiene una doble victoria. No solo hay una escasez de obreros, sino que también hay una escasez de aquellos que estén orando por los obreros.

Por favor, cambie eso hoy pidiéndole a Dios que le dé el amor suficiente para llegar a los perdidos y que ore fervientemente por más obreros.

BÚSQUEDA DEL ALMA

¿Estoy orando por los obreros como se me ha ordenado? ¿Qué puedo hacer para recordármelo?

Padre, por favor, levanta obreros.

Los verdaderos conversos

Y ustedes, pónganse en camino. Pero tengan en cuenta que yo los envío como a corderos en medio de lobos.

Lucas 10:3

Uno de los grandes engaños del cristianismo contemporáneo es la creencia de que se puede vivir como el diablo y todavía tener la seguridad de la salvación. Algunos creen que pueden estar practicando el pecado, viviendo en adulterio, mintiendo, robando y blasfemando, y aun así ser salvos porque una vez entregaron sus corazones a Jesús.

La cuestión se resuelve cuando tenemos una comprensión bíblica de la verdadera y falsa conversión. Los verdaderos conversos viven en santidad. Ellos tienen "cosas mejores, que tienen que ver con la salvación" (Hebreos 6:9). Ellos son portadores de frutos, y son los que pueden (y deben) tener la seguridad de que son salvos: "Y a aquel que es poderoso para cuidar de que no caigan, y presentarlos intachables delante de su gloria con grande alegría (Judas 1:24); "Estoy persuadido de que el que comenzó en ustedes la buena obra, la perfeccionará hasta el día de Jesucristo" (Filipenses 1:6).

Jesús pudo enviar a sus corderos en medio de los lobos, porque estaban verdaderamente convertidos. Un verdadero converso, uno cuya semilla cayó en buena tierra, echará sus raíces profundamente cuando vengan las tribulaciones y las tentaciones, en lugar de alejarse de la fe. El calor del sol no mata a una planta sana; simplemente hace que envíe sus raíces a lo profundo de la tierra.

BÚSQUEDA DEL ALMA

¿Las pruebas me hacen más fuerte o más débil en mi fe?

Padre, que siempre sea sincero ante ti.

Nuestra prioridad

No lleven bolsa, ni alforjas, ni calzado;
ni se detengan en el camino a saludar a nadie.

Lucas 10:4

Nada debe distraernos de predicar el evangelio de la vida eterna a un mundo moribundo. Esta debe ser la prioridad número uno de la iglesia. Esta fue la prioridad de la iglesia primitiva en el libro de los Hechos.

Si el enemigo no puede desanimarnos, ciertamente tratará de distraernos, y muchas cosas pueden distraer a los cristianos de alcanzar a los perdidos.

Podríamos dedicarnos a la profecía fascinante, a la herme-néutica, a la adoración, al estudio bíblico y a un millón de otras actividades legítimas y dignas de alabanza. Sin embargo, alguien dijo una vez que no hay nada malo en enderezar los muebles de la casa, pero no mientras la casa está en llamas. Estas activida-des piadosas son maravillosas, pero nunca debemos hacerlas en detrimento de alcanzar a los perdidos.

Si no existiera el infierno, tendría sentido que la iglesia tuviera asuntos más importantes que la evangelización. Sin embargo, existe, y la realidad del infierno debería ayudarnos a ordenar nuestras prioridades y hacer lo que Jesús dijo que hiciéramos: Ir a todo el mundo y predicar el evangelio a toda criatura.

BÚSQUEDA DEL ALMA

¿Es mi prioridad número uno hacer la voluntad de Dios?

Padre, dame una compasión apremiante por los que no son salvos.

La verdadera paz

En cualquier casa donde entren, antes que nada digan:
"Paz a esta casa".

Lucas 10:5

Muy pocos en la generación actual aprecian realmente lo que significa que una nación esté en paz. Tras el final de la Segunda Guerra Mundial, cinco años de horrible guerra y la pérdida de más de sesenta millones de vidas, el mundo pudo disfrutar y apreciar la paz.

Sin embargo, la Biblia habla de otra paz: la paz de Dios que sobrepasa todo entendimiento. Es el tipo de paz que podemos poseer en medio del ruido, en una tormenta, e incluso en medio de una guerra.

Hay otra paz de la que la Biblia habla a menudo, y es la más importante. Es la paz con Dios que fue comprada por Jesús en la cruz. Estábamos en guerra con nuestro Creador; éramos enemigos de Dios en nuestras mentes a causa de lo que la Biblia llama nuestras "obras perversas". Pero el amor de Dios vino a nosotros con un plan de paz para que, a través de la cruz, pudiéramos tener la paz de Dios y la paz con Dios a través de la confianza en nuestro Señor Jesús.

BÚSQUEDA DEL ALMA

¿Aprecio la paz con Dios, y mantengo mi paz en la tormenta?

Padre, gracias porque la guerra entre tú y yo ha terminado.

Digno de su salario

*Quédense en esa misma casa, y coman
y beban lo que les den, porque el obrero es digno de su
salario. No vayan de casa en casa.*

Lucas 10:7

La Biblia dice que hay que honrar a todos los hombres, pero debemos dar doble honor a los que trabajan para el Señor (1 Timoteo 5:17). Debemos pagar generosamente a los ministros del evangelio. Pablo cubre esto en 1 Corintios 9, diciendo que los que predican el evangelio, vivirán del evangelio (v. 14).

La Biblia dice de Jesús en Lucas 8:1-3 que ciertas mujeres lo siguieron y "los atendían con sus propios recursos". En otras palabras, ellas gentilmente lo proveyeron de comida y otras necesidades mientras viajaba. Es triste ver o escuchar de misioneros que no son atendidos por aquellos que están en sus casas. Las iglesias deben apoyar activamente a aquellos que tienen la fe y el coraje de salir y compartir el evangelio con los no salvos.

El pastorear es una tarea difícil. Predicar a las mismas personas cada semana puede ser laborioso y, a veces, descorazonador. Ora por tu pastor. Ámalo. Sé generoso en tus donaciones. Dale doble honor.

BÚSQUEDA DEL ALMA

¿Apoyo a mi pastor en la oración? ¿Le doy doble honor?

Padre, permíteme ser un misionero doméstico en este mundo moribundo.

Verdadera acción de gracias

En cualquier ciudad donde entren, y los reciban,
coman lo que les ofrezcan.
LUCAS 10:8

La hospitalidad es algo maravilloso. Es una expresión de amor y honor. Una invitación a cenar es una manera apropiada de honrar a nuestros amigos y vecinos.

Parece que algunos solo están agradecidos a Dios por la provisión de alimentos y otras bendiciones un día al año: Día de Acción de Gracias. Otros son agradecidos, pero su acción de gracias se dirige a la "madre naturaleza" o algo llamado "providencia". La acción de gracias debería ser perpetua, y debería dirigirse a nuestro Creador. Él es quien nos da el pan de cada día, y deberíamos avergonzarnos si comemos nuestro alimento con un corazón ingrato.

Hay una manera de cultivar la verdadera acción de gracias. Ayuna. Ayuna un par de comidas a la semana, y cuando te sientes a comer, la familiaridad que genera el desprecio no estará ahí. Darás gracias a Dios por toda tu comida y la disfrutarás aún más.

BÚSQUEDA DEL ALMA

¿Soy siempre agradecido a Dios por la comida diaria y otras bendiciones? Tómate un tiempo hoy y expresa tu agradecimiento a Dios: sé específico.

Padre, nunca permitas que tenga una familiaridad que dé por sentada alguna de tus bendiciones.

La cruz irrelevante

*Sanen a los enfermos que allí haya, y díganles:
"El reino de Dios se ha acercado a ustedes".*

Lucas 10:9

Cada vez que alguien escucha el evangelio bíblico, el reino de Dios se acerca a él. Sin embargo, la mayoría no valora esta "perla de gran precio". La razón por la que no la valoran es porque no entienden su valor.

La mayoría de nosotros no valoraría un paracaídas que está en la parte trasera del avión mientras estamos comiendo una deliciosa comida y viendo una película interesante. Si el vuelo es tranquilo y todo va bien a bordo, ¿por qué deberíamos darle importancia? El paracaídas es irrelevante.

Sin embargo, si nos dijeran que tenemos que saltar del avión, de repente el paracaídas tendría más valor para nosotros. Se convertiría en lo más importante del avión.

La muerte de Cristo en la cruz tiene poco valor para los pecadores que están disfrutando de los placeres del pecado. La cruz es irrelevante para ellos. Una vez que entienden que tienen que enfrentarse a un Dios santo en el día de la ira, y que solo Jesús puede perdonar sus pecados y concederles el don de la vida eterna, de repente el evangelio se convierte en una cuestión personal de vida y muerte. Ahora es lo más importante en la vida.

"Pero lejos esté de mí el jactarme, a no ser en la cruz de nuestro Señor Jesucristo, por quien el mundo me es crucificado a mí, y yo al mundo" (Gálatas 6:14).

BÚSQUEDA DEL ALMA

¿Valoro la obra de la cruz en mi vida?

Padre, gracias por el inefable regalo.

Lo impuro

Pero si llegan a alguna ciudad y no los reciben, salgan a la calle y digan: "Hasta el polvo de su ciudad, que se ha pegado a nuestros pies, lo sacudimos contra ustedes. Pero sepan que el reino de Dios se ha acercado a ustedes".

LUCAS 10:10-11

Los que no son salvos no tienen idea de que Dios nos ha hecho puros a través de la justicia de Cristo. Estamos completamente limpios de pecado, hechos moralmente perfectos por la gracia de Dios, y en el día del juicio, Él separará lo limpio de lo impuro.

Dios mira el pecado como nosotros miramos la lepra. Al leproso se le dijo que gritara que era impuro. Del mismo modo, los pecadores serán vistos como impuros en el día del juicio (Levíticos 13:45). El libro de Judas aborda esto cuando se nos dice cuál debe ser nuestra actitud hacia los que no son salvos: "Sean comprensivos con los que dudan. A otros, arrebátenlos del fuego y pónganlos a salvo; y a otros más, ténganles compasión, pero ¡cuidado!, desechen aun la ropa que su cuerpo haya contaminado" (Judas 1:22-23).

Debemos recordar que los perdidos se enfrentan a un día terrible, así que debemos hacer lo que Cristo nos manda para alcanzarlos. Debemos tener compasión de ellos y hablarles de la limpieza del evangelio. Mientras lo hacemos, debemos mantener nuestro propio corazón libre de pecado.

BÚSQUEDA DEL ALMA

¿Aprecio que me hayan limpiado y trato de mantenerme limpio de la suciedad de este mundo?

Padre, ayúdame a tener compasión.

La justicia perfecta de Dios

Yo les digo que, en aquel día, el castigo para Sodoma
será más tolerable que para aquella ciudad.
Lucas 10:12

El mundo suele acusar a Dios de ser injusto. Supone erróneamente que Dios tratará a todos por igual en el juicio. Viene en
forma de decir que la dulce anciana que muere en sus pecados
recibirá el mismo juicio que gente como Hitler. Ella no mató
a millones de personas inocentes, pero sostienen que Dios la
tratará igual que a alguien que sí lo hizo. Utilizan sus presuposiciones como excusa para rechazar el evangelio.

No es cierto que Dios sea injusto. El juzgará según la justicia
perfecta. "Los decretos del Señor son verdaderos, y todos ellos
justos" (Salmos 19:9).

Nuestro versículo clave nos dice que, en el día del juicio, las
ciudades que rechazan el evangelio serán juzgadas más severa-
mente que la ciudad de Sodoma. Dios solo ejecutará la justicia
perfecta en ese espantoso día, ni más ni menos. Le dará a Hitler
exactamente lo que se merece, y le dará a la dulce ancianita lo que
se merece. Ambos llevan toda una vida acumulando multitud de
pecados y acumulando la ira de Dios.

BÚSQUEDA DEL ALMA

¿Cómo afecta la equitativa justicia de Dios a mis decisiones?

Padre, haz que mi vida exprese mi gratitud por tu misericordia
en Cristo.

Favor inmerecido

¡Ay de ti, Corazín! ¡Y ay de ti, Betsaida! Porque si en Tiro y en Sidón se hubieran hecho los milagros que se han hecho en ustedes, ya hace tiempo que, sentadas en cilicio y cubiertas de ceniza, habrían mostrado su arrepentimiento. Por tanto, en el día del juicio, el castigo para Tiro y para Sidón será más tolerable que para ustedes.

Lucas 10:13-14

Job se sentó en saco y ceniza. La vida le había dado un golpe terrible y fatal. Había perdido a sus diez hijos en la tragedia; su mujer y sus amigos no le consolaban. Era comprensible que se sintiera miserable.

Con el paso del tiempo, exigió hablar con Dios sobre lo que percibía como su maltrato. Después de que Dios le hablara, respondió diciendo: "Yo había oído hablar de ti, pero ahora mis ojos te ven. Por lo tanto, me retracto de lo dicho, y me humillo hasta el polvo y las cenizas" (Job 42:5-6).

Hay una maravillosa ironía en el contraste entre la perfección de Dios y nuestra indignidad, y es ésta: Dios nos amó y nos salvó de todos modos. No nos debía nada más que la ira, pero nos extendió la mano cuando aún éramos pecadores y nos salvó de la muerte. Su amor no se basa en el rendimiento. No tenemos que ganarnos su favor. Es nuestro porque Él es el amor mismo. Nuestra salvación no es impulsada por nada que hagamos. Somos salvos por la gracia y solo por la gracia.

BÚSQUEDA DEL ALMA

¿Me deleito en el amor de Dios en Cristo como en el calor y la luz del sol?

Padre, tu amor es mi luz en la oscuridad de este mundo.

El miedo al hombre

Y tú, Cafarnaún, que te elevas hasta los cielos,
¡hasta el Hades caerás abatida!
Lucas 10:15

Prefiero no hablar del Hades. Utilizo la palabra *infierno* cuando hablo del lugar de castigo porque el mundo sabe exactamente a qué me refiero. La realidad del infierno es probablemente la más ofensiva de todas las doctrinas cristianas contemporáneas. Predícalo y un mundo amante del pecado te despreciará. Es comprensible por qué tantos predicadores populares evitan su mención. Sin duda por miedo a ofender a sus oyentes.

Sin embargo, es infinitamente mejor que un pecador oiga hablar del infierno a que lo sienta. El mundo despreciará para siempre al predicador que no le advierta de su realidad. Que cada uno de nosotros sea fiel y viva para escuchar las palabras: "Bien hecho, mi buen siervo fiel" (Mateo 25:23 NTV).

Preferimos tener el ceño fruncido del mundo porque le predicamos el infierno que el ceño fruncido de Dios porque no lo hicimos. Es el temor de Dios y el amor a los pecadores lo que nos motiva a alertar a todo hombre para poder presentarlo perfecto en Cristo Jesús.

BÚSQUEDA DEL ALMA

¿Cuándo el miedo al hombre me ha impedido ser fiel a Dios?

Padre, ayúdame a ser siempre fiel con tu evangelio.

El rechazo

El que acepta el mensaje de ustedes me acepta también a mí. El que los rechaza a ustedes a mí me rechaza. Y el que me rechaza a mí rechaza a Dios, quien me envió.

LUCAS 10:16

¡Qué honorable privilegio tenemos! Representamos a Dios Todopoderoso: somos embajadores de Cristo (2 Corintios 5:18-20).

Jesús vino a los suyos, y ellos lo rechazaron (Juan 1:11), pero de todas formas les mostró su amor desde la agonía de la cruz. Tal vez nuestro mayor temor cuando se trata de la tarea de evangelizar es ese mismo rechazo. Nuestra mayor arma contra ese miedo es el mismo amor que Dios nos mostró a través de la cruz. Si Dios nos amó tanto, podemos amar a este mundo malvado a pesar de su rechazo.

La Biblia nos da los detalles de por qué los incrédulos tienen tal odio hacia Dios: "Las intenciones de la carne llevan a la enemistad contra Dios; porque no se sujetan a la ley de Dios, ni tampoco pueden; además, los que viven según la carne no pueden agradar a Dios" (Romanos 8:7-8). Es porque ellos odian su ley. Les prohíbe todo para lo que viven: el pecado.

BÚSQUEDA DEL ALMA

¿Es difícil para mí soportar personalmente la persecución? ¿De qué manera he sido perseguido?

Padre, ayúdame a alegrarme en la persecución y a amar a mis enemigos.

La insensatez de la presunción

Yo veía a Satanás caer del cielo como un rayo.
LUCAS 10:18

Tenemos que recordar continuamente que no luchamos contra la carne y la sangre. Nuestra batalla es espiritual, contra un mundo demoníaco muy real que es la esencia del mal. Sin embargo, las fuerzas del mal están sujetas a nosotros a través de la fe en el nombre de Jesús. Ellos tiemblan ante su nombre porque Él es el Santo.

Sin embargo, parece que los setenta discípulos en Lucas 10 se regocijaban no en el poder de su nombre sino en su propio poder al usarlo. Que nunca nos ensoberbezcamos con lo que podemos ver como nuestra propia capacidad.

Si podemos cantar y bailar, solo podemos hacerlo porque Dios creó cada átomo de nuestro cuerpo; incluso nuestra coordinación proviene de Él. No importa qué habilidad tengamos: saltar, correr, predicar o enseñar, cada una se remonta a nuestro Creador. ¿Por qué el orgullo infla su pequeño y tonto pecho?

Tal vez la mayor revelación que cualquiera de nosotros puede tener es que Dios es la fuente de todo lo que tenemos, y a Él solo le corresponde la gloria.

"Pero esto quiero decirles en el nombre del Señor, y en esto quiero insistir: no vivan ya como la gente sin Dios, que vive de acuerdo a su mente vacía" (Efesios 4:17).

BÚSQUEDA DEL ALMA

¿Soy verdaderamente humilde de corazón? Piensa en tus habilidades únicas. ¿Ves a Dios como la fuente de cada una de ellas?

Padre, recuérdame mientras paso este día que todo lo que tengo viene de tu mano bondadosa.

Aparente contradicción

Miren que yo les he dado a ustedes poder para aplastar serpientes y escorpiones, y para vencer a todo el poder del enemigo, sin que nada los dañe.

LUCAS 10:19

Aquí está el forraje para el escéptico. Jesús advirtió que sus discípulos serían odiados, y algunos incluso serían asesinados por causa de su nombre: "Ustedes serán expulsados de las sinagogas, y llegará el momento en que cualquiera que los mate, pensará que rinde un servicio a Dios" (Juan 16:2).

Se trata, pues, de una aparente contradicción. Jesús dice a sus discípulos que nada les hará daño y luego dice que algunos serán asesinados. La historia nos dice que casi todos los discípulos fueron horriblemente asesinados por su fe.

Obviamente hay un significado más profundo en sus palabras. Jesús estaba hablando de su salvación eterna y de la preservación de sus almas. El día vendrá donde veremos a cada cristiano que ha muerto en la fe ileso en el otro lado de la muerte. Ni un solo pelo de sus cabezas perecerá. Entonces no habrá ninguna duda: Dios cumple su palabra.

BÚSQUEDA DEL ALMA

¿Utilizo la autoridad que se me ha dado en la oración y la predicación?

Padre, ayúdame a confiar en ti y a ser usado por tu Espíritu Santo.

El objeto de nuestro gozo

Pero no se alegren de que los espíritus se les sujetan, sino de que los nombres de ustedes ya están escritos en los cielos.

LUCAS 10:20

Se necesita disciplina para mantener nuestros ojos en el cielo. Es tan fácil permitir que las circunstancias del aquí y ahora determinen nuestra alegría. Tendemos a regocijarnos en la cima de la montaña y a estar tristes en el valle. Vivir así es precario. Las cimas de las montañas pueden ser más peligrosas que los valles. Un nuevo bebé, un nuevo automóvil, el amor de tu vida, el dinero en el banco, la hipoteca pagada y la buena salud pueden ser fuentes legítimas de regocijo, pero todas estas cosas pueden desaparecer rápidamente. La muerte, el colapso del banco, los terremotos, los tornados y la enfermedad pueden quitarnos la alegría en un instante.

Por lo tanto, tenemos que mirar más allá de la tierra, hacia el cielo, y asegurarnos de que el gozo del Señor sea nuestra fuerza. Si nos regocijamos continuamente porque nuestros nombres están escritos en el Libro de la Vida del Cordero y estamos salvados para siempre, nuestro gozo es verdaderamente del Señor. Nos alegraremos en el foso de los leones, al borde del Mar Rojo, y mientras estemos encadenados en una cárcel de Filipos; cantaremos himnos. Nada ni nadie podrá quitarnos el gozo.

BÚSQUEDA DEL ALMA

¿Es el cielo la razón principal de mi gozo? ¿Hay otras personas o circunstancias en las que confío para tener gozo?

Padre, ayúdame a mantener mis ojos en ti, incluso en la boca del lobo.

Cosas insensatas

Yo te alabo, Padre, Señor del cielo y de la tierra, porque estas cosas las escondiste de los sabios y entendidos, y las revelaste a los niños. ¡Sí, Padre, porque así te agradó!

LUCAS 10:21

Dios pensó que era bueno ocultar el camino de la salvación a los orgullosos, arrogantes y sabios de este mundo. Lo hizo eligiendo cosas insensatas para confundirlos. La Biblia está llena de historias disparatadas, como la de Noé y el arca, la de Jonás y el gran pez, la de los burros parlantes, la de las personas que se convierten en sal, y otras que rivalizan con la carroza de calabazas de Cenicienta.

Estas historias requieren humildad para creerlas. ¿Quién en este mundo, con alguna dignidad intelectual, se rebajaría a creer historias tan infantiles? Jesús advirtió que, si no nos hacemos como niños, no entraremos en el reino de Dios (Mateo 18:3). Los niños pequeños creen cualquier cosa; tienen una confianza inocente. Esa es la esencia de la fe en Dios.

Así que los orgullosos se quedan fuera porque la puerta a la vida eterna está puesta muy abajo. Solo entrarán los que crean y se hagan como niños. Tal es la sabiduría de Dios.

BÚSQUEDA DEL ALMA

¿Es mi fe en Dios como la de un niño pequeño confiado o lucho con las dudas y la incredulidad?

Padre, hoy confío en ti con todo mi corazón.

Su identidad

Mi Padre me ha entregado todas las cosas, y nadie conoce al Hijo, sino el Padre; ni nadie conoce al Padre, sino el Hijo, y aquel a quien el Hijo lo quiera revelar.

LUCAS 10:22

Jesús de Nazaret es la persona más famosa de la historia. Nadie se le puede comparar. Cientos de millones le llaman Señor y le oran a diario. Incluso es estimado por millones de personas que no le llaman Señor. Simplemente lo ven como un maestro religioso o un gran profeta. Sin embargo, muy pocos saben que Él es el Creador. Esto se debe a que la carne y la sangre no revelan su identidad. Esa revelación viene directamente de Dios.

El evangelio de Juan comienza diciéndonos: "Todas las cosas por él fueron hechas, y sin él nada de lo que ha sido hecho, fue hecho" (Juan 1:3 RVR1960).

Jesús es el Cristo, el Elegido. Esta es una verdad que Jesús le dijo a Pedro, y que solo podríamos conocer si el Padre nos la revelara: "Entonces Jesús le dijo: 'Bienaventurado eres, Simón, hijo de Jonás, porque no te lo reveló ningún mortal, sino mi Padre que está en los cielos'" (Mateo 16:17).

BÚSQUEDA DEL ALMA

¿Creo que Jesús es el Cristo, el Hijo del Dios viviente?

Padre, creo en Jesús con todo mi corazón y confío solo en Él para mi salvación eterna.

Un tesoro más allá de las palabras

Dichosos los ojos que ven lo que ustedes ven.
Lucas 10:23

¿Qué es lo más preciado para ti en este mundo? ¿Es el dinero, el oro, la plata, las perlas o los diamantes? Hombres y mujeres han matado por estas cosas. Se han iniciado guerras, se han terminado amistades y las parejas se han divorciado por ellas porque se consideran preciosas. Pero una montaña de perlas o colinas de oro o diamantes no significan nada para un moribundo. No pueden ofrecer ningún consuelo.

Las riquezas de este mundo palidecen ante lo que tenemos en Cristo. Pablo llamó a Jesús un tesoro en vasos de barro (2 Corintios 4:7). Juan dijo que en Él tenemos "vida", y añadió que él verdaderamente la había visto y palpado (1 Juan 1:1).

Jesús de Nazaret era la joya incalculablemente preciosa de la vida misma. Él era la fuente de la vida, y su encarnación significaba que los seres humanos moribundos podrían beber de las aguas de la inmortalidad. No hay palabras para describir tan preciosa bendición. El apóstol Pablo llamó a lo que tenemos en Él, "el don inefable" (2 Corintios 9:15). Ni siquiera él pudo encontrar las palabras.

BÚSQUEDA DEL ALMA

¿Me doy cuenta de lo que tengo en Jesús? Tómate un momento para deleitarte con la maravilla de conocer a Jesús.

Padre, abre mis ojos ciegos.

El tesoro

*Porque les digo que muchos profetas y reyes desearon
ver lo que ustedes ven, pero no lo vieron; y oír lo que
ustedes oyen, pero no lo oyeron.*

LUCAS 10:24

Los profetas y reyes del Antiguo Testamento esperaban el momento
en que Dios destruiría la muerte. Jesús dijo que Abrahán esperaba
con regocijo el día en que se manifestaría el Mesías (Juan 8:56).
Miramos hacia atrás y leemos los relatos de los Evangelios y al
hacerlo, nos sentimos muy bendecidos.

Vemos al Cristo, el elegido, nacido de una virgen en el establo
de Belén. Lo vemos aparecer como un hombre adulto, que venció
la enfermedad y la muerte (como en el caso de Lázaro y otros).
Vemos el amor de Dios expresado en la cruz y el conocimiento de
que la vida eterna es un don gratuito de Dios a través de la simple
confianza en Jesús.

Los reyes y los profetas no tenían lo que tenemos en el Nuevo
Testamento. La Biblia es un gran tesoro dado por Dios a la humanidad. Que nunca lo demos por sentado.

BÚSQUEDA DEL ALMA

¿Valoro en gran medida la Biblia?

*Padre, gracias por tu preciosa Palabra. Es una lámpara para mis
pies y una luz para mi camino.*

¿Qué está escrito?

¿Qué es lo que está escrito en la ley?
Lucas 10:26

Jesús utilizaba a menudo la frase "he aquí" para llamar la atención, como una trompeta que anuncia algo importante. Tal vez fuera porque esta persona había formulado la pregunta definitiva que cualquier ser humano puede hacer. ¿Qué debemos hacer para heredar la vida eterna?

Podemos aprender grandes lecciones de este versículo. Una lección importante a aprender es cómo acercarse a Dios. No debemos acercarnos a Él con una arrogante autojustificación, como si lo estuviéramos probando.

Este hombre se levantó y tentó a Jesús. La Biblia nos dice que Dios resiste a los orgullos y da gracia a los humildes. Los que desean saber cómo obtener la vida eterna deben venir con fe infantil y humildad de corazón, buscando la verdad sobre la salvación. No hay otro camino.

Fue a causa de su orgullo que Jesús le señaló la ley. Nos humilla para que podamos comprender la misericordia de Dios revelada en el evangelio.

BÚSQUEDA DEL ALMA

Que nunca me acerque a Dios con una actitud arrogante.

Padre, recuérdame mi fragilidad y tu majestad y poder.

Nuestra interpretación

¿Qué es lo que está escrito en la ley? ¿Qué lees allí?
Lucas 10:26

Cuando este letrado (uno que profesa ser experto en la ley) preguntó cómo heredar la vida eterna, Jesús le preguntó cómo leía la ley. La forma en que interpretamos la ley de Dios es esencial para entender nuestra condición ante Dios.

Muchos ven los mandamientos como una norma útil para la vida, pero es mucho más que eso. Su propósito es revelar nuestra culpa ante Dios y conducirnos al pie de la cruz. Para que eso ocurra, debemos dejar de lado los prejuicios orgullosos y acercarnos a la ley con humildad de corazón.

El letrado dio entonces su perspectiva sobre la excelencia de la ley moral: amar a Dios con todo el corazón, la mente y el alma y amar a nuestro prójimo tanto como a nosotros mismos.

Cuando somos examinados de cerca por la naturaleza espiritual de la ley moral, cada uno de nosotros está infinitamente por debajo de sus exigencias. Los mejores de nosotros somos pecadores ingratos, impíos, desagradecidos, rebeldes, santurrones y amantes del pecado. Es la luz de la ley en la mano del Espíritu la que nos revela nuestro verdadero estado. La ley nos trae el conocimiento del pecado.

BÚSQUEDA DEL ALMA

¿La ley moral me mostró mi verdadero estado ante un Dios santo?

Padre, gracias por la ley y su función de "tutor para llevarnos a Cristo".

Haz esto y vivirás

Has contestado correctamente. Haz esto, y vivirás.
LUCAS 10:28

Si queremos la vida eterna, lo único que tenemos que hacer es cumplir la ley moral. Si no violamos sus preceptos perfectos en espíritu, es decir, en pensamiento, palabra u obra, amamos a Dios con todo nuestro corazón, mente, alma y fuerza, y amamos a nuestro prójimo (cualquier otro ser humano) tanto como a nosotros mismos, viviremos. Si violamos un solo precepto, moriremos.

La función de la ley es revelar el conocimiento del pecado y mostrar que es sumamente pecaminoso (Romanos 3:19-20; 7:7, 13). La ley descorre la cortina y deja que la luz del sol de la mañana revele el polvo y lo que se creía que era una mesa limpia. Nos expone por lo que somos y hace que intentemos justificarnos. Cuando la ley ha hecho su maravilloso trabajo de la mano del Espíritu, se nos tapa la boca. Estamos atrapados con nuestras manos en el tarro de las galletas sin excusa. La ley nos humilla y prepara nuestros corazones para la gracia, y una vez que nos vemos en la verdad, el sacrificio de la cruz tiene sentido. Ya no es una tontería.

BÚSQUEDA DEL ALMA

¿Intento alguna vez justificarme cuando sé que he pecado?

Padre, gracias por tu paciencia conmigo.

El pasar de largo

Un hombre descendía de Jerusalén a Jericó, y cayó en manos de unos ladrones, que le robaron todo lo que tenía y lo hirieron, dejándolo casi muerto. Por el camino descendía un sacerdote, y aunque lo vio, siguió de largo. Cerca de aquel lugar pasó también un levita, y aunque lo vio, siguió de largo.

Lucas 10:30-32

Podemos apresurarnos a condenar a estos hipócritas por ignorar a un ser humano maltratado y abusado, dejado medio muerto al lado de la carretera. Seguro que tenían sus excusas. ¿Pero no hacemos nosotros lo mismo? Hay pecadores a nuestro alrededor que el ladrón está matando, robando y destruyendo, dejándolos muertos en sus pecados, y nosotros miramos para otro el lado. Seguro que nosotros también tenemos nuestras excusas.

Podemos mirar hacia el otro lado manteniéndonos muy ocupados, haciendo lo que creemos que son cosas legítimas. Sin embargo, cuando descuidamos a los que no son salvos, somos como un bombero que pule su motor mientras la gente a su alrededor se está quemando hasta morir. El evangelismo debe ser nuestra mayor prioridad.

BÚSQUEDA DEL ALMA

¿Alguna vez miro hacia otro lado para evitar la fastidiosa tarea del evangelismo?

Padre, quita mi corazón de piedra.

El gene egoísta

Pero un samaritano, que iba de camino, se acercó al hombre y, al verlo, se compadeció de él y le curó las heridas con aceite y vino, y se las vendó; luego lo puso sobre su cabalgadura y lo llevó a una posada, y cuidó de él. Al otro día, antes de partir, sacó dos monedas, se las dio al dueño de la posada, y le dijo: "Cuídalo. Cuando yo regrese, te pagaré todo lo que hayas gastado de más". De estos tres, ¿cuál crees que fue el prójimo del que cayó en manos de los ladrones?

Lucas 10:33-36

Esta parábola nos muestra hasta qué punto nos hemos alejado de las exigencias de la ley moral. ¿Quién de nosotros (en nuestro estado no regenerado) ha amado alguna vez a nuestro prójimo hasta ese punto? Más bien, fuimos voluntariosos, egocéntricos y santurrones.

La esencia de la ley es un estándar por el cual podemos medirnos a nosotros mismos. Es un espejo moral, y lo que revela no es agradable.

BÚSQUEDA DEL ALMA

Ahora que mis pecados han sido perdonados, ¿amo a mi prójimo en este nivel de amor? ¿Qué puedo hacer para empezar a amar a mi prójimo?

Padre, ayúdame a amar a mi prójimo como a mí mismo y a preocuparme por su salvación como lo haría por la mía.

La vida ocupada

Marta, Marta, estás preocupada y aturdida con muchas cosas. Pero una sola cosa es necesaria. María ha escogido la mejor parte, y nadie se la quitará.

Lucas 10:41-42

Marta estaba muy equivocada. Estaba ocupada haciendo cosas legítimas, pero no sacó tiempo para sentarse a los pies del Maestro.

Nunca antes la vida había sido así de fácil para la mayoría de nosotros. Damos por sentado la comodidad del transporte, ya sea en automóvil o en avión. La comunicación es instantánea en todo el mundo. El aire acondicionado, comidas rápidas, puertas automáticas, iPads y microondas hacen la vida mucho más fácil. Aun así, estamos estresados y ocupados.

No importa cuán ocupados o cuán necesarios sean nuestros esfuerzos, nada debe anteponerse a nuestra relación con Dios. Él es nuestro primer amor.

¿Tienes un día ocupado por delante? Entonces levántate temprano y siéntate a los pies de Jesús. Lee su Palabra. Tranquiliza tu corazón. Entrégale tus peticiones; dale tu amor. Busca primero el reino de Dios y su justicia. Escoge la "parte buena" porque esta cosa es necesaria.

BÚSQUEDA DEL ALMA

¿He reservado tiempo hoy? ¿He sacado tiempo para sentarme a sus pies?

Padre, cada día, recuérdame la cruz.

Padre nuestro

Cuando ustedes oren, digan: Padre, santificado
sea tu nombre. Venga tu reino.
LUCAS 11:2

La oración no es una opción. Jesús no dijo "si" oras. Dijo "cuando". La Biblia es Dios hablándonos, y cuando respondemos a Dios, se convierte en una oración. La mayoría de nosotros no sabemos cómo orar como deberíamos, y aquí Jesús nos da un modelo.

Es triste que lo que comúnmente se conoce como "El Padre Nuestro" se repita a menudo como si Dios fuera una especie de máquina que no responde a menos que se repita una contraseña. En cambio, el espíritu de esta oración nos dice que podemos acercarnos a Dios como a un padre cariñoso que se preocupa por nuestras necesidades más pequeñas. Él es nuestro "Abba Padre".

La palabra *Abba* es una palabra aramea que se traduce como "Papi". Nos da una imagen de un padre cariñoso con su pequeño hijo sentado en sus rodillas, en lugar de un padre inaccesible, austero y distante. Esto es sumamente consolador, porque significa que podemos derramar nuestro corazón hacia Él, sabiendo que se preocupa.

BÚSQUEDA DEL ALMA

¿Es Dios mi "papi"? ¿Me dirijo a Él como tal?

Padre, aunque eres el Dios Todopoderoso, el Creador del universo, gracias por permitirme llamarte "Padre".

Ese nombre

Santificado sea tu nombre; venga tu reino.
LUCAS 11:2 RVR1960

Que nunca olvidemos que, aunque llamemos a Dios nuestro Padre, su nombre es santo. Qué doloroso es escuchar su santo nombre usado en vano. Sale de la lengua pecadora como si no tuviera sentido. Se le da menos honor que a un perro.

Pero para los piadosos, ese nombre debe recibir el máximo honor porque es santo. Nos sentamos en sus rodillas y lo miramos con un amor mezclado con un temor sagrado. La cruz nos ayuda a hacerlo. Pronunciamos su nombre con temor y reverencia.

Los impíos usan su nombre para jurar porque no tienen temor de Dios. Hablan despectivamente de Dios, sin saber que tendrán que rendir cuentas por cada palabra ociosa, ¿y cuánto más por la blasfemia? El Señor no declarará inocente a quien tome su nombre en vano. El salmista dice: "Tus enemigos toman en vano tu nombre" (Salmos 139:20 RVR1960). Esto debería afligir nuestros corazones y hacernos temblar. Debemos orar para que Dios, en su misericordia, abra los ojos ciegos de los pecadores antes del día del juicio.

BÚSQUEDA DEL ALMA

¿Utilizo el nombre de Dios con reverencia y temor? ¿Tiemblo cuando pienso que los pecadores se enfrentan al Dios que odian?

Padre, por favor, ten piedad de este mundo malvado.

Octubre

Viene un nuevo mundo

Hágase tu voluntad, como en el cielo,
así también en la tierra.
LUCAS 11:2 RVR1960

Los ateos suelen quejarse del Dios en el que no creen. Señalan a los niños con cáncer o a los muchos que se mueren de hambre y dicen que Dios es malo por crear ese sufrimiento.

Aquí hay mucha ironía. No solo *no* creen en Dios, sino que niegan su explicación del sufrimiento. Como resultado, se quedan sin Dios al que culpar y sin explicación.

La Biblia dice que vivimos en una creación caída. Cuando el pecado entró en el mundo a través de Adán, trajo consigo la enfermedad, el sufrimiento y la muerte. Dondequiera que miramos vemos la evidencia de la maldición del Génesis.

Afortunadamente, gracias a la cruz, tenemos una esperanza gloriosa y maravillosa. Es porque el reino venidero no tendrá pecado; no habrá sufrimiento. Nunca. No habrá enfermedades, ni lágrimas, ni dolor. Heredaremos toda esta tierra sin la maldición y tendremos placeres para siempre. Es entonces cuando veremos que la voluntad de Dios se hace en la tierra como en el cielo.

"Pero, según sus promesas, nosotros esperamos un cielo nuevo y una tierra nueva, donde reinará la justicia" (2 Pedro 3:13).

BÚSQUEDA DEL ALMA

¿Alguna vez me detengo a pensar en las alegrías del reino venidero? Tómate unos minutos y piensa en la gloriosa esperanza que tenemos en Cristo.

Padre, por favor, envía un avivamiento mundial, y luego apresura tu venida.

La bendición del pan

El pan nuestro de cada día, dánoslo hoy.
LUCAS 11:3

Al pan se le llama el alimento básico de la vida. Lo era en los tiempos bíblicos y, no importa cómo se le mire, lo sigue siendo hoy.

Jesús partió el pan con sus discípulos. Fue tentado por el diablo para que convirtiera las piedras en pan, e incluso se llamó a sí mismo el "Pan de Vida", diciendo que su cuerpo sería partido por nosotros. El pan también está vinculado a la Palabra de Dios. Jesús expresó que no solo de pan vive el hombre, sino de toda palabra que sale de la boca de Dios (Mateo 4:4). Decía que necesitamos ambas cosas para vivir.

Charles Spurgeon dijo:

> El pan que obtenemos del panadero está muerto en sí mismo y si lo pones en labios muertos, hay dos cosas muertas juntas, y nada puede salir del contacto. Pero nuestro Señor Jesucristo es pan vivo, y cuando toca los labios muertos de un pecador no regenerado, la vida entra en ellos.[12]

BÚSQUEDA DEL ALMA

¿Dudo alguna vez de que Dios suplirá todas mis necesidades? ¿Puedo pensar en alguna ocasión en la que Dios no haya satisfecho mis necesidades?

Padre, gracias por darme el pan de cada día, tanto físico como espiritual.

Escapa de la corrupción

Y perdónanos nuestros pecados, porque también nosotros perdonamos a todos los que nos deben. Y no nos metas en tentación, mas líbranos del mal.

LUCAS 11:4 RVR1960

A Las Vegas se le llama la "Ciudad del Pecado" por una razón. Para el mundo, "pecado" es otra palabra que significa luces brillantes, emoción y placer. La ciudad de Las Vegas está construida sobre una base de fornicación, codicia, adulterio, homosexualidad, blasfemia y, por supuesto, lujuria.

La Biblia dice que los cristianos han escapado la corrupción que hay en el mundo por causa de la lujuria (2 Pedro 2:20). Somos atraídos por el pecado específico de la lujuria sexual como la polilla es atraída por la llama. Una de las mayores revelaciones que cualquiera de nosotros puede tener es que el pecado siempre está casado con la muerte. La ciudad de las luces tiene un lado muy oscuro. La muerte es la paga del pecado. Sin embargo, su pago completo no se ve a este lado de la tumba. La Biblia habla de la segunda muerte y de la agonía del infierno.

En Cristo se acabó el matrimonio entre el pecado y la muerte. Estamos divorciados de ella. Por eso nos apresuramos a confesar cualquier pecado, para no caer en sus garras.

También nos apresuramos a perdonar, porque si nos negamos a perdonar, caemos en el pecado y corremos el peligro de servir al maligno.

BÚSQUEDA DEL ALMA

¿Hay alguien con quien esté resentido en secreto?

Padre, por favor, permite que el temor a ti me impida incluso ser tentado por el mal del pecado.

Oración persistente

¿Quién de ustedes, que tenga un amigo, va a verlo a medianoche y le dice: "Amigo, préstame tres panes, porque un amigo mío ha venido a visitarme, y no tengo nada que ofrecerle"? Aquél responderá desde adentro y le dirá: "No me molestes. La puerta ya está cerrada, y mis niños están en la cama conmigo. No puedo levantarme para dártelos". Yo les digo que, aunque no se levante a dárselos por ser su amigo, sí se levantará por su insistencia, y le dará todo lo que necesite.

Lucas 11:5-8

Jesús sigue enseñándonos a orar, y utiliza esta ilustración para decirnos que seamos persistentes. Nunca te desanimes. No te rindas. Dios es fiel, y nosotros debemos ser fieles también creyendo en su Palabra y confiando plenamente en Él.

Cuando oramos, debemos tener presente la palabra *push* (puja, en español) [nota de traducción: "P.U.S.H.", acrónimo en inglés que significa: "ora hasta que algo suceda"]. Podemos usarla para crear un poderoso acrónimo que nos recuerde que debemos ser persistentes:

P – pray (ora)
U – until (hasta)
S – something (que algo)
H – happens   (suceda)

Pujar es lo que le decimos a una madre en la fase final del parto. Puja hasta que des a luz las peticiones que le has hecho a tu Padre.

BÚSQUEDA DEL ALMA

¿Soy persistente en la oración o me rindo fácilmente?

Padre, que el Espíritu Santo me ayude a orar con persistencia.

Calificaciones de la oración

Así que pidan, y se les dará. Busquen, y encontrarán.
Llamen, y se les abrirá. Porque todo aquel que pide, recibe;
y el que busca, encuentra; y al que llama, se le abre.
LUCAS 11:9-10

Los impíos suelen acusar a Dios de no cumplir sus promesas porque no interpretan la escritura con escritura. De los versículos anteriores parecería que cualquiera puede obtener lo que quiera de Dios. Sin embargo, hay una calificación. "Todos" se limita a los que piden con fe, según la voluntad de Dios: "Y esta es la confianza que tenemos en él: si pedimos algo según su voluntad, él nos oye" (1 Juan 5:14).

Nuestras peticiones deben ser sin un motivo pecaminoso: "Y cuando piden algo, no lo reciben porque lo piden con malas intenciones, para gastarlo en sus propios placeres" (Santiago 4:3).

Estos versículos no son un cheque en blanco. Más bien, nos dicen simplemente que ejerzamos la importunidad. Debemos llamar y seguir llamando, buscar y seguir buscando, y Dios responderá a nuestra oración, teniendo en cuenta que la respuesta puede ser no.

BÚSQUEDA DEL ALMA

¿Pido con fe, sin un motivo egoísta, sin vacilar?

Padre, ayúdame a orar siempre según tu voluntad.

La sombra

¿Quién de ustedes, si su hijo le pide pan, le da una piedra? ¿O si le pide un pescado, en lugar del pescado le da una serpiente? ¿O si le pide un huevo, le da un escorpión? Pues si ustedes, que son malos, saben dar cosas buenas a sus hijos, ¡cuánto más el Padre celestial dará el Espíritu Santo a quienes se lo pidan!

Lucas 11:11-13

Aquí Jesús revela el carácter de Dios. Nos muestra que el Creador del universo, que se mostró santo y totalmente aterrador tantas veces a lo largo del Antiguo Testamento, es como un padre amoroso. Es el padre del pródigo, que se arrojó al cuello de su hijo, lo besó y convocó una alegre celebración.

Esta es una imagen del amor entrañable y firme de Dios. En la historia del hijo pródigo, el padre no hace ningún sacrificio por el hijo como prueba de su amor, pero nuestro Padre nos demostró su amor en la cruz. Es nuestro continuo recordatorio. Dice: "Esto es lo mucho que te amo".

Por lo tanto, debemos acercarnos a Él a la sombra de esa cruz, sabiendo que nunca nos engañará. Nunca.

BÚSQUEDA DEL ALMA

¿Estoy decidido a vivir hoy a la sombra de la cruz?

Padre, si tú lo has dicho, lo creeré y confiaré en ti con todo mi corazón.

La gran prioridad

Todo reino dividido contra sí mismo queda devastado.
No hay casa que permanezca, si internamente está
dividida. Ya que ustedes dicen que yo expulso a los demonios
por el poder de Beelzebú, ¿cómo podrá permanecer el reino
de Satanás, si él está dividido contra sí mismo? Porque,
si yo expulso a los demonios por el poder de Beelzebú,
¿por el poder de quién los expulsan los hijos de ustedes?
Por tanto, ellos mismos serán los jueces de ustedes.

Lucas 11:17-19

Tenemos una iglesia dividida. Hay controversia acerca del bautismo en agua, la salvación, el diezmo, el libre albedrío, la profecía y cientos de otras cosas. Las doctrinas dividen a los cristianos cuando quitamos los ojos de nuestro objetivo: buscar y salvar a los perdidos. La sana doctrina es esencial para la vida de cualquier iglesia, pero no debe eclipsar la Gran Comisión. Los bomberos deberían estar luchando contra los incendios, no entre ellos. Si dejan que la gente se queme porque están discutiendo, son traidores de su profesión.

Cuando suena la sirena de un vehículo de emergencia, todo el resto del tráfico debe echarse a un lado para dejarlo pasar. Así debería ser con el vehículo de emergencia del evangelismo.

BÚSQUEDA DEL ALMA

¿Doy la prioridad necesaria a la tarea de alcanzar a los perdidos?

Padre, ayúdanos a estar unidos en el esfuerzo evangelizador.

El poder de Dios

Pero si yo expulso a los demonios por el poder de Dios, ciertamente el reino de Dios ha llegado a ustedes.

Lucas 11:20

No hay ninguna analogía adecuada para ilustrar el poder del dedo de Dios. El pie de un elefante aplastando a una pequeña hormiga es infinitamente inadecuado porque el poder del Creador es infinito. No hay palabras para describirlo. Todas se quedan cortas ante su gloria. Asombroso, magnífico, maravilloso, increíble y poderoso combinados no lo hacen. La única palabra que se acerca es "indescriptible".

La Biblia incluso utiliza una pregunta retórica para darnos una idea de su poder. Dice: "Si Dios es por nosotros, ¿quién contra nosotros?" (Romanos 8:31 RVR1960).

Jesús utilizó el antropomorfismo para describir su poder a sus críticos irreflexivos. Dios no es como un hombre, y no tiene dedos, pero si el mero dedo del poder del Padre estaba con Jesús, entonces nada en el universo podría impedirle cumplir la voluntad de su Padre.

Jesús concluyó el Padre Nuestro recordándonos quién es el que posee el poder: "Porque tuyo es el reino, el poder, y la gloria, por todos los siglos. Amén" (Mateo 6:13).

BÚSQUEDA DEL ALMA

¿Percibo la inmensidad del poder de Dios? ¿Qué palabras utilizaría para describir la grandeza de Dios?

Padre, estoy asombrado de ti.

El hombre fuerte

Cuando un hombre fuerte está bien armado y protege su palacio, lo que posee no corre peligro. Pero cuando otro más fuerte que él viene y lo derrota, le quita todas las armas en las que confiaba, y reparte el botín.

Lucas 11:21-22

En este pasaje, Jesús está hablando del mundo demoníaco. Piensa en lo diferente que pensaría y actuaría el mundo secular si creyera que Satanás es el dios de este mundo, que es su padre, que vino a matar, robar y destruir, y que los ciega a la verdad del evangelio.

Si simplemente creyeran, podrían abrazar el mensaje de la vida eterna. Pero no lo hacen, así que el mundo demoníaco tiene el control total de sus vidas, desde el hombre de la calle hasta los líderes políticos del mundo. Son ciegos guiando a ciegos a la destrucción.

Jesús habla de un hombre armado que es fuerte, y debido a su fuerza, su casa y sus bienes están a salvo. Solo hace falta que alguien más fuerte que él lo venza. Nuestra confianza está en Dios, y por eso nunca corremos el peligro de ser vencidos por el mundo demoníaco.

BÚSQUEDA DEL ALMA

¿Está mi fe enteramente en Dios para este día? ¿Tengo plena confianza en su protección?

Padre, gracias porque mis "bienes" están en paz porque tú eres fiel.

¿Recoge o desparrama?

El que no está conmigo, está contra mí;
y el que conmigo no recoge, desparrama.

Lucas 11:23

La Biblia está llena de dicotomías. O nos salvamos o nos perdemos, o vamos al cielo o al infierno, o estamos en el reino de las tinieblas o en el reino de la luz, o estamos a favor o en contra de Jesús y si no estamos recogiendo para Cristo, estamos desparramando.

La manera de estar a favor de Jesús es entregarse a Él. Es abandonar la batalla y rendirse a Él como Señor y Salvador. Muchos profesan haberse rendido, pero no recogen a los perdidos. Él dijo: "El que conmigo no recoge, desparrama". Somos trabajadores con Dios: "Porque nosotros somos colaboradores de Dios, y ustedes son el campo de cultivo de Dios, son el edificio de Dios" (1 Corintios 3:9).

Cuando compartimos el evangelio cara a cara con una persona no salva, somos colaboradores de Dios. Cuando repartimos un tratado del evangelio o predicamos a una multitud, estamos trabajando junto con el Padre. Nosotros tenemos el privilegio de plantar, otros de regar y algunos de cosechar, pero Dios hace crecer la planta.

BÚSQUEDA DEL ALMA

¿Estoy recogiendo o desparramando para Aquel a quien llamo mi Señor?

Padre, por favor muéstrame cómo puedo recoger para ti.

Los siete otros espíritus

Cuando el espíritu impuro sale del hombre, anda por lugares áridos en busca de reposo, pero al no encontrarlo dice: "Volveré a mi casa, de donde salí". Y cuando llega y la encuentra barrida y adornada, va y trae otros siete espíritus peores que él, y todos entran y allí se quedan a vivir. ¡Y el estado final de aquel hombre resulta peor que el primero!

Lucas 11:24-26

El arrepentimiento es la eliminación del veneno del alma. Es una limpieza de la casa. La Biblia dice que no hay que dar lugar al diablo. Cuando invitamos al pecado a entrar, el diablo está agazapado en la puerta. Así que guarda la puerta de tu corazón con toda diligencia. Ponle el cerrojo. Pon la alarma. Y cuando la conciencia envíe una alarma, hazle caso. Estás en peligro. Satanás vino a matar, robar y destruir.

"Sean prudentes y manténganse atentos, porque su enemigo es el diablo, y él anda como un león rugiente, buscando a quien devorar" (1 Pedro 5:8). La Biblia en la versión inglesa añade la palabra "pueda" devorar en este versículo. Le das permiso cuando te aventuras en su territorio oscuro y malvado. El mundo se adentra ignorantemente en la guarida del león, pero nosotros sabemos que no es así porque la Palabra de Dios nos da luz.

Hoy, decídete a caminar en la luz.

BÚSQUEDA DEL ALMA

¿Olvido a veces que estamos rodeados de oscuridad espiritual? ¿Camino en la luz?

Padre, mantenme cerca de ti.

El bendecido

*Más bien, dichosos los que escuchan
la palabra de Dios, y la obedecen.*

LUCAS 11:28

Jesús dijo esto en respuesta a una mujer que decía que su madre era bendita, y ciertamente lo era. Sin embargo, María era simplemente el recipiente humano que dio a luz al Salvador. Esta era la oportunidad perfecta para que Jesús la exaltara como Virgen María, como Madre de Dios, y para que cayéramos a sus pies en adoración.

Sin embargo, la Biblia nos dice que María dejó de ser virgen después de dar a luz a Jesús. Tuvo al menos otros cinco hijos: "¿No es éste el carpintero, hijo de María, hermano de Jacobo, de José, de Judas y de Simón? ¿No están también aquí con nosotros sus hermanas? Y se escandalizaban de él" (Marcos 6:3 RVR1960). Se hacen más referencias a los hermanos de Jesús en Mateo 12:46 y 13:55; Juan 2:12 y 7:3, 5 y 10; Hechos 1:14; 1 Corintios 9:5 y Gálatas 1:19.

Cuando se ofreció la bendición a María, Jesús dijo que los que escuchan la Palabra de Dios y la guardan son bendecidos. Esto se debe a que son salvados a través del evangelio, y nacer de nuevo es la forma de entrar en la vida eterna.

Que los muchos millones que tienen una forma de piedad (pero carecen del nuevo nacimiento) escuchen las palabras de Jesús en Juan 3, las obedezcan y sean bendecidos.

BÚSQUEDA DEL ALMA

¿He nacido realmente de nuevo? ¿Soy una nueva creación en Cristo?

Padre, ruego que los que no son salvos escuchen el evangelio y lo obedezcan.

La señal

*Esta generación es mala; demanda señal, pero señal
no le será dada, sino la señal de Jonás.
Porque así como Jonás fue señal a los ninivitas, también
lo será el Hijo del Hombre a esta generación.*

Lucas 11:29-30

Cuando la gente pidió algún tipo de "señal", Jesús dijo que eran malos. Necesitaban pruebas de que Jesús era el Mesías prometido, el Salvador del mundo. Nosotros no somos diferentes. El libro de los Romanos nos dice que toda la humanidad sabe que Dios existe gracias a la creación, y por lo tanto no tienen excusa (Romanos 1:18-20).

Nadie rechazaría a Jesús si creyera en Moisés. La ley es la clara guía hacia el Salvador, y no necesitan más señales. Los pecadores cierran sus oídos y cierran sus ojos porque aman sus pecados.

El mundo puede saber que Jesucristo es el Hijo de Dios mirando la cruz. Así como Jonás fue tragado por un gran pez y resucitó en la orilla, Jesús fue tragado por la muerte y resucitó al tercer día. Cuando nos apropiamos de la cruz y nuestras vidas son transformadas por el poder del evangelio, recibimos la única señal necesaria. Pasamos de la muerte a la vida.

BÚSQUEDA DEL ALMA

¿Me conformo con vivir por fe hasta que lo vea tal como es? ¿Cuándo he dudado de Él?

Padre, que pueda confiar plenamente en tus grandísimas y preciosas promesas hasta que pase a tu gloriosa presencia.

La sabiduría de Salomón

En el día del juicio, la reina del Sur se levantará con la gente de esta generación, y la condenará; porque ella vino desde los confines de la tierra para escuchar la sabiduría de Salomón, y aquí hay alguien que es más grande que Salomón.

LUCAS 11:31

Salomón era extremadamente sabio, inmensamente rico y políticamente poderoso. Cuando la reina de Saba vio su riqueza y su sabiduría, se sintió abrumada y dijo que no le habían contado ni la mitad (1 Reyes 10:7).

Como Esposa de Cristo, hemos vislumbrado al Salvador a través de las páginas de la Sagrada Escritura. En Él tenemos acceso a la múltiple sabiduría de Dios, tenemos verdaderas y eternas riquezas en Cristo, y hemos sido invitados a participar en el poder de la oración. Por medio de la oración de fe, podemos mover la mano de Dios y gobernar el destino de las naciones.

Hudson Taylor dijo: "El poder de la oración nunca ha sido probado en toda su capacidad... si queremos ver poderosas maravillas del poder y la gracia divina realizadas en el lugar de la debilidad, el fracaso y la decepción, respondamos al desafío permanente de Dios: 'Llámame y te responderé, y te mostraré cosas grandes y poderosas que no conoces'".

BÚSQUEDA DEL ALMA

¿Nublan las pruebas la eternidad de mis ojos? ¿Busco tu sabiduría a través de la oración de fe?

Padre, ayúdame a tener paz y alegría creyendo que tienes mi eternidad en tus manos.

Tragado por el miedo

En el día del juicio, los habitantes de Nínive se levantarán con esta generación, y la condenarán; porque al oír la predicación de Jonás se arrepintieron, y aquí hay alguien que es más grande que Jonás.

Lucas 11:32

Los hombres de Nínive se arrepintieron cuando Jonás les predicó. Qué maravilloso es ser utilizado por Dios de una manera tan sorprendente. Sin embargo, Jonás no corrió hacia la bendecida tarea, sino que huyó de ella. Dios le dijo que predicara el evangelio, la buena noticia de su misericordia y gracia. Pero Jonás tenía miedo, y huyó en la dirección opuesta.

La mayoría de nosotros puede identificarse con el cobarde Jonás. A nosotros también se nos ha dicho que prediquemos la buena nueva del evangelio, el arrepentimiento a todas las naciones, y queremos correr en otra dirección. Jonás no pudo alejarse de Dios, y debido a su desobediencia, terminó deprimido.

¿Podemos aprender una lección de Jonás? Acabaremos en la misma condición si nos resistimos a la voluntad de Dios. Una evidencia de que realmente hemos nacido de nuevo es que decimos con alegría: "Hacer tu voluntad, Dios mío, me agrada" (Salmos 40:8). "Pues este es el amor a Dios: que obedezcamos sus mandamientos. Y sus mandamientos no son difíciles de cumplir" (1 Juan 5:3). Dejamos que el amor se trague nuestros miedos en lugar de permitir que el miedo nos trague, dejándonos sintiéndonos culpables.

BÚSQUEDA DEL ALMA

¿Soy tan superficial que puedo dejar que los pecadores vayan al infierno sin advertirles?

Padre, por favor profundiza mi amor por ti y por los perdidos.

Esta pequeña luz

*Nadie esconde la luz que se enciende, ni la pone debajo
de un cajón, sino en el candelero,
para que los que entran vean la luz.*

LUCAS 11:33

¿Ha encendido Dios tu lámpara? ¿Has pasado de la muerte a la vida? Entonces permite que Dios te ponga en un candelero para que se vea la luz. Vivimos en un mundo oscuro y pecaminoso en el que los ciegos guían a los ciegos y en el que se necesita desesperadamente la luz de Dios en ti.

La Biblia dice de Jesús "a los que vivían en región de sombra de muerte, les resplandeció la luz" (Mateo 4:16). Cuando compartimos cara a cara o predicamos a Cristo crucificado por el pecado del mundo, damos luz a los que están sentados en la oscuridad; una luz que vence a las tinieblas. La noche siempre huye cuando sale el sol de la mañana: "Nosotros no nos predicamos a nosotros mismos, sino que proclamamos a Jesucristo como Señor, y nos declaramos siervos de ustedes por amor a Jesús. Porque Dios, que mandó que de las tinieblas surgiera la luz, es quien brilló en nuestros corazones para que se revelara el conocimiento de la gloria de Dios en el rostro de Jesucristo" (2 Corintios 4:5-6).

Deja que el amor de Cristo brille a través de ti hoy compartiendo el evangelio con una persona no salva.

BÚSQUEDA DEL ALMA

¿Ha habido momentos en los que he ocultado mi luz por miedo? ¿En qué situaciones tengo miedo de dejar que mi luz brille?

Padre, que tu luz brille hoy a través de mí.

La luz del ojo

La lámpara del cuerpo es el ojo. Cuando tu ojo es bueno,
también todo tu cuerpo está lleno de luz; pero cuando tu ojo
es malo, también tu cuerpo estará a oscuras. Ten cuidado,
no sea que la luz que hay en ti resulte ser oscuridad.
Así que, si todo tu cuerpo está lleno de luz, y no participa
de la oscuridad, será todo luminoso, como cuando una
lámpara te alumbra con su resplandor".

LUCAS 11:34-36

Deberíamos temblar cuando pensamos en lo que los impíos
introducen a través de sus ojos. Permiten que la perversión
sexual, la violencia terrible e incluso las escenas de horror inva-
dan sus almas, todo en nombre del entretenimiento. Al hacerlo,
opacan la luz interior que le es dada a cada persona. Jesús dijo:
"Pero cuando tu ojo es malo, también tu cuerpo estará a oscuras".

En cambio, se nos llama hijos de la luz. Huimos de las tinieblas para permanecer en la luz y llenar nuestros corazones con
la luz de la Palabra de Dios: "Por lo demás, hermanos, piensen
en todo lo que es verdadero, en todo lo honesto, en todo lo justo,
en todo lo puro, en todo lo amable, en todo lo que es digno de
alabanza; si hay en ello alguna virtud, si hay algo que admirar,
piensen en ello" (Filipenses 4:8).

BÚSQUEDA DEL ALMA

¿Está mi entretenimiento de acuerdo con la voluntad de Dios?
¿Se sentiría Jesús cómodo en las actividades que realizó?

Padre, que solo me entretenga en lo que sé que será agradable a
tus ojos.

Piedad superficial

*Ustedes los fariseos limpian por fuera el vaso y el plato,
pero por dentro están llenos de robo y de maldad. ¡Necios!
¿Acaso el que hizo lo de afuera, no hizo también lo de
adentro? Den limosna de lo que está adentro, y así todo
quedará limpio para ustedes.*

Lucas 11:39-41

Los fariseos eran muy meticulosos con su piedad exterior. Sin
embargo, a Dios no le impresionaba su religiosidad. Para Él, eran
como una copa limpia llena de veneno. Él requiere la verdad en
las partes internas, porque ve nuestros pensamientos y discierne
los motivos del corazón. Por lo tanto, Jesús razonó con ellos sobre
su idolatría. El dios al que servían estaba ciego a su hipocresía, no
le importaba o no existía.

Cuando Dios hizo su piel, también hizo su sangre y sus huesos.
Su creación no fue superficial. Cuando hizo el cerebro, también
creó la capacidad de pensar. No debería haberles sorprendido saber
que Él conocía cada uno de sus pensamientos. Nada está oculto a
sus ojos: "Nada de lo que Dios creó puede esconderse de él, sino
que todas las cosas quedan al desnudo y descubiertas a los ojos de
aquel a quien tenemos que rendir cuentas" (Hebreos 4:13).

BÚSQUEDA DEL ALMA

¿Limpio a veces lo exterior y descuido lo interior? ¿Hay algo
que esté ocultando?

Padre, ayúdame a verte con los ojos de la fe.

El motivo

¡Ay de ustedes, fariseos!, que dan el diezmo de la menta y de la ruda, y de toda clase de hortalizas, pero pasan por alto la justicia y el amor de Dios. Esto es necesario que lo hagan, sin dejar de hacer aquello.

LUCAS 11:42

"¡Ay de ustedes!". Qué temible advertencia de ira para salir de los misericordiosos labios del Hijo de Dios. Estas fueron palabras diseñadas para ser un látigo que limpió el templo. Sin embargo, aquí hay más de lo que parece.

Podemos alegrarnos por la mesa volcada, pero fácilmente pasamos por alto el amor que motivó a Jesús. Él reprendió a los fariseos porque los amaba. A veces, Jesús les dijo a sus discípulos que los dejaran en paz porque eran como el ciego que guía al ciego. Aquí, Él les advirtió.

También debemos reprobar y reprender a este mundo, a veces con palabras fuertes: "que prediques la palabra; que instes a tiempo y fuera de tiempo; redarguye, reprende, exhorta con toda paciencia y doctrina" (2 Timoteo 4:2).

Si amamos a los pecadores, les advertiremos. Su hipocresía y su autojustificación cegadora solo los consolarán temporalmente.

BÚSQUEDA DEL ALMA

¿Me motiva siempre el amor? ¿Estoy dispuesto a decir la verdad, aunque suene dura?

Padre, deja que tu amor me llene a plenitud.

¡Ay de ti!

¡Ay de ustedes, fariseos!, que aman los primeros lugares en las sinagogas, y los saludos en las plazas.

LUCAS 11:43

Que Dios nos libre de amar la alabanza de los hombres. Es muy fácil hacerlo, porque el afán del ego puede ser agradable para nuestras almas orgullosas. Somos como flores florecientes que se regodean en la luz del sol de los aplausos. ¿A quién no le gusta los mejores asientos, y a quién no le anima que la gente nos reconozca con un cálido saludo? Los fariseos, además de ser enfermizamente orgullosos y santurrones, eran condescendientes con los demás.

Hollywood vive para la adulación. Optimiza el mundo; se premia a sí mismo. Semejante arrogancia nunca debería entrar en un púlpito o en un banco. Vivimos en un mundo diferente donde se resiste el orgullo y se exalta la humildad.

Nuestro mundo es un terreno sagrado sobre el que deberíamos quitarnos los zapatos del orgullo humano. La alabanza de los hombres debe desprenderse como el agua del lomo de un pavo real orgulloso. No debe acercarse a nuestra carne. Solo hay un asiento que debemos amar, y es el que está a los pies del Salvador.

BÚSQUEDA DEL ALMA

¿No me diferencio de los fariseos en que busco la adulación del mundo? Piensa en una ocasión en la que hayas tropezado con tu orgullo.

Padre, solo busco tu sonrisa. Todo lo demás es secundario.

Nuestro legado

¡Ay de ustedes, escribas y fariseos, hipócritas!
Son ustedes como sepulcros que no se ven, y los que
pasan por encima no lo saben.
LUCAS 11:44

Qué rápido olvida el mundo a sus muertos. Se recuerda a los seres queridos y se les echa mucho de menos, pero la mayoría de los que pasan a la eternidad están fuera de la vista y, por tanto, fuera de la mente. Algunos iconos permanecen. Shakespeare, Napoleón, Beethoven y algunos otros se encuentran como bustos inanimados en escritorios y museos, sobresaliendo por encima del resto. Sin embargo, miles de millones han sido olvidados, dejados en el polvo de la historia.

Hay algo trágico cuando los entrevistadores preguntan a los famosos en sus últimos días cómo les gustaría ser recordados. Es triste saber que no estarán para saber si alguien los recuerda o no.

Sin embargo, somos como el ladrón en la cruz que susurró: "Señor, acuérdate de mí". Todos los que lo hagan no serán olvidados por Dios. ¡Oh, qué consuelo es saber que somos más que polvo pasajero por el amor y la misericordia de nuestro Creador!

BÚSQUEDA DEL ALMA

¿Tengo una perspectiva eterna?

Padre, gracias por salvarme de la inutilidad.

Nuestra libertad

¡Ay de ustedes también, intérpretes de la ley! Porque imponen a los otros cargas muy difíciles de llevar, pero ustedes ni siquiera con un dedo las tocan.

Lucas 11:46

Estos maestros de la ley no eran como los abogados defensores de hoy en día. Eran expertos en la ley de Dios, cuyo deber sagrado y sobrio debería haber sido exponer la ley de Moisés para Israel. Enseñaban en las sinagogas y deberían haber estado bien versados y humillados por la ley de Moisés y sus preceptos. En lugar de ello, se hicieron los hipócritas poniendo el peso de sus inútiles tradiciones sobre los hombros de los demás.

La carga del pecado se desprende de nuestros hombros cuando venimos al Salvador. Pablo habló de esta libertad cuando los gálatas fueron tentados a volver bajo la ley. Dijo: "Manténganse, pues, firmes en la libertad con que Cristo nos hizo libres, y no se sometan otra vez al yugo de la esclavitud" (Gálatas 5:1).

Que podamos ser como maestros bíblicos para esta generación impía, exponiendo la ley, como hizo Jesús, y haciéndola aplicable a ellos. Que actúe como un tutor para llevarlos a la libertad que se encuentra en Jesucristo.

BÚSQUEDA DEL ALMA

¿Sentí el peso de mi pecado antes de llegar a la cruz? ¿Puedo recordar la tremenda sensación de alivio y alegría que tuve cuando mi carga desapareció?

Padre, ayúdame hoy a ser fuerte y valiente en mis esfuerzos de evangelización.

Las obras de sus padres

¡Ay de ustedes, los que erigen los sepulcros de los profetas que mataron los antepasados de ustedes! Con ello, no sólo son ustedes testigos sino cómplices de lo que hicieron sus antepasados, pues ellos los mataron y ustedes les erigen sus sepulcros.

LUCAS 11:47-48

Los líderes religiosos honraron a los profetas, pero solo de labios. Deberían haber llorado de remordimiento por los actos de sus padres. Pero no estaban avergonzados. Eran orgullosos.

El comentario Pulpit dice de este pasaje:

"Sus padres", dijo, "mataron los profetas; ustedes completan su malvada obra edificando tumbas para estos hombres de Dios asesinados. En otras palabras, ustedes pretenden enmendar los crímenes de las generaciones pasadas con esta muestra de piedad ostentosa; [...] si realmente honran, como profesan hacer con esta magnífica construcción de tumbas, a los santos hombres de Dios que ellos mataron, ¿actuarían como lo están haciendo ahora, intentando quitarme la vida? ¿No es mi vida como las vidas de esos viejos profetas asesinados? ¿No son mis palabras parecidas a las suyas?"[13]

BÚSQUEDA DEL ALMA

¿Escudriño diariamente los motivos de mis acciones?

Padre, tú eres el que discierne todos los pensamientos y las intenciones. Ayúdame a recordar que debo vivir a la luz de ese conocimiento.

Nada es imposible

Por eso, Dios en su sabiduría dijo: "Les enviaré profetas y apóstoles. De ellos, a unos matarán y a otros perseguirán". Por lo tanto, a la gente de esta generación se le demandará la sangre de todos los profetas, que desde la fundación del mundo ha sido derramada, desde la sangre de Abel hasta la sangre de Zacarías, que murió entre el altar y el templo. Sí, les aseguro que será demandada de esta generación.

LUCAS 1:49-51

Con frecuencia los escépticos miran la maldad registrada en la Biblia y asumen que el culpable se salió con la suya. Sin embargo, el tiempo demostrará que están equivocados. En el día del juicio, toda la creación será silenciada con el conocimiento de que se hará justicia. No solo los asesinos recibirán su merecido, sino que los hombres y las mujeres también darán cuenta de toda palabra y pensamiento ocioso. Dios será revindicado y glorificado.

¿Cómo puede Dios ver cada pensamiento y cada acto realizado por billones a lo largo de la historia? Piensa en esto: Dios creó cada tendón y cada hueso, cada gota de sangre, cada mechón de pelo de cada cabeza humana y cada átomo del que están hechas las cosas. Cada uno de ellos. Estos pensamientos son impresionantes, pero nos ayudan a comprender que, con Dios, nada es imposible.

BÚSQUEDA DEL ALMA

¿Soy cuidadoso con mis palabras y pensamientos? ¿Tengo en cuenta que Dios conoce cada una de mis palabras y actos?

Padre, ayúdame a caminar en la luz hoy.

La llave perdida

¡Ay de ustedes, intérpretes de la ley! Porque se han apoderado de la llave del conocimiento, ¡y ni ustedes entraron, y a los que sí querían entrar se lo impidieron!

Lucas 11:52

Las llaves tienen una forma de perderse. Pero vemos en este versículo que la llave del conocimiento fue deliberadamente arrebatada por las mismas personas debían liberar a los cautivos del pecado.

Los maestros de la ley debían ser expertos en la ley de Dios. Ellos deberían haber expuesto sus preceptos, mostrando la verdadera naturaleza del pecado y la justicia de Dios. Esto es lo que hizo Jesús en el Sermón del monte. Él amplió y elevó la ley mostrando que Dios consideraba la lujuria como un adulterio (Mateo 5:27-28). También mostró que la ira y el odio son una transgresión del sexto mandamiento. La ley moral nos muestra cuán lejos estamos de la gloria de Dios. Nos muestra que somos pecadores que necesitamos desesperadamente al Salvador.

Los maestros de la ley no fueron fieles a Dios ni a su Palabra. Doblaron la llave, haciéndola inútil y así se dejaron a sí mismos y a sus oyentes encerrados en la prisión del pecado para su propia y justa condenación.

BÚSQUEDA DEL ALMA

¿Alguna vez distorsiono las Escrituras para que digan algo que no dicen porque quiero justificarme?

Padre, que siempre lea tu Palabra con temor y temblor.

La levadura

Cuídense de la levadura de los fariseos, que es la hipocresía.
LUCAS 12:1

Cuidado con la hipocresía. Es cegadora y muy sutil. Jesús la comparó con lo que comúnmente llamamos "levadura", que es el agente leudante que se utiliza para hornear.

La levadura se hincha y eso describía perfectamente a los fariseos. Se negaron a mirarse en el espejo de la ley para ver cómo se veían en la verdad, por lo que se inflaron en su presunciosa autojustificación. Estaban orgullosos de su apariencia: sus túnicas fluyentes, sus oraciones fluyentes, y cómo el dinero fluía públicamente de sus manos hacia el tesoro.

Cuando la ley se utiliza correctamente, nos despoja de nuestra supuesta justicia, dejándonos moralmente rotos y humillados ante Dios. Nos muestra que nuestras ropas deberían estar hechas de tela de saco, nuestras oraciones deberían ser discretas y nuestras ofrendas deberían hacerse en secreto.

La ley moral no solo nos lleva al pie de la cruz en humildad, sino que también nos mantiene allí. Son las exigencias de la ley las que nos mantienen confiados en la gracia de Dios en Cristo, en lugar de estar hinchados de orgullo.

BÚSQUEDA DEL ALMA

¿Tiemblo ante la ley que desprecié, como dice el autor del himno? ¿Hay orgullo en alguna parte de mi vida?

Padre, gracias por salvarme de la ira de la justicia eterna.

Vendrá el día

Porque no hay nada encubierto que no haya de ser
manifestado, ni nada oculto que no haya de saberse.
Por tanto, todo lo que ustedes digan en la oscuridad,
se oirá a plena luz, y lo que ustedes musiten en la alcoba,
se dará a conocer desde las azoteas.

LUCAS 12:2-3

En el versículo anterior, Jesús advirtió sobre la hipocresía; luego da la explicación. Debemos cuidarnos de la hipocresía porque podemos ser capaces de engañar a los que nos rodean, fingiendo que amamos a Dios, pero no lo engañamos a Él. Él va a llevar todo a juicio, incluyendo cada cosa secreta, ya sea buena o mala. Cada acto vergonzoso que se ha hecho en la profundidad de la oscuridad va a ser traído a la luz. Dios será el juez que presida y la ley descubrirá cada pieza de evidencia condenatoria.

Un pensamiento tan serio debería motivarnos a trabajar en nuestra salvación "con temor y temblor" (Filipenses 2:12). Debería ayudarnos a cultivar una conciencia tierna, confesando y abandonando cualquier pecado que se cuele en nuestros corazones. Nunca debemos tener miedo de ese temor. Nos mantendrá alejados del mal.

BÚSQUEDA DEL ALMA

¿Está mi corazón libre de hipocresía? ¿Camino en el temor de Dios?

Padre, ayúdame a amarte y a temerte al mismo tiempo, como hizo Jesús.

Teme a Dios

Amigos míos, yo les digo a ustedes que no deben temer a los que matan el cuerpo, pero más de eso no pueden hacer después. Yo les voy a enseñar a quién deben temer: Teman a aquel que, después de quitar la vida, tiene el poder de arrojarlos en el infierno. Sí, a él ténganle miedo.

LUCAS 12:4-5

Fíjate en que Jesús dice esto a sus amigos. Es una advertencia íntima, sincera, sobria y amorosa. Está describiendo la naturaleza del Dios que la humanidad tiene que enfrentar en el día del juicio. Piensa en lo que Jesús está diciendo. Un hombre se acerca a ti con un cuchillo y te va a matar... ¿y Jesús dice que no tengas miedo? Por supuesto tendríamos miedo. ¡Imaginar un escenario así es aterrador!

Jesús nos da un contraste. Que alguien se acerque a ti con un cuchillo y con el asesinato en sus ojos (por aterrador que sea) no es nada comparado con caer en las manos del Dios vivo. El asesino simplemente nos saca de esta vida, pero Dios nos llevará a la siguiente, desatando su ira sobre los que se encuentren en pecado en ese día y los arrojará al infierno. Por eso, Jesús dijo que debemos temer a Dios sobre todas las demás cosas.

BÚSQUEDA DEL ALMA

¿Temo realmente a Dios? ¿Mi actitud hacia el pecado refleja el temor del Señor?

Padre, abre mi entendimiento para que te tema de verdad.

Creación especial

¿Acaso no se venden cinco pajarillos por un par de monedas? Sin embargo, Dios no se olvida de ninguno de ellos. Lo mismo pasa con ustedes, pues hasta los cabellos de su cabeza están todos contados. Así que no teman, pues ustedes valen más que muchos pajarillos.

LUCAS 12:6-7

El mundo quiere hacernos creer que no somos mejores que las bestias del campo. Creen que tenemos un ancestro común en los primates y, por tanto, somos "primates parlantes". Sin embargo, la Biblia nos dice que estamos hechos a imagen y semejanza de Dios. Tenemos un sentido de la justicia y la verdad; nos preocupamos profundamente por el bien y el mal. Esto nos hace únicos y especiales entre las muchas criaturas que vagan por la tierra.

No solo somos únicos en la creación, sino que también tenemos un gran valor a los ojos de nuestro Creador. Tanto es así que Él consideró oportuno bajar en la persona del Salvador y sufrir por nuestros pecados.

Si Dios se fija en el gorrión común, ¿cuánto más se fija en ti y en mí? Por lo tanto, toma en serio estas preciosas palabras de Jesús y no temas nunca, porque somos de gran valor para Dios.

BÚSQUEDA DEL ALMA

¿Creo que Dios me valora? ¿Cómo influirá este pensamiento en mi día?

Padre, gracias por la cruz. En ella veo tu amor.

La llamada universal

Yo les digo que a todo aquel que me confiese delante de los hombres, también el Hijo del Hombre lo confesará delante de los ángeles de Dios. Pero al que me niegue delante de los hombres, se le negará delante de los ángeles de Dios.

Lucas 12:8-9

¿Confesamos con valentía a Jesús ante este mundo amante del pecado o nos avergonzamos de la cruz? ¿Por qué habríamos de avergonzarnos de decir que le pertenecemos? Somos nosotros de los que Él debería avergonzarse porque somos nosotros los que hemos hecho actos vergonzosos:

> En el monte calvario
> Estaba una cruz
> Emblema de afrenta y dolor
> Más yo amo esa cruz
> Do murió mi Jesús
> Por salvar al más vil pecador

Jesús dijo que "cualquiera" que lo confiese ante los hombres será confesado por Él ante Dios. Eso significa que cualquiera puede ser salvado, porque Él es capaz de salvar a cualquiera que se humille e invoque su nombre.

BÚSQUEDA DEL ALMA

¿Aprecio que "cualquiera" me incluya a mí? ¿Cómo sería mi vida ahora si no hubiera venido a Cristo?

Padre, gracias por la naturaleza universal de la salvación.

Hijos rebeldes

Toda palabra que se diga en contra del Hijo del Hombre, será perdonada; pero toda blasfemia en contra del Espíritu Santo no será perdonada.

LUCAS 12:10

Dios está dispuesto a perdonar las palabras habladas contra Jesús, pero no está dispuesto a perdonar la blasfemia contra el Espíritu Santo. Ese es un pensamiento aterrador.

Fue triste cuando hace unos años atrás, un grupo de ateos se unió e hizo lo que llamaron "El desafío de la blasfemia". Hicieron videos de ellos mismos blasfemando al Espíritu Santo, usando este versículo como base. Eran como niños pequeños rebeldes que estaban bebiendo arsénico, solo porque sus padres les advirtieron que no lo bebieran.

Solo Dios sabe si alguno de ellos realmente blasfemó contra el Espíritu Santo, pero seguro que no me gustaría estar en su lugar cuando se presenten ante Dios.

Una vez, un ateo se puso a mi lado cuando estaba predicando el evangelio y pidió a Dios que lo matara. Luego dijo: "¡No pasó nada!".

Le contesté: "Sí, lo hizo. Acabas de almacenar más ira que se revelará en el día del juicio".

BÚSQUEDA DEL ALMA

¿Está mi corazón roto por esta generación rebelde? ¿Estoy dispuesto a comenzar a orar por ellos diariamente?

Padre, clamo por los pecadores ciegos y perdidos.

Noviembre

Lo que debes decir

*Cuando ustedes sean llevados a las sinagogas, y presentados
ante magistrados y autoridades, no se preocupen de cómo
o qué responder, o qué decir, porque en ese mismo instante
el Espíritu Santo les enseñará lo que deban decir.*

Lucas 12:11-12

Jesús dijo que cuando te lleven a las sinagogas y a los magistrados
y autoridades, no te preocupes. Es consolador saber que Dios
conoce el futuro, aunque no sea de color de rosa.

Jesús dijo que no había que preocuparse por cómo o qué
decir, porque Él les enseñaría en el preciso momento que necesitaban saberlo.

El apóstol Pablo usa la palabra "debería" muchas veces cuando
hablaba de su propia responsabilidad evangelística. Pidió que
oraran para que pudiera hablar como debía hablar.

Nosotros también debemos hablar. Los pecadores están
muriendo y yendo al infierno. ¿Cómo no vamos a advertirles? Jesús
estaba advirtiendo a sus discípulos de la persecución que se aveci-
naba y diciendo que debemos advertir incluso a los que nos odian.

Sabemos lo que debemos decir porque tenemos el Espíritu
Santo, cosa que los discípulos no tenían. También tenemos el
Nuevo Testamento completo, que nos dice que debemos predicar
el evangelio a tiempo y fuera de tiempo... y así debemos hacerlo.

BÚSQUEDA DEL ALMA

¿Estoy alguna vez desorientado en cuanto a lo que debo decir
a los pecadores perdidos? ¿Estoy dispuesto a estudiar el tema
para llegar a dominarlo?

*Padre, enséñame a compartir el evangelio con este mundo
moribundo.*

La voluntad de Dios

*Hombre, ¿quién me ha puesto como juez
o mediador entre ustedes?*
LUCAS 12:14

La historia de la humanidad nos muestra que la humanidad ha utilizado sistemáticamente a Dios para su propio fin. Somos libres de decir lo que pensamos porque nuestro Creador nos dio a cada uno de nosotros un libre albedrío. Por eso algunos se consideran portavoces de Dios. Ellos no necesariamente aman su Palabra o tienen temor de Él en sus corazones, pero hablan de todos modos... desde su oscura imaginación.

Es común que los manifestantes políticos sostengan carteles con versículos de la Biblia, completamente fuera de contexto, para tratar de justificar su causa. Los políticos suelen citar un versículo de la Biblia y hacer referencias a Dios para conseguir votos. Las naciones van a la guerra y dicen: "Que Dios esté con nosotros", como hicieron los nazis u otros grupos de personas perjudiciales.

En este versículo, alguien de la multitud quería que Jesús se pusiera de su lado en su causa, pero Jesús no quiso. Si tememos a Dios, nunca debemos usar la Palabra de Dios para justificar nuestras acciones. Más bien, siempre seremos guiados a su voluntad por su Palabra.

BÚSQUEDA DEL ALMA

¿He sido alguna vez culpable de intentar manipular a Dios para mis propios fines?

Padre, que siempre me ponga de tu lado en lugar de intentar que tú te pongas de mi lado.

El verdadero tesoro

Manténganse atentos y cuídense de toda avaricia, porque la vida del hombre no depende de los muchos bienes que posea.
Lucas 12:15

Quizás uno de los versículos bíblicos más conocido es el de Salmos 23:1: "El Señor es mi pastor, nada me falta". Cuando Dios es nuestra fuente de gozo, cuando Él es nuestro gran tesoro, todos los bienes materiales de este mundo amontonados juntos no son más que basura comparados con lo que tenemos en Cristo. Esto es lo que afirmó Pablo: "Y a decir verdad, incluso estimo todo como pérdida por la excelencia del conocimiento de Cristo Jesús, mi Señor. Por su amor lo he perdido todo, y lo veo como basura, para ganar a Cristo" (Filipenses 3:8).

¿Cuánto dinero nos gustaría tener en el banco? ¿Qué cifra nos daría la tranquilidad perfecta para afrontar un futuro incierto? ¿Un millón? ¿Diez millones? Jesús dijo que nos cuidáramos de la avaricia: ¡es importante! De alguna manera, la violación del décimo mandamiento parece menos grave que el robo o el adulterio, pero a menudo es el catalizador que desencadena el robo y el adulterio.

Mientras que los ricos impíos parecen tenerlo todo en la vida, son desesperadamente pobres sin el Salvador. Las riquezas financieras no valen nada en el día de la ira, pero la justicia libra de la muerte.

BÚSQUEDA DEL ALMA

¿Alguna vez envidio a los ricos? ¿Hay cosas que codicio?

Padre, ayúdame a estar contento en Cristo.

Tierra pisoteada

*Un hombre rico tenía un terreno que le produjo
una buena cosecha.*

Lucas 12:16

Si hay algo que la mayoría de nosotros da por sentado, es el suelo.
La llamamos "tierra" y la pisoteamos como si no sirviera para
nada. Pero fue la tierra la que Dios utilizó para hacer al hombre:
"Entonces, del polvo de la tierra Dios el Señor formó al hombre,
e infundió en su nariz aliento de vida. Así el hombre se convirtió
en un ser con vida" (Génesis 2:7).

Es interesante, pero no sorprendente, saber que la ciencia está
de acuerdo con la Biblia en esto. Los elementos que componen el
suelo son los mismos que componen el cuerpo humano. Los científicos dicen que venimos del polvo de las estrellas. Al menos tienen
razón en lo del polvo. En los funerales decimos: "del polvo al polvo".

La tierra nos da nuestra comida. Toda ella. Incluso los animales
que comemos se alimentan de la comida que ha crecido en el suelo.

Así que la próxima vez que pases tus manos por un suelo rico,
toma una pausa y piensa en lo que tienes en tus manos. Piensa en
lo increíble que es nuestro Dios al esconder tanta vida potencial
en el suelo.

BÚSQUEDA DEL ALMA

Si hay un conflicto entre la Palabra de Dios y la palabra del
hombre (la ciencia), ¿me pongo siempre del lado de la Biblia?

Padre, ayúdame a confiar siempre en tu Palabra.

Un préstamo

Y este hombre se puso a pensar: "¿Qué voy a hacer? ¡No tengo dónde guardar mi cosecha!". Entonces dijo: "¡Ya sé lo que haré! Derribaré mis graneros, construiré otros más grandes, y allí guardaré todos mis frutos y mis bienes".

Lucas 12:17-18

Una popular película infantil caracterizó perfectamente a las codiciosas gaviotas haciéndolas graznar continuamente: "¡Mío!" "¡Mío!".

Eso también caracteriza a los seres humanos: "Mío" es una de las primeras palabras que dice un niño pequeño. El mundo gira en torno a él y si no viene al pie de la cruz cuando sea mayor, se creerá dueño y el centro del universo. Obviamente, ninguno de nosotros lo es. De hecho, ni siquiera somos dueños de nada en la vida: todo es un préstamo de Dios.

En estos dos versículos, Jesús nos muestra el resultado de la codicia. El rico codicioso dijo "yo" cinco veces y "mi" cuatro veces. Había construido su vida en torno a sí mismo y no a Dios. Era rico con los bienes de este mundo, pero los dejó todos atrás cuando murió.

BÚSQUEDA DEL ALMA

¿Hay cosas en mi vida a las que me aferro egoístamente? ¿Acumulo posesiones que otros necesitan más que yo?

Padre, haz que vea todas las cosas como si fueran un préstamo tuyo.

El alma

Y me diré a mí mismo: Ya puede descansar mi alma, pues ahora tengo guardados muchos bienes para muchos años. Ahora, pues, ¡a comer, a beber y a disfrutar! Pero Dios le dijo: "Necio, esta noche vienen a quitarte la vida; ¿y para quién será lo que has guardado?". Eso le sucede a quien acumula riquezas para sí mismo, pero no es rico para con Dios.

Lucas 12:19-21

Algunos escépticos no creen en la existencia del alma humana. Realmente creen que lo invisible no existe, aunque el viento, el amor, la electricidad y la gravedad no se ven. Y también lo es el alma.

El alma es simplemente nuestra vida, y es nuestra vida la que dejará nuestro cuerpo cuando muramos.

El hombre de la parábola se dijo a sí mismo que todo estaba bien con su alma cuando no era así. Siguió adelante e hizo sus planes impíos para el futuro, pero no iba a suceder. La muerte no espera por ningún hombre.

Qué trágico que haya multitudes como él. Planifican solo para el futuro de esta corta vida acumulando sus tesoros en la tierra e ignorando la eternidad. Que Dios los despierte a su destino.

BÚSQUEDA DEL ALMA

¿Qué tipo de tesoros estoy acumulando? ¿Están en el cielo o en la tierra?

Padre, ayúdame a ser rico para contigo.

Preocupación y confianza

Por eso les digo que no se preocupen por su vida ni por lo que han de comer, ni por su cuerpo ni por lo que han de vestir. La vida es más que la comida, y el cuerpo es más que el vestido.

Lucas 12:22-23

Este maravilloso versículo bíblico no se refiere solo a la ropa y la comida. Es sobre la preocupación. Alguien dijo una vez que la preocupación no hace nada por el mañana; solo le quita la fuerza al día de hoy.

La preocupación y el miedo al futuro nos quitan cada día el gozo, el gozo que viene del Señor y que es nuestra fortaleza. La mayoría de las veces, nuestros temores nunca se hacen realidad. Un viejo proverbio dice: "La preocupación suele dar una gran sombra a una cosa pequeña".

Jesús está diciendo que no necesitamos estresarnos por nuestras necesidades, aunque son legítimas. Por supuesto, necesitamos dinero para la gasolina, la comida y la ropa, pero si no miramos a Dios como proveedor de nuestras necesidades, la vida puede resultar abrumadora.

La cuestión radica en la confianza. ¿Dónde está y en qué está? Si está en nuestro Padre celestial, mantendremos nuestro gozo y nuestra paz.

BÚSQUEDA DEL ALMA

¿Las cargas de la vida cotidiana me abruman a veces? ¿Me preocupo o confío mis cargas al Señor?

Padre, hoy decido no preocuparme. La fe no lo permite.

Considera las aves

Fíjense en los cuervos: no siembran, ni siegan; no tienen almacenes ni bodegas, y no obstante Dios los alimenta. ¿Acaso no valen ustedes mucho más que las aves?

Lucas 12:24

Piensa en las aves por un minuto. Tienen plumas, alas, ojos increíbles, un corazón, un hígado, pulmones y un apetito. Tienen instintos para procrear, construir nidos, criar a sus crías y vigilar a los depredadores. ¿Cómo es que saludan cada día con una canción? ¡Nuestro Dios es increíblemente creativo!

Los hermanos Wright también consideraron a las aves. Así aprendieron el principio del vuelo.

Al considerarlos, podemos aprender importantes principios de la vida cotidiana. Las aves no son como nosotros. No siembran semillas en la tierra, no recogen el fruto de su trabajo, ni guardan la comida ni la conservan en refrigeradores y latas como hacemos nosotros. Jesús dijo que Dios mismo se ocupa directamente de ellas. Él las alimenta.

No es casualidad que tengan el deseo de comer ciertos alimentos y que esos alimentos existan. Dios los hizo y suple todas sus necesidades. Por lo tanto, Él los valora lo suficiente como para cuidar de ellos. Y Jesús dice que somos más valiosos que muchas aves, así que, ¿cuánto más nos cuidará Él?

BÚSQUEDA DEL ALMA

¿Pienso en el increíble valor que tengo para Dios? ¿Cómo eso afectará mi día?

Padre, gracias por las maravillosas palabras de Jesús.

Considera los lirios

¿Quién de ustedes, por mucho que lo intente, puede añadir medio metro a su estatura? Pues si ustedes no pueden hacer ni lo más pequeño, ¿por qué se preocupan por lo demás? Fíjense en los lirios, cómo crecen, y no trabajan ni hilan; pero yo les digo que ni Salomón, con todas sus riquezas, llegó a vestirse como uno de ellos. Y si Dios viste así a la hierba, que hoy está en el campo y mañana es echada al horno, ¡cuánto más hará por ustedes, hombres de poca fe!

LUCAS 12:25-28

La reina de Saba quedó sorprendida (más allá de las palabras) ante la increíble gloria de Salomón. Sin embargo, las flores comunes y pasajeras lo eclipsan. Las flores están hoy aquí y desaparecen mañana; florecen y luego se marchitan y mueren.

Pedro dijo que toda la carne es como la hierba transitoria: "Toda carne es como la hierba, y toda su gloria es como la flor de la hierba. La hierba se seca, y la flor se cae" (1 Pedro 1:24-25).

Nacemos, florecemos, nos marchitamos y morimos. Pero hay una gran diferencia entre nosotros y las flores. Somos eternos, y somos más que una planta hermosa y fragante. Estamos hechos a imagen y semejanza de Dios, así que ¿cuánto más cuidará Él de nosotros?

BÚSQUEDA DEL ALMA

¿Pienso en la maravilla de estar hecho a imagen de Dios? ¿Cómo esta verdad afecta mi sentido del valor que tengo?

Padre, gracias porque, aunque me marchite como una hoja, tú preservarás mi alma para siempre.

Rendición total

Así que no se preocupen ni se angustien por lo que han de comer, ni por lo que han de beber. Todo esto lo busca la gente de este mundo, pero el Padre sabe que ustedes tienen necesidad de estas cosas. Busquen ustedes el reino de Dios, y todas estas cosas les serán añadidas.

Lucas 12:29-31

El gran principio de la vida cristiana es poner a Dios en primer lugar en nuestros afectos. Es amarlo con todo nuestro corazón, mente, alma y fuerzas. Es hacer lo que Pablo suplicó a los romanos que hicieran: presentar sus cuerpos como sacrificios vivos, "santos y agradables a Dios. ¡Así es como se debe adorar a Dios!" (Romanos 12:1). Es hacer lo que David dijo que hicieran: deleitarse en el Señor (Salmos 37:4).

Es por nuestra obediencia que probamos nuestro amor por Dios (Juan 14:21). En nuestra obediencia buscamos primero su reino, es decir, su voluntad por encima de la nuestra. Es el fruto de nuestra experiencia personal en Getsemaní.

Los que no se rinden a Dios nunca conocerán la libertad perfecta (Juan 8:31-32).

BÚSQUEDA DEL ALMA

¿He gritado de una vez por todas: "No se haga mi voluntad, sino la tuya"?

Padre, hoy te entrego todo a ti.

El placer de Dios

Ustedes son un rebaño pequeño. Pero no tengan miedo,
porque su Padre ha decidido darles el reino.
LUCAS 12:32

Aquí el Buen Pastor habla a su amado rebaño. Él es quien dio su vida por las ovejas, y oímos su maravillosa voz diciéndonos las palabras más reconfortantes del gran amor de nuestro Padre. Le agrada darnos vida eterna y placer para siempre.

"Dios nos ama" no es un estereotipo vacío. Él demostró su gran amor por nosotros en la cruz (Romanos 5:8). Como cualquier padre amoroso, Él se goza de darle a sus hijos. Piénsalo. Él Dios Todopoderoso ha preparado un glorioso y eterno reino de placer para aquellos que lo aman.

Todo placer en esta vida es temporal. El placer del reino de Dios será eterno. Créelo con todo tu corazón, y que tu gozo sea pleno.

BÚSQUEDA DEL ALMA

¿Tengo gozo ahora mismo porque creo?

Padre, gracias por mi glorioso futuro, una luz que brillará más y más hasta ese perfecto día.

La raíz de todo mal

Vendan lo que ahora tienen, y denlo como limosna.
Consíganse bolsas que no se hagan viejas, y háganse en los
cielos un tesoro que no se agote. Allí no entran los ladrones,
ni carcome la polilla. Porque donde ustedes tengan su tesoro,
allí también estará su corazón.

Lucas 12:33-34

Solo Dios, tú y tu contable conocen la ubicación de tu tesoro, lo cual revela lo que amas en la vida.

El amor al dinero debería asustarnos porque es la raíz de todos los males (1 Timoteo 6:10). Se asesinan personas, se destruyen matrimonios, se venden drogas, se roban bancos, se roban bolsos, se roban identidades, se inician guerras y mucho más, todo por el amor al dinero. La Biblia advierte que los que se entregan a la codicia experimentan por sí mismos dolores (v. 10).

Así que protégete de tan sutil mal. Sé bondadoso con tu dinero. Da a tu iglesia local, a los misioneros y a los ministerios centrados en Cristo que están alcanzando a los perdidos. Da también a los necesitados, y acumularás un tesoro donde la inflación, la depresión, los ladrones, la polilla y el óxido nunca podrán tocarlo.

BÚSQUEDA DEL ALMA

¿Amo el dinero? ¿Doy generosamente con gozo?

Padre, permíteme ser un dador continuo y alegre.

El Señor de la tierra

Manténganse listos, con la ropa puesta y con su lámpara encendida. Sean como los siervos que están pendientes de que su señor regrese de una fiesta de bodas: en cuanto su señor llega y llama, ellos le abren enseguida.

Lucas 12:35-36

La Biblia utiliza a menudo las palabras "El Señor, tu Dios". Nuestro Creador es el Maestro. Él es el Señor. Nadie ni nada puede cambiar eso. Él es la máxima autoridad, el Juez de la tierra. Cada uno de nosotros dará cuenta a Él, y su decreto final dirá si vivimos o morimos, si seremos eternamente condenados o eternamente bendecidos.

Es el Creador de toda la humanidad, tanto atea como religiosa. De todos los seres humanos. Sin embargo, Él no es el Señor de todos hasta que se someten personalmente a su señorío a través de la fe en Jesús.

Es cuando nacemos en la familia de Dios que entonces podemos decir con Tomás: "Señor mío y Dios mío". Es entonces cuando estamos completos.

BÚSQUEDA DEL ALMA

¿Está cada área de mi vida rendida al señorío de Dios? ¿Cómo se traduce eso hoy en mi vida?

Padre, tú eres mi Señor y mi Dios.

Siervos de Cristo

¡Dichosos los siervos a los que su señor encuentra pendientes de su regreso! De cierto les digo que se ajustará la ropa, los hará sentarse a la mesa, y él mismo vendrá a servirles.

Lucas 12:37

Es bueno saber cuál es nuestro lugar en el universo. Somos siervos de Dios, el maravilloso propósito para el que fuimos creados. Esperamos en Él, anhelando hacer su perfecta voluntad.

La Biblia utiliza las palabras siervo y esclavo indistintamente. Antes de venir a Cristo, éramos esclavos del pecado, pero como el Hijo Pródigo, hemos venido al Padre con el deseo de ser solo humildes siervos. Pablo se refería a menudo a sí mismo como siervo de Jesucristo (Filipenses 1:1-2).

Como siervos que han sido comprados por un precio, miramos al Padre para discernir su voluntad, y nos apresuramos a hacerla. La Escritura nos dice que somos más que siervos. Somos hijos e hijas amados del Dios vivo.

BÚSQUEDA DEL ALMA

¿Me considero un siervo de Jesucristo? ¿Cómo podría servirle mejor hoy?

Padre, me siento verdaderamente bendecido por servirte.

Prepárate

Pero esto deben saber: si el dueño de la casa supiera a qué hora va a llegar el ladrón, estaría pendiente y no permitiría que robaran su casa. También ustedes deben estar preparados, porque el Hijo del Hombre vendrá cuando ustedes menos lo esperen.

Lucas 12:39-40

Si alguien te roba el automóvil o entra en tu casa cuando estás de espaldas, probablemente tu primer pensamiento sería: "Si hubiera sabido lo que iba a pasar, habría hecho algo para evitarlo". Pero no lo sabías y por eso no tomaste ninguna precaución.

En este pasaje, se nos advierte que Satanás es un ladrón que quiere robar nuestras almas tentándonos a servirle pecando. No dejes que ponga su asqueroso pie en la puerta. El pecado es un mal mortal, pero sus aterradoras consecuencias no serán comprendidas por la mayoría hasta el momento en que el cielo se desgarre y la ira de Dios caiga como un rayo sobre todos los que le sirven. Prepárate para ese terrible día manteniendo siempre tu corazón libre de pecado.

BÚSQUEDA DEL ALMA

¿Está mi corazón libre de pecado hoy? ¿Estoy dispuesto a resistir su poder?

Padre, ayúdame a mantener el día de la ira ante mis ojos.

Nuestras preguntas sin respuesta

¿Quién es el mayordomo fiel y prudente, al cual su señor deja a cargo de los de su casa para que los alimente a su debido tiempo? Dichoso el siervo al que, cuando su señor venga, lo encuentre haciendo así. De cierto les digo que lo pondrá a cargo de todos sus bienes.

Lucas 12:42-44

Pedro le había preguntado a Jesús: "Señor, ¿esta parábola es para nosotros, o para todos?" (v. 41). Parece que Jesús no respondió a su pregunta. ¿Quién era su audiencia cuando compartió la parábola sobre el dueño de casa que no estaba preparado para un robo? En realidad, Pedro obtuvo una respuesta, pero posiblemente no la que esperaba. Jesús dijo que aquellos que son administradores fieles y sabios, los que hacen la voluntad de Dios, serán recompensados.

Tenemos preguntas sobre muchas cosas. Quizá la primera de la lista sea: "¿Por qué permite Dios el sufrimiento?". Tenemos algunas respuestas, pero nada nos satisface realmente cuando pasamos por la sala de oncología infantil de un hospital. Sin embargo, nuestra confianza en la integridad de Dios nos ayuda a asentar nuestras mentes finitas y a poner una mano sobre nuestras bocas, a menudo imprudentes.

BÚSQUEDA DEL ALMA

¿Qué preguntas sin respuesta tengo? ¿Mi confianza en Dios apacigua mis preguntas urgentes?

Padre, confío en ti a pesar de no poder comprender.

La mente fértil

Pero si aquel siervo cree que su señor va a tardar,
y comienza a golpear a los criados y a las criadas,
y a comer y beber y embriagarse…
Lucas 12:45

Fíjate que el siervo no dijo abiertamente que su amo estaba retrasando su llegada. Era un mero pensamiento, y ese pensamiento gobernó sus acciones. Nunca se puede exagerar lo importante que es guardar diligentemente nuestra vida de pensamientos. Es en las cavernas secretas de la mente donde encontramos el mayor lugar de batalla, y tenemos un enemigo muy sutil e implacable que lo sabe. Es en la mente donde encontramos que la amargura, el miedo, la avaricia, la lujuria sexual, los celos y una gran cantidad de otros pecados secretos echan raíces.

Una vez que el pecado entra, el compromiso y la hipocresía vienen con él, susurrando que Dios no ve o que no le importa un poco de pecado aquí y allá.

Fíjate en lo estrechamente ligada que está la idolatría al pecado sexual: "Las obras de la carne se manifiestan en adulterio, fornicación, inmundicia, lascivia, idolatría…" (Gálatas 5:19-20).

Cierra la puerta de tu corazón. Sácate el ojo, corta la mano, y huye de las tentaciones de este mundo malvado como lo harías si huyeras de la peste.

BÚSQUEDA DEL ALMA

¿Busco en mi corazón alguna mancha leprosa de pecado? ¿Gobierna el temor de Dios mis días?

Padre, ayúdame a vivir en santidad y a ser diligente en guardar mi corazón.

Autoevaluación

El señor de aquel siervo vendrá cuando éste menos lo espere,
y a una hora que no sabe, y lo castigará duramente,
y lo echará con los incrédulos.

Lucas 12:46

Debemos caminar de manera que, si los cielos se abrieran y Jesús viniera hoy, no tendríamos nada que ocultar. No hay chismes en nuestros labios, no hay falta de perdón, no hay amor por este mundo malvado, solo una gran alegría de que la Segunda Venida haya llegado: "Por lo demás, me está reservada la corona de justicia, que en aquel día me dará el Señor, el juez justo; y no solo a mí, sino también a todos los que aman su venida" (2 Timoteo 4:8).

Es, por lo tanto, sabio obedecer la advertencia de examinarnos para ver si nuestra fe es genuina: "Examínense ustedes mismos y vean si permanecen en la fe; pónganse a prueba ustedes mismos. ¿O acaso ustedes mismos no se conocen? ¿Acaso no saben que Jesucristo está en ustedes? ¡A menos que no hayan pasado la prueba! (2 Corintios 13:5).

¿Cuán aterrador será ese día para aquellos que están sirviendo al pecado en lugar de servir a Dios?

BÚSQUEDA DEL ALMA

Que busque diariamente la venida de Jesucristo. ¿Estoy preparado?

Padre, hoy reafirmo mi compromiso de servirte humildemente.

Nuestra responsabilidad

El siervo que, a pesar de conocer la voluntad de su señor, no se prepara para cumplirla, se hace acreedor de muchos azotes. Pero el que se hace acreedor a recibir azotes sin conocer la voluntad de su señor, será azotado poco. Porque al que se le da mucho, también se le exigirá mucho; y al que se le confía mucho, se le pedirá más todavía.

LUCAS 12:47-48

Siempre ha sido un misterio para mí el que a pesar de que la iglesia contemporánea es plenamente consciente de lo que Jesús hizo en la cruz y conoce la Gran Comisión de predicar el evangelio a toda criatura, todavía permanecen indiferentes. Son conscientes de la pasión de la iglesia en el libro de los Hechos por predicar el evangelio y, sin embargo, hacen todo menos la voluntad del Maestro.

Si alguien se está ahogando y tengo una cuerda en la mano, pero no hago nada por salvarlo, soy culpable de lo que el derecho penal llama "indiferencia depravada".

Se nos ha dado el mensaje de la vida eterna y se nos ha ordenado llevarlo a toda criatura (Marcos 16:15). Es como una cuerda que puede salvar a la humanidad moribunda, y si somos indiferentes sobre la salvación de los perdidos y no les lanzamos la cuerda a la que nos aferramos, entonces somos culpables de un terrible crimen.

BÚSQUEDA DEL ALMA

¿Soy culpable de ignorar fríamente a este mundo moribundo?

Padre, por favor, toma mi corazón de piedra y dame un corazón de carne.

La revelación

Yo he venido a lanzar fuego sobre la tierra. ¡Y cómo quisiera que ya estuviera en llamas! Hay un bautismo que debo recibir, ¡y cómo me angustio esperando que se cumpla!
LUCAS 12:49-50

No sabemos cómo debió ser para Jesús llegar a la revelación de que iba a sufrir por el pecado del mundo. Sabemos, sin embargo, que la culminación de esa revelación llegó cuando se arrodilló ante su Padre en el jardín de Getsemaní y sudó grandes gotas de sangre (Lucas 22:44). La mayoría de nosotros nos estremecemos al pensar en un simple taladro de dentista. Nos echamos atrás ante cualquier tipo de dolor, pero Jesús tuvo que soportar una agonía indescriptible al sufrir por el pecado del mundo.

Podría haber dado la espalda al dolor de la cruz, pero en lugar de ello, dio la espalda a los que le odiaban. Podía haber usado sus manos para resistir y sus pies para correr. En cambio, dio sus manos y sus pies para ser clavado en ese marco de madera. Para ello nació. Fue un bautismo de sufrimiento indecible, y lo soportó para que nosotros pudiéramos vivir.

BÚSQUEDA DEL ALMA

¿Medito mucho sobre la cruz y lo que significó para Jesús?

Padre, que me estremezca al pensar en lo que habría tenido que sufrir por la eternidad si no hubiera sido por el sufrimiento del Salvador.

La división

¿Creen ustedes que he venido a la tierra para traer paz? Pues les digo que no, sino más bien división. Porque de ahora en adelante una familia de cinco estará dividida en tres contra dos, y en dos contra tres. El padre se enfrentará con el hijo, y el hijo con el padre. La madre estará en contra de la hija, y la hija en contra de la madre. La suegra estará en contra de su nuera, y la nuera en contra de su suegra.

LUCAS 12:51-53

En el principio, Dios dijo: "¡Que haya luz! [...] y separó Dios la luz de las tinieblas" (Génesis 1:3-4). Lo mismo ocurre cuando la luz del evangelio llega en forma de salvación a un pecador. Él o ella es separado de las tinieblas, separado de este mundo pecaminoso: "y que también nos ha librado del poder de la oscuridad y nos ha trasladado al reino de su amado hijo" (Colosenses 1:13).

Trágicamente, las familias que siguen en la oscuridad están divididas, porque aman la oscuridad en lugar de la luz.

Si nos encontramos rechazados por nuestros seres queridos, lo más sabio es mostrarles nuestra fe con nuestras obras. Mostrar el amor de Cristo de forma sincera como regalos sin motivo y palabras amables, puede a veces hablar más alto que mil sermones.

BÚSQUEDA DEL ALMA

¿He sido sabio con los que amo? ¿Dejo que mi luz brille a través de mis buenas obras?

Padre, ayúdame a mostrar mi fe en ti a través de mi amor a los demás.

El futuro

Cuando ustedes ven que se levanta una nube en el poniente, dicen: "Va a llover"; y así sucede.

Lucas 12:54

Nadie más que Dios conoce el futuro. Si pudiéramos predecir correctamente solo diez segundos en el futuro, podríamos ir a Las Vegas y convertirnos en multimillonarios de la noche a la mañana. En cambio, lo mejor que podemos hacer es adivinar o hacer una estimación. A muchos le ha caído un torrencial por tener fe en los meteorólogos que calcularon mal. Los comentaristas políticos también son avergonzados cuando sus predicciones resultan ser erróneas.

Dios nunca es avergonzado porque Él nunca se equivoca. Él sabe el fin desde el principio porque no está cautivo del tiempo; el día vendrá cuando el tiempo será una cosa del pasado.

A la luz del futuro, el salmista ora una oración que debería salir de todos los labios piadosos:

«¿Quién conoce la fuerza de tu ira, y hasta qué punto tu enojo debe ser temido? ¡Enséñanos a contar bien nuestros días, para que en el corazón acumulemos sabiduría!» (Salmos 90:11-12).

BÚSQUEDA DEL ALMA

¿Qué cosas hago que me roban el tiempo?

Padre, que confíe siempre en ti porque tú conoces cada momento de mi futuro.

Estamos cerca

¡Hipócritas! Si saben discernir el aspecto del cielo y de la tierra,
¿cómo es que no saben discernir el tiempo en que viven?
Lucas 12:56

Este versículo debería interesarnos en discernir los tiempos en los que vivimos. Los estudiosos de la Biblia están de acuerdo en que todas las señales de los tiempos se están alineando. Nos acercamos a la medianoche de la Segunda Venida.

Si los líderes religiosos hubieran buscado y creído en la Palabra de Dios, habrían sabido que Jesús era el Cordero de Dios prometido. Desde los primeros capítulos del Génesis hasta los Salmos y los profetas, el Antiguo Testamento identificó la naturaleza e incluso el lugar de su nacimiento, su vida y su muerte cruel. Sin embargo, estaba oculto a los ojos de estos hipócritas por su incredulidad.

Al mismo tiempo, vemos a líderes religiosos como Simeón y Nicodemo que se acercan al Salvador porque esperaron pacientemente a que se revelara la verdad. Querían la verdad. Ojalá seamos como ellos, viviendo con un ojo en los titulares y otro en los cielos.

BÚSQUEDA DEL ALMA

¿Estoy preparado para su venida? ¿Cómo afectará esto a mi vida diaria?

Padre, ayúdame a discernir las señales de los tiempos.

No te metas en problemas

¿Por qué no juzgan ustedes mismos lo que es justo? Cuando comparezcas con tu adversario ante el magistrado, procura arreglarte con él mientras vas de camino; no sea que te lleve ante el juez, y el juez te entregue al alguacil, y el alguacil te meta en la cárcel. Te digo que no saldrás de allí hasta que hayas pagado la última moneda.

Lucas 12:57-59

La vida tiene consecuencias. Como un río caudaloso, puede arrastrarte en una dirección que no deseas. Así que reflexiona sobre el camino de tus pies. Ten cuidado con lo que pisas porque puede arrastrarte.

Piensa en los muchos hombres y mujeres a lo largo de la Biblia que tomaron decisiones terribles, desde Adán hasta Acab, Jonás, Sansón, Jezabel y Judas.

Es bueno que nos mantengamos alejados de las aguas de la contienda. Muérdete la lengua. No te metas con la gente. Haz preguntas en lugar de hacer acusaciones. "El que cuida su boca y su lengua se libra de muchos problemas" (Proverbios 21:23).

Perdona y olvida. En la medida en que dependa de ti, estate en paz con todos los hombres, y te ahorrarás mucho dolor (Romanos 12:18).

BÚSQUEDA DEL ALMA

¿Me he rodeado de la virtud protectora de la misericordia hacia los demás? ¿Soy demasiado rápido con mi lengua?

Padre, ayúdame a tener amor, misericordia y gracia hacia los que pueden ofenderme.

El problema del mal

¿Y creen ustedes que esos galileos eran más pecadores que el resto de los galileos, sólo porque padecieron así?

Lucas 13:2

Este fue el gran titular del día. Al parecer, los soldados romanos, bajo las órdenes de Poncio Pilato, habían masacrado horrible- mente a los galileos mientras sacrificaban a Dios en el templo. Se pensaba que Dios había permitido a Pilato hacer algo tan malo, porque los galileos eran realmente malos pecadores. Algunos tienen pensamientos similares sobre incidentes terribles que ocurren hoy en día. ¿Está Dios enviando juicios? ¿Está castigando a determinadas personas a causa de sus pecados?

La respuesta es posponer nuestro juicio porque no conoce- mos la mente del Señor. Es prudente poner las manos en la boca y dejar estas cuestiones a Dios. Él permite el mal por una razón, y la verdadera fe se satisface sin una respuesta inmediata.

BÚSQUEDA DEL ALMA

¿Podría confiar en Dios, aunque estuviera en la boca del lobo? ¿Soy capaz de confiar en Dios con preguntas sin respuesta?

Padre, confío en ti.

Gracia maravillosa

¡Pues yo les digo que no! Y si ustedes no se arrepienten,
también morirán como ellos.

Lucas 13:3

Algunos dicen que el arrepentimiento no es necesario para la salvación. Sostienen que todo lo que un pecador necesita hacer es creer, y tienen versículos bíblicos para respaldar su error. La Biblia deja claro que ni el arrepentimiento ni la fe nos salvan. Es la gracia y solo la gracia la que salva al pecador de la ira: "Ciertamente la gracia de Dios los ha salvado por medio de la fe. Ésta no nació de ustedes, sino que es un don de Dios; ni es resultado de las obras, para que nadie se vanaglorie" (Efesios 2:8-9).

El arrepentimiento y la fe son los medios por los que participamos de la gracia de Dios. John Newton, el clérigo evangelista más conocido por el abolicionismo y la escritura de himnos, no escribió: "Sublime fe, ...que a mi pecador salvó". Más bien, "su gracia me enseñó a temer, mis dudas ahuyentó".

Jesús advirtió que, si los pecadores no se arrepienten, perecerán. La Palabra de Dios también dice: "El que encubre sus pecados no prospera; el que los confiesa y se aparta de ellos, alcanza la misericordia divina" (Proverbios 28:13).

BÚSQUEDA DEL ALMA

¿Me he arrepentido de verdad y he confiado solo en Jesús para mi salvación eterna?

Padre, ayúdame a examinarme a mí mismo y ver si tengo frutos dignos de arrepentimiento (Mateo 3:8).

El asunto de las tragedias

> *Y en el caso de los dieciocho, que murieron aplastados al derrumbarse la torre de Siloé, ¿creen ustedes que ellos eran más culpables que el resto de los habitantes de Jerusalén? ¡Pues yo les digo que no! Y si ustedes no se arrepienten, también morirán como ellos.*
>
> Lucas 13:4-5

Gran parte del mundo piensa que cuando nos sucede algo bueno, tenemos el favor de Dios, pero cuando ocurre una tragedia, de alguna manera hemos perdido su favor. Lo llaman "karma". Aunque la Biblia habla de cosechar lo que sembramos, las tragedias de la vida no siempre vienen en respuesta a lo que hemos hecho (o dejado de hacer). Las tragedias ocurren porque vivimos en una creación caída como criaturas caídas.

La idea que Jesús estaba abordando era que estos dieciocho hombres eran malos. Como eran malos, la torre cayó sobre ellos y los mató. ¿Estaba Dios castigándolos porque eran los peores pecadores? Jesús dijo que no. El punto no es quién es el peor de los pecadores. Más bien, se trata de que todos nosotros merecemos perecer, y la única manera de evitar este destino es que nos arrepintamos.

Cuando los no creyentes preguntan sobre estos temas tan desafiantes, debemos darles el evangelio y ayudarles a examinar sus propios corazones. Debemos abrir la ley divina, mostrarles la naturaleza del pecado y decirles que se arrepientan o perecerán. Esa debería ser nuestra principal preocupación.

BÚSQUEDA DEL ALMA

¿Minimizo el papel del arrepentimiento en la salvación? ¿Tengo como prioridad la salvación de los perdidos?

Padre, ayúdame a ser como Jesús y a tener pasión por los perdidos.

Inspecciona tu paracaídas

Un hombre había plantado una higuera en su viña, y cuando fue a buscar higos en ella no encontró ninguno.

Lucas 13:6

Si tú y yo hemos pasado de la muerte a la vida, debería haber ciertos frutos que son evidencia de una obra de gracia en nuestras vidas. La Biblia dice que nos examinemos y veamos si estamos en la fe. Piensa en el cuidado con el que examinarías tu paracaídas para asegurarte de que está bien puesto si supieras que existe la posibilidad de que tengas que saltar del avión en cualquier momento.

El fruto que debemos buscar en nuestras propias vidas es el fruto del arrepentimiento, el fruto de la alabanza, la acción de gracias, las buenas obras y el fruto del Espíritu, que consiste en amor, gozo, paz, fe, dominio propio, bondad, amabilidad y mansedumbre.

Si no hay evidencia de la salvación, debemos arrodillarnos y suplicar a Dios que nos ayude a asegurar nuestro llamamiento y elección (2 Pedro 1:10).

Si no estamos seguros, hacer Salmos 51 (una oración de arrepentimiento) nuestra propia oración es un buen punto de partida. Entonces, cuando Dios busque frutos en nuestras vidas, ¡la cosecha será abundante!

BÚSQUEDA DEL ALMA

¿Me identifico con Salmos 51? ¿Puedo convertirlo en mi oración de hoy?

Padre, déjame ver el contraste entre tu santidad y mi pecado.

Pecadores ilusorios

Entonces le dijo al viñador: "Hace tres años que vengo a buscar higos en esta higuera, y nunca encuentro uno solo. ¡Córtala, para que no se desaproveche también la tierra!" Pero el viñador le dijo: "Señor, déjala todavía un año más, hasta que yo le afloje la tierra y la abone. Si da fruto, qué bueno. Y si no, córtala entonces".

LUCAS 13:7-9

La Biblia dice que Dios no quiere que nadie se pierda, sino que todos vengan al arrepentimiento (2 Pedro 3:9). Por eso, su ira no cae sobre los hombres malos. Muchos se envalentonan en su pecado debido al silencio del cielo. Los pecadores dicen en sus corazones que Dios no ve. Esto es lo que David debe haber hecho cuando pecó con Betsabé. Cuando tenemos una admiración o amor extremo por algo o alguien, nos cegamos.

El hipócrita también confunde el silencio divino con la ignorancia divina. Su vida carece de frutos piadosos y exige un juicio, pero éste simplemente no llega porque Dios es misericordioso. Sin embargo, Él está buscando el fruto, y si no lo hay, eventualmente cortará a los pecadores con ira.

BÚSQUEDA DEL ALMA

Que nunca confunda la misericordia de Dios con su permiso para pecar.

Padre, guárdame del autoengaño de la hipocresía.

Somos libres

Mujer, quedas libre de tu enfermedad.
LUCAS 13:12

El pecado nos hizo encorvarnos. Estábamos postrados en la tierra, incapaces de ver el cielo, sin esperanza y desamparados, sin Dios, sin entendimiento y sin salvación. Mira cómo se describe a los impíos en Efesios 4: "Esa gente tiene el entendimiento entenebrecido; por causa de la ignorancia que hay en ellos, y por la dureza de su corazón, viven ajenos de la vida que proviene de Dios" (v. 18).

Sin embargo, en los próximos versículos, se nos recuerda lo que Jesús hizo posible para nosotros:

> En cuanto a su pasada manera de vivir, despójense de su vieja naturaleza, la cual está corrompida por los deseos engañosos; renuévense en el espíritu de su mente, y revístanse de la nueva naturaleza, creada en conformidad con Dios en la justicia y santidad de la verdad. (vv. 22-24)

Jesús nos habló en nuestra desesperanza. Nos liberó de la enfermedad del pecado y de la muerte, llevándonos de las tinieblas a la luz, del reino de este mundo al reino de Dios.

BÚSQUEDA DEL ALMA

Que siempre miremos a Jesús, agradeciéndole la cruz donde demostró su gran amor por nosotros.

Padre, mantén mi mirada en Jesús, el autor y consumador de nuestra fe.

Diciembre

La palabra más temida

¡Hipócrita!
Lucas 13:15

Al igual que la mujer con espíritu de enfermedad, también nosotros somos enderezados inmediatamente en Cristo. Ahora caminamos por un camino recto y estrecho de justicia. Fuimos instantáneamente perdonados, lavados y justificados a la vista de nuestro santo Creador. Ya no entretenemos el pensamiento del pecado debido al costo de nuestra redención. ¿Cómo podríamos hacerlo? Mientras que la lujuria, el egoísmo, la codicia y muchos otros pecados tiran de nuestra carne, los consideramos muertos en Cristo y su poder sobre nosotros desactivado.

Por lo tanto, la acusación de "hipócrita" nunca debe ser dirigida a nosotros como Jesús la dirigió a los líderes religiosos. Es una reprimenda punzante que nunca queremos recibir de Dios. Imagina que te la dirigiera a ti Aquel que soportó la agonía del pecado porque secretamente estabas sirviendo a su placer. La hipocresía es despreciar el sacrificio del Calvario. Tal pensamiento debería traer consigo una vergüenza instantánea y terrible.

Si bien el mundo puede acusarnos justamente de ser estrechos de mira y tontos por creer en la Biblia, que nunca puedan acusarnos justamente de hipocresía.

BÚSQUEDA DEL ALMA

El pecado ya no tiene dominio sobre mí. Declararé que ya no soy esclavo del pecado, y que soy libre de su esclavitud.

Padre, mantenme en el camino recto.

Los gobernantes corruptos

¿Acaso cualquiera de ustedes no desata su buey, o su asno, del pesebre y lo lleva a beber, aun cuando sea día de reposo?
LUCAS 13:15

El gobernante de la sinagoga casi suena sensato. Sí, hay seis días en los que los hombres deben trabajar. Es en esos días que los enfermos deben venir y ser sanados. Pero después de pensar un poco, verás que hay un gran problema. El gobernante no se preocupaba por adorar a Dios y no se preocupaba por los enfermos. Era un hipócrita religioso quejumbroso, acusador y tragacamellos. Jesús atravesó la cortina de humo y se lo dijo.

Sus contemporáneos se quejaban de que los pobres salvajes de países lejanos no llegaban a escuchar el evangelio. Esto no se debe a que se preocupaban por la salvación de los perdidos. Simplemente amaban sus pecados y se agarraban a cualquier cosa, tratando de encontrar excusas para seguir pecando.

Tampoco a los escépticos que se quejan de que hay hipócritas en la iglesia les preocupa que los que profesan la fe no sean sinceros. Esto es solo una cortina de humo más.

BÚSQUEDA DEL ALMA

¿De qué manera podría estar tentado a mentirme a mí mismo sobre ciertos pecados que todavía me atraen?

Padre, protégeme de mí mismo.

Dieciocho largos años

Y a esta hija de Abrahán, que Satanás había tenido atada durante dieciocho años, ¿no se le habría de liberar, aunque hoy sea día de reposo?

Lucas 13:16

En una época en la que muchos creen que los seres humanos no tienen más valor que los meros animales, Jesús nos aclara. Si un buey debe ser tomado y abrevado en el día de reposo, ¿cuánto más debe ser cuidado un ser humano, hecho a imagen y semejanza de Dios?

Jesús dio valor a esta pobre mujer. Después de todo, era hija de Abrahán. Sin embargo, algunas de las principales religiones del mundo tratan a las mujeres como si fueran ganado, dándoles menos honor que a una vaca.

Jesús, en cambio, exaltó a la mujer, y en Lucas 13:16 abrió más nuestro entendimiento al decir que Satanás había atado a la mujer durante dieciocho largos años. Esto no solo nos da una visión del reino espiritual, sino que también nos ayuda a acercarnos a Dios con más confianza para que nos dé su toque sanador.

La Biblia dice que la oración de fe salvará a los enfermos, así que, si estamos afligidos por la enfermedad, podemos tener confianza en que Dios nos escuchará (Santiago 5:15).

BÚSQUEDA DEL ALMA

¿Cómo puedo fortalecer mi fe para tener más confianza en Dios cuando oro?

Padre, toca las vidas de esos millones de personas que se pierden en las religiones sin esperanza.

El tercer ojo

*¿Semejante a qué es el reino de Dios? ¿Con qué lo
compararé? Pues es semejante al grano de mostaza
que alguien toma y siembra en su huerto, y ese grano
crece hasta convertirse en un gran árbol, en cuyas
ramas ponen su nido las aves del cielo.*

Lucas 13:18-19

Una vez hablé con un hombre que creía que el reino de Dios
estaba determinado por el sol. Decía que es el sol el que nos da
la vida y que el reino de Dios está dentro de nosotros. Sabía lo
suficiente de las Escrituras como para ahorcarse.

Dos días antes, conocí a un joven que dijo que había conocido a Dios a través de su tercer ojo mientras consumía LSD. Era
confiado, franco y suicida.

Jesús dijo que el reino de Dios es como un gran árbol, y ese
árbol está lleno de aves. Las aves son a menudo un "tipo" del reino
demoníaco. Esta interpretación está en línea con muchos versículos que hablan de los verdaderos y falsos conversos: las cizaña
entre el trigo, las cabras entre las ovejas, con tanto engaño en el
reino espiritual. Necesitamos estar versados en la Palabra de Dios
para distinguir lo verdadero de lo falso.

BÚSQUEDA DEL ALMA

¿Qué doctrinas sé que son falsas? ¿Estoy buscando en las
Escrituras la verdad y el discernimiento?

Padre, mantenme cerca. Condúceme y guíame a toda la verdad.

El corazón de un niño

¿Con qué compararé el reino de Dios? Pues es semejante a la levadura que una mujer toma y guarda en tres medidas de harina, hasta que toda la masa fermenta.

LUCAS 13:20-21

Observa que el reino de Dios está oculto. Como cristianos, sabemos que la verdadera iglesia se compone de creyentes genuinos: aquellos que tienen al Hijo y, por lo tanto, tienen vida (1 Juan 5:11-13). No debe haber confusión, aunque haya miles de denominaciones. El Señor conoce a los que son suyos. Ellos son los hijos del reino.

Jesús dio gracias a Dios por haber ocultado estas cosas a los sabios y a los prudentes y haberlas revelado a los niños. Advirtió que, si no nos hacemos como niños, no heredaremos el reino de Dios. Los orgullosos se ofenden ante la idea de ser como niños. Después de todo, tienen su dignidad intelectual.

Como hemos visto anteriormente, la propiedad predominante de la levadura es que se hincha. Dios resiste a los que se inflan con su propia importancia. No solo resiste a los orgullosos, sino que incluso odia los ojos altivos (Proverbios 6:16-17).

BÚSQUEDA DEL ALMA

¿Cuáles son algunas de las cosas en mi vida que podrían hincharme en mi propia presunción: la inteligencia, la riqueza, la apariencia, las posesiones, el conocimiento o mi humildad?

Padre, mantenme simple en mi fe.

El nacimiento agonizante

Esfuércense por entrar por la puerta estrecha —contestó—, porque les digo que muchos tratarán de entrar y no podrán.

LUCAS 13:24 NVI

Este es uno de los versículos más aterradores de la Biblia. A Jesús le acababan de preguntar si solo unos pocos se salvarían y esta fue su respuesta. El evangelismo moderno nos dice que es fácil salvarse: simplemente se entrega el corazón a Jesús. Sin embargo, la Biblia dice lo contrario.

Jesús dijo que hay que esforzarse por entrar por la puerta estrecha. Esa palabra, *esforzarse*, se compone de la misma palabra griega de la que derivamos nuestra palabra "agonizar". Jesús advirtió que debíamos agonizar para entrar en el reino de Dios. La mayoría de nosotros nacimos en este mundo a través de la agonía de nuestra madre. Sin duda, si pudiéramos recordar la experiencia, sabríamos que tampoco fue un proceso fácil para nosotros.

Podemos entrar en el reino de Dios por el dolor de la cruz, pero para entrar debemos tener la experiencia de la que habla Santiago cuando se dirige a los pecadores: "¡Conviertan su risa en llanto, y su alegría en tristeza!" (Santiago 4:9). En otras palabras, nuestro arrepentimiento debe estar mezclado con la contrición, un dolor por nuestros pecados y por el costo de nuestra redención.

BÚSQUEDA DEL ALMA

¿Soy ajeno a la contrición? ¿He experimentado realmente el dolor por mi pecado?

Padre, ayúdame a arrepentirme de mis pecados.

Toca a la puerta

En cuanto el padre de familia se levante y cierre la puerta,
y ustedes desde afuera comiencen a golpear la puerta y a
gritar: "¡Señor, Señor; ábrenos!", él les responderá:
"No sé de dónde salieron ustedes".

Lucas 13:25

Una pregunta importante que debemos hacernos es: ¿Conozco al Señor? ¿Qué significa eso? Es más que una creencia de que Él existe como Señor o que existió como figura histórica. Conocer al Señor en un sentido verdadero es una relación íntima con nuestro Creador basada en una confianza infantil. Le confiamos nuestra salvación eterna. Confiamos en que Él escucha nuestras oraciones, que suplirá nuestras necesidades, y que hará que todas las cosas sean para nuestro bien. Conocer al Señor es someter nuestra voluntad a la suya. Nos deleitamos en hacer su voluntad: "Con esto podemos saber que lo conocemos: si obedecemos sus mandamientos" (1 Juan 2:3).

Piensa en el terror de la generación impenitente de Noé cuando descubrieron que la puerta del arca estaba cerrada cuando empezó a llover. La generación a la que Jesús se dirigió, y todas las generaciones siguientes, conocen el terror de una puerta cerrada. Porque cuando clamaron al Elegido, le llamaron "Señor" pero no obedecieron. Él dijo: "¡Nunca te conocí!".

BÚSQUEDA DEL ALMA

Si me comprometo a hacer la voluntad de Dios, ¿cómo afectará eso a lo que haga hoy?

Padre, ayúdame a estar completamente entregado a ti.

Los seguidores de Jesús

Entonces ustedes comenzarán a decir: "Hemos comido y bebido en tu compañía, y tú has enseñado en nuestras plazas". Pero él les responderá: "No sé de dónde salieron ustedes. ¡Apártense de mí todos ustedes, hacedores de injusticia!".

LUCAS 13:26-27

La identidad de esta gran multitud de personas no es un misterio. Era un grupo de "creyentes" que seguían a Jesús. Creyentes sin salvación. Jesús también habló de los creyentes sin salvación en la parábola del sembrador: "Las que cayeron sobre las piedras son los que, al oír la palabra, la reciben con gozo, pero como no tienen raíces, creen por algún tiempo, pero al llegar la prueba se apartan" (Lucas 8:13).

El falso converso cree por un tiempo. Judas era un creyente, pero nunca se salvó. Al referirse a él, Jesús dijo: "Uno de ustedes es un demonio". Estos versículos hablan de los que siguen el ejemplo de Judas. Él siguió a Jesús, pero robó de la bolsa de la colecta (Juan 12:4-6). Era un "obrador de iniquidad".

Santiago dijo que los demonios que creen "tiemblan". Posiblemente, la virtud que le faltaba a esta gran multitud era su falta de temor de Dios, porque es el temor del Señor lo que nos guarda del mal (Proverbios 16:6).

BÚSQUEDA DEL ALMA

¿Hay algún "mal" que no he identificado, pero al que me sigo aferrado porque no temo a Dios?

Padre, que cada día vea la evidencia de mi fe.

Al judío primero

Allí habrá entonces llanto y rechinar de dientes, cuando vean a Abrahán, Isaac y Jacob, y a todos los profetas, en el reino de Dios, mientras que ustedes son expulsados.

Lucas 13:28

En un esfuerzo por hacer que los cristianos parezcan fanáticos, los escépticos preguntan a menudo si los judíos acabarán en el infierno porque no abrazan a Jesús. Sin embargo, aquí tenemos a los padres de la nación judía incluidos en el reino de Dios. Jesús dijo que Abraham, Isaac, Jacob, y todos los profetas estarán en el reino de Dios. Ninguno de estos hombres piadosos se salvó porque eran santos, sino porque confiaron en la misericordia de Dios. Jesús dijo: "Abrahán, el padre de ustedes, se alegró al saber que vería mi día", y el capítulo 11 de Hebreos enumera a los judíos que fueron salvados por la gracia a través de la justificación por la fe.

El cristianismo se basa en un Mesías judío, que fue prometido en las Escrituras judías. Todos los discípulos eran judíos. Los primeros cinco mil que se salvaron eran judíos. El evangelio nació en la tierra de los judíos y fue llevado primero a los judíos antes de ir a los gentiles.

BÚSQUEDA DEL ALMA

Si comparto el evangelio con una persona judía, ¿me pone nervioso mencionar a Jesús? ¿Por qué?

Padre, ayúdame a ser audaz y cariñoso.

El este del oeste

Vendrán del oriente y del occidente, del norte y del sur;
y se sentarán a la mesa en el reino de Dios.
LUCAS 13:29

La próxima vez que el acusador de los hermanos venga a ti y trate de hacer que te sientas condenado y culpable a pesar de tu fe en Jesús, piensa en la brújula. Siempre apunta al norte. Sé como la brújula. Mira siempre a Jesús, el autor y consumador de nuestra fe. Él completó la obra en la cruz cuando gritó: "Consumado es". Tu salvación no tiene nada que ver con cómo te sientes sino con lo que Jesús logró. Tú te sentarás en el reino porque tu Padre le agrada verte allí (Lucas 12:32).

A continuación, considera los cuatro puntos de la brújula: norte, sur, este y oeste. Dios no quitó nuestros pecados solo hasta la distancia que hay entre el norte y el sur. Esa es una distancia finita y puede ser medida porque el Polo Norte y el Polo Sur son dos lugares definidos. Pero nunca encontrarás el este y el oeste. Están a una distancia infinita el uno del otro. Así de lejos ha alejado Dios nuestros pecados de nosotros (Salmos 103:12).

BÚSQUEDA DEL ALMA

¿Qué pecados recurrentes me atormentan? ¿La batalla contra ellos me hace fuerte o débil? ¿Humilde u orgulloso?

Padre, cuando soy débil en mí mismo, soy fuerte en ti.

Más que un vencedor

Pero habrá algunos últimos que serán primeros,
y algunos primeros que serán últimos.

LUCAS 13:30

Una película ganadora segura en la taquilla es una historia real sobre alguien que corría en último lugar, pero llegó primero. El corredor se cae durante la carrera, se levanta y pasa al primer puesto. O el niño débil que es acosado por el niño grande, se entrena para hacerse fuerte y un día le pone un gran ojo morado al acosador. Historias como éstas conquistan al público y lo ponen en pie con sus aplausos.

El cristianismo es para aquellos que pueden verse como perdedores. Es para los magullados que son un nadie. Hace que los pecadores sean mejores de lo que eran antes. Hace que los perdedores sean ganadores, que los perdidos sean encontrados, que los malditos sean bendecidos, que los condenados sean aceptados... ¡y toma a los muertos y los hace vivir!

Jesús de Nazaret, que se hizo maldición en nuestro lugar, lo hizo posible. Sucedió porque nuestro Dios es bondadoso con los malos, amoroso con los que no lo son, rico en misericordia con los criminales culpables y maravillosamente tierno con los pecadores perdidos. Él es capaz de salvar a todos los que vienen a Él a través de Cristo. Los últimos serán los primeros.

BÚSQUEDA DEL ALMA

¿De qué manera voy a vivir hoy como un conquistador?

Padre, tu bondad me abruma.

Él tiene el poder

Vayan y díganle a ese zorro…
LUCAS 13:32

No estaban bromeando. Herodes era un zorro malvado y astuto. Hizo matar a Juan el Bautista por un capricho. No sabemos si estos "ciertos fariseos" que advirtieron a Jesús sobre Herodes estaban preocupados por el bienestar de Jesús o si querían deshacerse de él y esta era una forma segura de hacerlo.

Pero Jesús no temía al rey. Diez mil ejércitos de reyes no podrían impedirle cumplir su propósito. Su tiempo aún no había llegado. Él vino a sufrir y a morir, pero eso no sería a manos de un simple zorro. Sería Poncio Pilato quien lo entregaría a la muerte. Eso ocurriría no por la voluntad humana sino por los propósitos de Dios. Jesús dijo que ningún hombre le quitaría su vida. Él era el que tenía el poder sobre la vida y la muerte. "Nadie me la quita, sino que yo la doy por mi propia cuenta. Tengo poder para ponerla, y tengo poder para volver a tomarla. Este mandamiento lo recibí de mi Padre" (Juan 10:18).

BÚSQUEDA DEL ALMA

¿Cómo va a afectar mi actitud de hoy el conocimiento del increíble poder de Dios?

Padre, abre mi mente a tu poder.

La agenda obstinada

Mira, hoy y mañana voy a expulsar demonios y a sanar enfermos, y al tercer día terminaré mi obra.

Lucas 13:32

Este era el mensaje que Jesús quería que los fariseos le transmitieran al rey Herodes. El astuto zorro se había divorciado de su primera esposa porque quería a Herodías, que había estado casada con su medio hermano, Herodes II. Charles Spurgeon dijo de él: "Él era un hombre de hábitos disolutos y de mente frívola. Estaba en gran manera bajo la influencia de una mujer perversa, que destruyó cualquier escaso bien que pudiera haber habido en él. Era un amante del placer, un amante de sí mismo, depravado, débil y frívolo en sumo grado. Casi estoy renuente a llamarlo hombre, por lo que solo le llamaremos tetrarca".[14]

En lugar de huir de Herodes, Jesús le envió una declaración de misión: Nada iba a detenerlo. Iba a pisotear al enemigo, a sanar a los enfermos y a vencer a la muerte.

Tenemos que adoptar una actitud similar. Tenemos un evangelio que debe ser predicado a los pecadores moribundos, y ni el demonio ni el rey deberían poder detenernos en el cumplimiento de la Gran Comisión.

BÚSQUEDA DEL ALMA

¿Qué estás haciendo hoy para cumplir esa misión?

Padre, enfócame en hacer tu voluntad.

Él no fallará

Pero es necesario que hoy, mañana, y pasado mañana, siga mi camino, porque no puede ser que un profeta muera fuera de Jerusalén.

Lucas 13:33

Jesús vivió con un objetivo. Dijo que debía caminar hoy, mañana y pasado mañana. En Juan 4, la Biblia dice que debía pasar por Samaria. Él bajó a esta tierra para hacer la voluntad de su Padre, y nada más importaba.

"El Hijo del Hombre tendrá que sufrir muchas cosas terribles —les dijo—. Será rechazado por los ancianos, por los principales sacerdotes y por los maestros de la ley religiosa. Lo matarán, pero al tercer día resucitará (Lucas 9:22 NTV). Ahí está de nuevo la palabra "tendrá". La cruz tenía que ocurrir.

Le esperaba un terrible bautismo de sufrimiento y estuvo bajo una pesada carga hasta que todo se cumplió (Lucas 12:50). También sabía de la certeza de su misión. Nadie ni nada puede resistir la perfecta voluntad de Dios. El profeta dijo de Él y de su misión redentora de buscar y salvar a los perdidos: "No se cansará ni se fatigará" (Isaías 42:4).

BÚSQUEDA DEL ALMA

¿Qué es lo que a veces me desanima? ¿Cómo puedo asegurarme de vivir siempre a la luz de las promesas de Dios?

Padre, ayúdame a no desanimarme nunca, a no perder el ánimo.

El granjero y la gallina

¡Jerusalén, Jerusalén, que matas a los profetas y apedreas a los que son enviados a ti! ¡Cuántas veces quise juntar a tus hijos, así como la gallina a sus polluelos debajo de sus alas, y no quisiste!

Lucas 13:34

Un granjero pasaba una vez por un granero incendiado, y sus ojos se posaron en la lamentable visión de una gallina muerta que había quedado atrapada en las llamas. Cuando empujó el ave humeante con el pie, encontró varios polluelos vivos debajo de su cuerpo muerto. Había reunido a su cría bajo sus alas para protegerla del fuego. Mientras tanto, sacrificó su propia vida.

Eso era lo que Dios deseaba hacer con Jerusalén. Desgraciadamente, rechazaron su amor y, en cambio, cayeron bajo el fuego de su ira. Si hubieran estado dispuestos, esta habría sido su porción:

> "El Señor te cubrirá con sus plumas, y vivirás seguro debajo de sus alas. ¡Su verdad es un escudo protector!" (Salmos 91:4).

Nosotros tenemos el mismo mensaje para este mundo pecador. En Cristo, Dios hizo camino para que estemos protegidos de la ira que viene.

BÚSQUEDA DEL ALMA

¿Cuándo y cómo conocí el amor de Dios por mí? ¿Cómo cambió mi vida?

Padre, gracias por acogerme bajo el amparo de tus alas.

La casa desolada

Pues bien, la casa de ustedes va a quedar desolada; y les digo que ustedes no volverán a verme hasta el día en que digan: "¡Bendito el que viene en el nombre del Señor!".

LUCAS 13:35

Las palabras de Jesús no tienen comparación. Aquí está hablando de un evento futuro, del juicio devastador que caerá sobre la ciudad de Jerusalén.

Matthew Henry dijo de esta porción de la Escritura:

> Jerusalén y sus hijos tuvieron una gran parte de culpa, y su castigo ha sido una señal. Pero dentro de poco, la venganza merecida caerá sobre toda iglesia que es cristiana solo de nombre. Mientras tanto, el Salvador está listo para recibir a todos los que vienen a él. No hay nada entre los pecadores y la felicidad eterna, sino su orgullosa e incrédula falta de voluntad.[15]

Vivimos en días oscuros en los que muchas iglesias que profesan ser cristianas están desoladas de la verdad bíblica, en las que se niega la autoridad de las Escrituras, no se predica la salvación por la gracia y se abraza lo que se considera una abominación para el Señor.

BÚSQUEDA DEL ALMA

¿Qué estoy haciendo hoy para "retener lo bueno" (1 Tesalonicenses 5:21)?

Padre, que siempre ame lo que tú amas y odie lo que tú odias.

El orgullo y el prejuicio

¿Está permitido sanar en el día de reposo?
LUCAS 14:3

Jesús preguntó si era lícito sanar en sábado. Eso era un gran problema para los letrados y los fariseos. Los letrados deberían haber sido capaces de responder rápidamente, ya que eran expertos en la ley. Sin embargo, se mantuvieron callados.

Tal vez se mordieron la lengua porque Jesús había sido invitado a comer en la casa de un jefe fariseo en sábado. Si era permisible alimentar el cuerpo en sábado, debería ser permisible que el cuerpo fuera sanado en sábado.

En lugar de ceder, le observaron. Le miraban como un halcón hambriento. En realidad, su razonamiento no tenía sentido. Si Jesús hacía milagros, era porque Dios estaba haciendo milagros a través de Él. Si Dios estaba con él, debían creer en sus palabras, pero no lo hicieron.

En cambio, colaron el plancton y se tragaron la ballena, porque eran orgullosos y tenían prejuicios. No pudieron ver el bosque por los árboles.

BÚSQUEDA DEL ALMA

¿Prejuzgo a las personas por su apariencia? ¿Cuándo lo hago?

Padre, ayúdame a ver más allá de las apariencias y a ver el alma de las personas.

Mantente humilde

¿Quién de ustedes, si su asno...
LUCAS 14:5

Después de que Jesús sanara a un hombre con hidropesía en el día de reposo, contrastó la humildad de un burro con el orgullo de los fariseos. Cuando notó que los invitados a la cena elegían sentarse en los lugares de honor, les contó una parábola para ilustrar su punto. "Porque todo el que se enaltece, será humillado; y el que se humilla, será enaltecido" (Lucas 14:11).

Jesús eligió una humilde bestia de carga para que lo llevara a las multitudes en Jerusalén. Si tú y yo queremos que Dios nos use para llevar al Salvador a este mundo moribundo, entonces debemos tomar a pecho esta lección de humildad. Mantente humilde a tus propios ojos, y Dios te elevará a lo alto.

Andrew Murray dijo: "La humildad es perfecta quietud del corazón. Es no esperar nada, maravillarse de nada de lo que se me ha hecho, no sentir nada hecho en mi contra. Es estar en reposo cuando nadie me elogia y cuando me culpan o desprecian. Es tener un hogar bendecido en el Señor, donde puedo entrar y cerrar la puerta, y arrodillarme ante mi Padre en secreto, y estar en paz como en un mar profundo de calma, cuando todo alrededor es un problema".[16]

BÚSQUEDA DEL ALMA

¿Veo realmente a los demás como más importantes que yo? ¿Cómo afectará mi día una actitud humilde?

Padre, recuérdame quién soy.

El rescate de un animal

*¿Quién de ustedes, si su asno o su buey se cae en un pozo,
no lo saca enseguida, aunque sea en día de reposo?*

LUCAS 14:5

Piensa en lo que Jesús estaba diciendo. Está hablando de una
bestia de carga, y sin embargo utiliza la palabra "enseguida". Si
un animal está en problemas, el dueño que ve a su bestia en tal
estado tendría la urgencia de rescatarlo.

A menudo vemos que la gente se une (con un sentido de
urgencia) para rescatar a un animal: un caballo atascado en el
barro, un perro que ha caído en el hielo, o una ballena varada.

A veces parece que la gente se preocupa más por los animales
que por los seres humanos. Incluso en la iglesia, parece haber poca
preocupación porque los pecadores mueran y vayan al infierno.

Que Dios nos dé la mitad de la preocupación que tenemos
por nuestros animales para que corramos inmediatamente
hacia los perdidos y los saquemos del pozo de la muerte y de un
infierno inminente.

BÚSQUEDA DEL ALMA

¿Tengo más compasión por los animales que por los que están
hechos a imagen de Dios?

*Padre, ayúdame a ordenar mis prioridades para que coincidan con
las tuyas.*

La esposa

Cuando te inviten a una boda…
Lucas 14:8

Hemos sido invitados a una boda: la gran boda, cuando el Novio viene por su Novia inmaculada, la Iglesia:

> También oí una voz que parecía el rumor de una gran multitud, o el estruendo de muchas aguas, o el resonar de poderosos truenos, y decía: "¡Aleluya! ¡Reina ya el Señor, nuestro Dios Todopoderoso! ¡Regocijémonos y alegrémonos y démosle gloria! ¡Ha llegado el momento de las bodas del Cordero! Ya su esposa se ha preparado, y se le ha concedido vestirse de lino fino, limpio y refulgente". Y es que el lino fino simboliza las acciones justas de los santos. Entonces el ángel me dijo: Escribe: "Bienaventurados los que han sido invitados a la cena de las bodas del Cordero". Y también me dijo: "Éstas son palabras verdaderas de Dios" (Apocalipsis 19:6-9).

La cena de las bodas del Cordero será la culminación gloriosa de nuestra fe en Jesús. Asegúrate de tener puesto un traje de boda.

BÚSQUEDA DEL ALMA

¿Me estoy preparando? ¿Qué significa hacer eso?

Padre, mi corazón anhela ese día.

A mi manera

No sea que otro de los invitados sea más importante que tú...
LUCAS 14:8

Nos sentimos honrados cuando nos invitan a una celebración, pero lo más probable es que otros asistentes a la misma ocupen lugares de honor más elevados.

Si hay algo que marca la naturaleza humana, es el egoísmo egocéntrico. La Escritura dice que desde el momento en que nacemos, nos desviamos: "Los impíos se desencaminan desde la matriz; se descarrían y mienten desde que nacen" (Salmos 58:3).

Los terribles dos años no se limitan a los niños de dos años. Si se deja a un niño solo, se convertirá en un granuja, en un adolescente rebelde e insolente, y en un adulto que sigue actuando como un niño de dos años.

En nuestro estado no regenerado, queremos ser honrados. Queremos las mejores habitaciones; es mi manera o la calle; nadie importa más que yo. El nuevo nacimiento lo cambia todo. Ahora estimamos a los demás mejor que a nosotros mismos. Tu manera es la calle, y mi camino pasa a un segundo plano.

BÚSQUEDA DEL ALMA

¿Me veo como soy? ¿O soy engreído y me creo algo que no soy?

Padre, que me vea como tú me ves.

La humillación

Y cuando venga el anfitrión te diga: "Dale tu lugar a este otro"; porque entonces, con toda vergüenza, tendrás que ir a ocupar el último lugar.

Lucas 14:9

La humillación no se siente bien. El diccionario *Merriam-Webster* dice que humillar a alguien es "reducir (a alguien) a una posición inferior a los ojos de uno mismo o de los demás". Basta con experimentarlo una vez para querer evitarlo. Deja un sabor amargo.

Hace muchos años, me presenté en una iglesia para hablar en una reunión de mitad de semana. Coloqué una mesa de libros y, como había hecho muchas veces antes, me quedé en el púlpito esperando a que la congregación se sentara. Entonces se me acercó alguien con una tarea poco envidiable. La persona me informó de que había habido una confusión y que yo no era su orador esa noche. El orador estaba sentado en la primera fila preguntándose qué estaba haciendo yo. No hace falta decir que fue vergonzoso y humillante tener que recoger mis libros e irme. Esto dio un significado personal a estas palabras de Jesús: "Da tu lugar a este otro", y luego comiences con vergüenza a ocupar el último lugar.

BÚSQUEDA DEL ALMA

¿He tenido experiencias que personalizan alguna de las palabras de Jesús? ¿He aprendido una lección?

Padre, gracias por la sabiduría de las Escrituras.

El lugar más bajo

Así que, cuando seas invitado, ve más bien a sentarte en el último lugar, para que cuando venga el anfitrión te diga: "Amigo mío, ven y siéntate más adelante". Así serás honrado delante de los otros invitados a la mesa. Porque todo el que se enaltece, será humillado; y el que se humilla, será enaltecido.

LUCAS 14:10-11

Es porque Dios nos ha invitado que tomamos el lugar más bajo. Seguimos los pasos de Jesús el cual sirvió a los impíos. Era Dios en forma humana y, sin embargo, lavó los pies de sus discípulos, sanó a los enfermos, tocó a los leprosos, resucitó a los muertos, alimentó a las multitudes hambrientas y perdonó a los pecadores sus pecados.

Si quieres un lugar bajo, acepta el llamado al evangelismo. Allí encontrarás una vida en la que luchas continuamente contra tus miedos, llevas el peso de un mundo moribundo y clamas a Dios por la salvación de los perdidos. Tu corazón compasivo duele, y te verás impulsado a suplicar a los perdidos que entreguen sus vidas a Cristo. A menudo es una tarea sin agradecimiento. Por suerte, llegará el día en que Dios mismo dice: "Bien, buen siervo y fiel" (Mateo 25:21).

John Newton, el comerciante de esclavos del siglo dieciocho convertido en abolicionista, dijo: "Estoy persuadido de que el amor y la humildad son los logros más altos en la escuela de Cristo y las evidencias más brillantes de que Él es realmente nuestro Maestro".

BÚSQUEDA DEL ALMA

¿Es la meta más alta de mi vida ser un buen y fiel siervo de Dios?

Padre, gracias por el honor de ser tu siervo.

Dar sin esperar nada a cambio

Cuando ofrezcas una comida o una cena, no invites a tus amigos ni a tus hermanos, ni a tus parientes y vecinos ricos, no sea que ellos también te vuelvan a invitar, y quedes así compensado.

LUCAS 14:12

Tendemos a querer dar solo para recibir. No es fácil para nosotros dar sin ataduras, pero debemos hacerlo. Jesús dijo que había que dar sin segundas intenciones, sin esperar nada a cambio (Lucas 6:35).

Hay algo cálido en cenar con amigos y familiares, y con vecinos ricos. Tal vez nos devuelvan el favor pidiéndonos que nos unamos a ellos en su yate. Pero organizar una cena para extraños sin hogar, pobres o enfermos no es tan atractivo.

El amor descarta estas cosas porque se preocupa por los seres humanos. Tienen valor porque están hechos a imagen y semejanza de Dios. Por lo tanto, merecen ser respetados y tratados con amor. Nos preocupamos primero por su salvación eterna.

BÚSQUEDA DEL ALMA

¿Doy esperando recibir?

Padre, que siempre compruebe mis motivos para dar.

Cómo ser bienaventurado

Y así serás dichoso. Porque aunque ellos no te puedan devolver la invitación, tu recompensa la recibirás en la resurrección de los justos.

Lucas 14:14

Esfuérzate por ser bienaventurado. No hablo de ser bendecido con prosperidad, sino de ser bendecido con la sonrisa de Dios. En Cristo podemos complacerlo. Como cristianos comprometidos, estamos parados en la alta montaña de la justicia de Jesucristo, por lo que tenemos toda la atención de nuestro Padre y su maravillosa sonrisa.

Cuando servimos a los pobres, tenemos su bendición. Cuando alcanzamos a los perdidos con su glorioso evangelio, tenemos su bendición:

> Bienaventurado el hombre
> que no anda en compañía de malvados,
> ni se detiene a hablar con pecadores,
> ni se sienta a conversar con blasfemos.
> Que, por el contrario,
> se deleita en la ley del Señor,
> y día y noche medita en ella…
> ¡En todo lo que hace, prospera! (Salmos 1:1-3).

BÚSQUEDA DEL ALMA

¿Medito en la Biblia a diario? Si no, ¿por qué no?

Padre, mi mayor deseo es tener tu bendición.

Cierto hombre

Cierto hombre preparó un gran banquete
e invitó a muchas personas.
Lucas 14:16 NVI

Jesús a menudo comenzaba sus parábolas con "cierto hombre". Este cierto hombre era una referencia a Dios: Él planeó una gran cena e invitó a muchos. La invitación del evangelio es para toda la humanidad. Oh, cómo se nos rompe el corazón cuando los pecadores muestran interés en todo menos en su propia salvación eterna. Qué doloroso es cuando los pecadores se burlan de la oferta de la vida eterna. Es nada menos que trágico.

Recuerdo que mientras compartía la indescriptiblemente buena noticia de la salvación con un joven, él miraba su reloj mientras yo le suplicaba. Era como si yo tratara de guiarlo al infierno en lugar de al cielo. Si muere en sus pecados, qué terrible será para él tener el recuerdo de no haber mostrado sino desprecio por la salvación de la muerte y el infierno.

Nunca debemos rendirnos ante el más duro de los pecadores ni ser tan superficiales de carácter como para siquiera pensar "lo lamentarás" sin una lágrima en nuestros ojos.

BÚSQUEDA DEL ALMA

¿A veces me doy por vencido con demasiada facilidad con los perdidos?

Padre, que nunca me dé por vencido con el más duro de los no salvos.

La obra ya está cumplida

Vengan, porque ya todo está listo.
Lucas 14:17 NVI

Tal vez las palabras más grandes jamás pronunciadas en esta tierra fueron: "Todo se ha cumplido" (Juan 19:30 NVI). Jesús las gritó justo antes de morir, significando que su sufrimiento en la cruz había pagado la gran deuda contra la ley de Dios. Ahora el Juez del universo puede anular nuestros crímenes. Puede dejarnos vivir.

Sin embargo, hay miles de millones de seres humanos que están sentados en la sombra de la muerte sin saber que el don de Dios es la vida eterna por medio de Jesucristo nuestro Señor. Dios les pide que vengan a la cena de las bodas del Cordero: "Vengan, que ya todo está listo".

Aquí radica la esencia del evangelio. Todo el trabajo está hecho; todo está listo. No hay necesidad de volverse religioso. El que quiera puede venir. Eso significa judíos, musulmanes, budistas, hindúes, ateos y agnósticos por igual. El evangelio es una llamada universal a toda la humanidad. Ven.

BÚSQUEDA DEL ALMA

¿Estoy preparado para encontrarme hoy con un ateo y saber qué decir? ¿He estudiado sus argumentos? ¿Me preocupa su eternidad?

Padre, dame sabiduría a la hora de hablar con los que no son salvos.

Las excusas

...todos...
LUCAS 14:18

"Pero todos ellos comenzaron a disculparse. El primero dijo: 'Acabo de comprar un terreno, y tengo que ir a verlo. Por favor, discúlpame'" (Lucas 14:18).

No hay ninguna excusa razonable, ni ningún motivo legítimo para que los pecadores rechacen el evangelio. La única justificación que podría estar sobre la mesa sería el engaño voluntario, y ese es el caso de los que ofrecen sus excusas. Dios, en su gran misericordia, ofrece el perdón de los pecados, una salida de los terrores de un infierno justo. En lugar de enviarlos al infierno, les ofrece el cielo. ¡Ofrece la vida eterna como un regalo gratuito con placer para siempre!

A menudo, los pecadores están demasiado ocupados, son demasiado inteligentes o demasiado orgullosos. Un día será demasiado tarde. La muerte se apoderará de ellos, y serán arrastrados ante el Juez del universo. Entonces, ¿cuán confortante serán sus excusas? Olvidarán la evolución, el ateísmo, la hipocresía de la iglesia y los "errores" que encontraron en la Biblia. El pensamiento que les invadirá es: ¡he sido un tonto!

Y tontos somos hasta que, como el hijo pródigo, entramos en razón.

BÚSQUEDA DEL ALMA

¿Qué excusas he tenido antes de entregarme a Dios?

Padre, dame la sabiduría que necesito para contender por la fe.

Sin excusas

Otro dijo: "Acabo de comprar cinco yuntas de bueyes, y voy a probarlas. Por favor, discúlpame". Y otro más dijo: "Acabo de casarme, así que no puedo asistir".

Lucas 14:19-20

Los impíos ofrecen excusas de por qué rechazan la salvación, pero no son razones. Ni siquiera son excusas justificables:

> La ira de Dios se revela desde el cielo contra toda impiedad y maldad de quienes injustamente retienen la verdad. Para ellos, lo que de Dios se puede conocer es evidente, pues Dios se lo reveló; porque lo invisible de Dios, es decir, su eterno poder y su naturaleza divina, se hacen claramente visibles desde la creación del mundo, y pueden comprenderse por medio de las cosas hechas, de modo que no tienen excusa. (Romanos 1:18-20)

Los cielos proclaman la gloria de Dios (Salmos 19:1). Cada pequeño átomo da testimonio de su genio. A este Dios, los impíos dicen que no pueden venir. En realidad, no es que no puedan venir, sino que no vendrán.

BÚSQUEDA DEL ALMA

¿Está mi corazón quebrantado por los perdidos? ¿Quiero que esté quebrantado, o tengo excusas de por qué no me importa?

Padre, hoy no ofrezco excusas. Me ofrezco como siervo para alcanzar a los que no son salvos.

Ve enseguida

Cuando el siervo regresó, le comunicó todo esto a su señor. Entonces el dueño de la casa se enojó, y le dijo a su siervo: "Ve enseguida por las plazas y por las calles de la ciudad, y trae acá a los pobres, a los mancos, a los cojos y a los ciegos".

LUCAS 14:21

Él le dijo al siervo que fuera "enseguida". ¿Le agradaría Dios que la iglesia fuera rápidamente a alcanzar a los no salvos? ¿Tenemos un sentido de urgencia cuando se trata de alcanzar a los perdidos, o hay una cómoda complacencia? ¿El temor al hombre nos hace dejar de lado la voluntad de Dios y, en cambio, nos hace ocuparnos de otras cosas?

Se nos dice que redimamos el tiempo porque los días son malos (Efesios 5:16). Si estás perdiendo el tiempo con otras cosas mientras los pecadores van al infierno, por favor ponte de rodillas ante el Señor y pídele a Dios que te dé un amor que se trague tus miedos. Yo lucho diariamente contra el miedo y la complacencia, pero he aprendido a no pensar en mí mismo. En su lugar, pienso en el terrible destino que espera a los perdidos, y esos pensamientos empequeñecen mi miedo al rechazo.

Esta es la clave para salir de la prisión del miedo: simplemente saludar a los desconocidos; averiguar sus nombres y preguntarles si creen que hay una vida después de la muerte. Esa pregunta ha sido una gran clave para mí a la hora de superar mis miedos y me da un buen punto de partida.

BÚSQUEDA DEL ALMA

Hoy decido olvidarme de mis miedos egoístas.

Padre, úsame hoy para tus propósitos eternos.

Si oyes hoy su voz

Ve entonces por los caminos y por los atajos, y hazlos entrar por la fuerza. ¡Quiero que se llene mi casa!

LUCAS 14:23

Las personas que circulan por las autopistas están ocupadas yendo a lugares. Es nuestro trabajo decirles que se detengan y consideren su salvación eterna, porque nada es más importante que el tema de dónde pasarán la eternidad. Después de un segundo en el infierno, gritarán con un remordimiento agonizante. Esos pensamientos deberían horrorizarnos y motivarnos a correr al rescate.

Los arbustos son lugares donde la gente se esconde de Dios, como Adán después de pecar. Debemos tomarnos el tiempo de exponer su pecado con la vara de la ley de Dios y decirles que nada está oculto a los ojos de Aquel a quien tienen que dar cuenta.

Debemos obligarles a entrar. El amor no será pasivo ante la aterradora y sobria cuestión de su salvación eterna. Debemos suplicarles, exhortarles y animarlos con un sentido de urgencia abrumadora para que se pongan a bien con Dios, arrepintiéndose y confiando en Jesús. Debemos hacerlo hoy, porque es posible que no tengan un mañana. Y nosotros tampoco.

BÚSQUEDA DEL ALMA

¿Oigo su voz diciendo que vaya por todo el mundo y predique el evangelio a toda criatura? ¿He ignorado este mandato?

Padre, necesito tu ayuda para hacerlo, y confiaré en ti mientras voy.

Sobre el autor

Ray Comfort es el autor de mayor ventas en más de noventa libros. Es copresentador de un programa de televisión premiado que se emite en 190 países y productor de películas premiadas que han sido vistas por millones de personas (véase www.FullyFreeFilms.com). Vive en el sur de California con su esposa, Sue, y tiene tres hijos adultos. Para más información, consulte LivingWaters.com.